陕西师范大学本科教材建设基金资助出版

旅游市场调查与预测

(第 二 版)

李君轶　张高军
吴凌菲　张妍妍　编著

科 学 出 版 社
北　京

内 容 简 介

本书以实际应用为主要目标，重视系统性、趣味性和实操性，突出理论讲解—软件操作—案例分析的完整过程，探讨旅游市场调查、分析、预测的理论和方法。本书从旅游市场的基本概念出发，系统介绍旅游市场调查的基本方法、手段，旅游市场分析及调查的基本理论和实际操作，深入分析旅游市场预测模型及其软件操作应用，从流程的角度讲授市场调查—分析—预测—报告。本书列举了大量由作者主持完成的旅游市场调查与预测案例，从实际操作的角度，详细介绍市场调查和预测的步骤、流程及注意的问题。通过本书的系统学习，学生可以独立完成旅游市场调查、分析和预测。

本书适合作为旅游专业本科生、研究生的教材和参考书，亦可供城乡规划、地理科学、经济管理等专业的师生参考，也可以作为旅游企事业管理人员的培训教材。

图书在版编目(CIP)数据

旅游市场调查与预测 / 李君轶等编著.—2 版.—北京:科学出版社，2020.8 (2025.8 重印)

ISBN 978-7-03-065688-9

Ⅰ.①旅… Ⅱ.①李… Ⅲ.①旅游市场-市场调查-高等学校-教材②旅游市场-市场预测-高等学校-教材 Ⅳ.①F590.8

中国版本图书馆 CIP 数据核字 (2020) 第 126277 号

责任编辑：韩卫军/ 责任校对：彭 映

责任印制：罗 科 / 封面设计：墨创文化

科学出版社 出版

北京东黄城根北街16 号

邮政编码：100717

http://www.sciencep.com

四川煤田地质制图印务有限责任公司印刷

科学出版社发行 各地新华书店经销

*

2020 年 8 月第 一 版 开本：787×1092 1/16

2025 年 8 月第七次印刷 印张：18 1/2

字数：450 000

定价：58.00 元

（如有印装质量问题，我社负责调换）

前　言
（第二版）

旅游市场是一个常变常新的研究领域，其供给侧推陈出新，需求侧千变万化，再加上旅游产品的不可储存性，更赋予了旅游市场波动性、变化性等特点。因此，客观把握市场现状，预测市场未来，对旅游市场中的政府、企业、从业人员、研究人员等各利益主体都至关重要。同时，随着社会的不断发展，市场数据的产生方式、存储方式、获取方式、分析方式在不断变化，旅游市场调查与预测也必须及时更新。

现有教材多侧重讲授市场调查与预测的基本原理，其理论知识纷繁复杂，而实践应用部分篇幅有限。编写本书的初衷就是补充现有教材的缺憾，故书中调查和预测方法更注重实践应用，在陕西师范大学 2017 年教学改革研究项目（17JG29）的支持下，本书秉承第一版的思想，更加突出操作性和趣味性两个特点。

本书的操作性主要表现在两方面。①使用模块化软件。对于多数人文社科类专业的读者而言，数理知识和技能相对薄弱，但得益于数据分析技术的模块化发展，人人都能利用计算机进行数据分析，本书就运用了多款软件进行案例分析。②逐步呈现数据分析和预测过程。书中所涉及的实践案例均是作者负责或参与的项目，这些案例与书中各调查和预测方法相结合，以图示等形式深入浅出地逐步呈现。不仅如此，书中还精心插入作者在实际工作中总结的小贴士和小技巧。其趣味性主要表现在：行文更贴近生活，力求以轻松幽默的方式讲述各种调查和预测方法的操作；增加手绘插图的应用，将其融入实践案例的设计，改变教材给人古板的印象。

相较第一版，本书将逐渐完善和流行的调查方法单独成章，并增添和更新了分析数据及操作案例。在内容排版上，依然按旅游市场调查和旅游市场预测两大板块组织，全书共 14 章。第一章主要阐述旅游市场调查的基本知识，第二章至第八章详细展开文案调查法、问卷调查、观察法、实验法、网络数据挖掘法、抽样设计、数据处理等调查方法的操作应用，第九章主要介绍旅游市场预测的基本知识，第十章至第十三章分别为时间序列预测法、德尔菲预测法、回归分析预测法、人工神经网络预测法等。第十四章为旅游市场调查报告的撰写。本书各章节既可单独学习，亦可系统探索。扫描封底的本书二维码可以获取本书相关课件。

本书由李君轶策划，张高军、李君轶统稿。各章写作分工如下：第一章，李君轶、张高军；第二章，吴凌菲；第三章，张高军；第四章，张妍妍；第五章，张高军；第六章，张高军、李君轶；第七章，张高军；第八章，张妍妍；第九章，吴凌菲；第十章，张妍妍；第十一章，吴凌菲；第十二章，吴凌菲；第十三章，张高军；第十四章，张妍妍。

作者在编写过程中，一再小心谨慎，但是囿于才学，难免有所疏漏，请各位读者不吝批评指正！

前　　言

（第一版）

旅游市场研究一直是旅游研究的核心和热点之一。在市场经济时代，旅游市场受到众多因素的影响，呈现出不确定性、不稳定性等诸多特点。因此，客观地把握市场发展趋势对旅游目的地和旅游企业的发展至关重要，旅游市场调查、分析和预测也成为了业界和学界共同关注的问题。同时，在信息量巨大且丰富的时代，正确、及时地采集和分析市场信息、预测市场发展趋势，能够较好地为旅游决策提供科学支撑。

本书突出全面性、前沿性和实践性。编者力求比较全面地介绍旅游市场调查、分析和预测的基本理论和方法；同时对于一些目前比较前沿的分析、预测理论和方法进行介绍；重视操作性和实战性，通过众多的案例分析和软件操作演示，使读者在学习中能够理论联系实际，在学习后能够独立从事旅游市场调查、分析和预测工作。为了减轻初学者的负担，本书尽量简化原理和公式的推导，试图通过实例操作（利用 SPSS 进行数据的处理和分析）让学习者掌握其基本的原理和方法。因此，在学习本书内容之前，应该具备初步的统计和 SPSS 软件的基础知识。

本书分为 13 章，涵盖了旅游市场调查、问卷设计、抽样设计、数据和资料处理、旅游市场预测以及旅游市场调研报告的撰写等内容。全书可以分为两个学习阶段。第一章到第六章为旅游市场调查内容，包括旅游市场调查的基本知识和方法，并对比较重要的问卷设计和抽样设计进行了单独的介绍。第七章到第十二章为旅游市场分析和预测的内容，包括数据和资料的处理、定量预测、定性预测，以及比较复杂和前沿的神经网络预测、灰色预测等。第十三章为旅游市场调查报告的撰写。本书各部分内容之间相互联系，但是又相对独立，不同层次的学习者可以通过不同的组合来学习本书的内容。

本书由李君轶统稿，具体的章节编写分工如下：第一至四章，李君轶；第五章，杨敏、李君轶；第六章，张岩君、李君轶；第七章，姜嫣、李君轶；第八章，林志慧、李君轶；第九章，马林、李君轶；第十章，刘军胜、李君轶；第十一章，胡巧娟、李君轶；第十二章，张高军、李君轶；第十三章，杨敏、李君轶。本书得到了陕西师范大学本科教材建设基金资助。撰写过程中，陕西师范大学旅游与环境学院薛东前院长提供了众多支持和帮助，中国旅游研究院西部旅游发展研究基地首席专家马耀峰教授和陕西师范大学旅游与环境学院孙根年教授审阅了书稿，并提出了有益的修改意见和建议，在此表示衷心感谢。

另外，没有科学出版社韩卫军编辑、王翔编辑认真细致的工作，本书也难以付梓，作者对此深表感谢。

最后，笔者虽然几易书稿，但是才疏学浅，难免挂一漏万，不足之处请批评指正。

目　　录

第一章　初识庐山面目：什么是旅游市场调查

本 章 概 要

➢旅游市场调查的基本知识
➢旅游市场调查的基本程序
➢旅游市场调查的基本内容
➢旅游市场调查机构和人员

第一节　旅游市场调查基本知识

一、旅游市场调查的概念与功能

市场调查，也叫市场调研或市场研究。美国市场营销协会指出，市场调查是对商品及服务市场相关问题的全部数据进行系统收集、记录、分析的过程。而菲利普·科特勒(Philip Kotler)认为，市场调查是系统地收集、分析与公司所面临具体市场形势有关的数据的过程。旅游市场作为市场的有效组成部分，是一个特殊的服务市场，其调查遵循市场调查的一般规律、理论和方法。

截至目前，尽管旅游市场调查的定义有很多，但其内涵基本一致，即旅游市场调查是以提高旅游绩效为目的、运用专业程序、利用多种渠道、有计划地系统搜集各种旅游市场的相关信息，通过对资料和信息的整理和分析，为旅游目的地或旅游企业提供决策依据，最终提出解决问题建议的一种科学方法。旅游市场调查也是一种以游客为中心的供需关系研究过程，具有描述功能、问题发现功能、解释功能、假设检验功能和预测功能。

旅游市场调查的描述功能主要体现在：通过相应调查，客观描述旅游市场现状，如旅游的市场规模、产生的效益及市场的参与意愿等。问题发现功能主要体现在：通过相应调查，发现旅游经营中的问题，如游客对景区或目的地的抱怨、游客的实际需求是否已经发生变化等。解释功能主要体现在：通过相应调查，对旅游经营中的现象进行解释，如游客数量下降的原因究竟是景区设施落后，还是整个市场不景气等。假设检验功能主要体现在：通过相应调查，验证一些假设是否成立，如举办一次节会，是能够一箭双雕地“旺丁旺财”，还是不能兼顾地“旺丁不旺财”等。预测功能主要体现在：通过相应调查，对未来的旅游市场进行预测，便于旅游管理和经营部门预先进行资源调配，如进入旅游旺季，景区各个岗位的人员是否需要增加，餐位、床位是否需要增设，景区内是否需要进行限流等，由于旅游市场敏感性较高①，所以预测难度较大。

二、旅游市场调查的基本类型

由于旅游市场类型不同，其信息呈现方式有所区别，相应的旅游市场调查方式也各有特点。对旅游市场调查进行类型划分，有助于旅游企业和管理部门根据自身的实际需求，选择最优的调查途径。一般情况下，可以按照调查的深入程度、调查对象的范围、调查时间的连续性和调查介质进行划分。

(一)按调查的深入程度分类

(1)探测性调查。调查人员不能肯定问题性质时，可采用探测性调查。此种调查有助于把一个大而模糊的问题清晰化，能够将模糊问题逐步落实，并进一步拆解为小而准确的子问题，从而识别出需要进一步调研的信息。例如，旅游企业或管理部门为了解市场上发生的某种原因不明或趋势不明的现象，为了找出问题症结，明确进一步深入调查的具体内容和重点，可进行非正式初步调查。

(2)描述性调查。调查人员对有关情形缺乏完整的知识时，可采用描述性调查，一般是对客观事实资料进行收集、记录及分析的正式调查。可对不同旅游消费群体进行描述，如客源地、年龄、职业以及他们在需求、态度、行为等方面的状况。

(3)因果性调查。当需要探究问题的原因时，可采用因果性调查，它是为了弄清有关市场变量之间的关系而进行的专题调查，目的是识别变量之间的因果关系。例如，饭店的预期价格、广告营销费用等对饭店销售额有何影响。而在大数据时代，旅游调查和研究人员逐渐放弃对因果关系的渴求，取而代之的是对相关关系的重视，如哪些因素和景区的游客量增加、人均消费增加现象相关。

(二)按调查对象的范围分类

(1)全面调查。全面调查又叫普查，是指对调查对象中的所有单元进行调查。这种调查方法能够全面了解市场的状况，但是全面调查费时、费力，且实现难度非常大，在调查对象数量多的情况下，不宜采用这种方法。

(2)抽样调查。抽样调查又叫概查，是指在整体市场中，抽取具有代表性的样本进行调查。有多种方法可以提高样本的代表性，包括随机抽样、分层抽样、系统抽样、整体抽样等。

(三)按调查时间的连续性分类

(1)连续性调查。连续性调查是指随着时间的延续而连续不断地进行的调查。这种调查获取的资料和数据对于周期发生和长时间序列的趋势预测具有重要作用。例如，景区每天的游客量变化情况、营收情况。

---

① 关于旅游市场的特性，还有一种“脆弱性”的表述，但本书更倾向于认为敏感性更能准确表达旅游市场的特性，因为脆弱性意味着市场受到冲击之后恢复难度较大，但从实际情况来看，旅游市场波动后恢复的速度非常快。

(2) 阶段性调查。阶段性调查是指不以时间长度为转移，而以事物发展阶段为依据的调查。其目的是大体了解事物某阶段的发展变化情况。例如，景区旺季时的游客满意度调查，用于评估特定时期的市场状况。

(3) 一次性调查。一次性调查是指对短期内变动不大的研究对象所做的一次性调查，也可以是为了某一特定目的而组织的定期或不定期的调查。例如，景区计划开展新的游乐项目，组织调查市场的支持程度。

(四) 按调查介质分类

(1) 线上调查。线上调查是指依托互联网所进行的市场调查。这类调查方法最突出的特点是借助互联网完成旅游市场调查，其优势在于足不出户，理论上“依靠一条网线”就能完成市场调查。例如，想了解景区哪些项目更受游客喜爱，便可在线上调查游记或图片中提到最多的景点，相比拦访游客，这种调查更有效率且更真实。

(2) 线下调查。线下调查是指不依托互联网进行的市场调查。这类调查方法最突出的特点是不依赖互联网，其调查的内容更加集中和深入。例如，某企业希望调查“银发游”市场，因为老年人在网民中的占比太小，使用传统的线下调查方式更客观。

三、互联网时代的旅游市场调查

(一) 互联网时代带来的旅游市场调查变革

互联网时代为旅游市场调查带来了巨大变革，其优势在于，人们可随时随地以极低的成本参与其中。

(1) 市场调查更加便利。这种便利体现在两个方面：调查过程的便利，数据回收的便利。互联网时代问卷调查的发放与回收可借助一个链接实现半自助化市场调查，节省调查人员精力。此外，随着移动互联网的普及，旅游市场调查也在向移动互联网渗透，手机端、平板电脑端的市场调查技术已经十分完善，调查人员可以通过二维码进行市场调查①，而数据回收则可以直接从互联网平台导出。

(2) 调查形式更加多元化。互联网技术能够让市场调查不再单调，可以设计鲜明活泼的界面。例如，调查人员可以在调查中插入音频、视频等多媒体信息。

(3) 样本可控性更好。可以通过设定样本要求，限制各类样本的数量，如各个年龄段分别是 100 个样本，如果一个年龄段的样本达到 100 个，这个年龄段的新样本就无法作答。

(4) 成本更低。其成本包括时间成本和经济成本。

(二) 大数据与旅游市场调查

互联网时代的另一个特点就是催生了大数据，大数据为市场调查带来诸多可能性：①大

---

① 人们在旅游活动中的时间更显宝贵，在线下旅游市场调查中，游客拒绝接受调查的重要原因之一就是“没有时间”，而互联网则让旅游市场调查更加便利。

数据规避了样本量问题，传统的市场调查几乎都是抽样调查，而大数据在未来将跨越样本量的障碍，因为每个人产生的数据都会被记录；②大数据市场调查不像传统市场调查一样，告诉调查对象“我要调查你”，也就是说，大数据市场调查并不介入调研对象的日常行为，从而能够呈现调查对象真实客观的行为和偏好；③大数据都是经过时间积淀而来，这为历史研究提供了宝贵的数据；④大数据的即时性有利于监测和解决瞬息万变的市场问题。

但是，大数据的市场调查方式发展至今，还存在很多不确定性：①由于数据量过大，合适的运算方法和硬件条件还不够完善，目前更多是利用传统分析方法对抓取的大数据进行分析，大数据分析还没有形成新方法；②大数据分散存储于不同的网络平台之上，由于大家都已意识到数据的重要性，各平台之间要实现数据共享难度很大；③如何在利用大数据分析的同时保护人们的隐私，也是未来大数据市场调查必须面对的伦理问题。

第二节　三步走——旅游市场调查的基本程序

简单来说，市场调查的程序可分为调查准备、调查实施、报告写作与总结三个主要阶段。

一、调查准备

本阶段主要包括界定调查问题、确定调查类型、确定资料收集方式、进行探索性调查及完善调查方案。

(1)界定调查问题。根据研究的目标，拟定调查项目。这一阶段的重要工作是界定调查问题，作为旅游市场调查的第一步，界定调查问题是开展旅游市场调查的首要前提。

(2)确定调查类型。根据调查的任务，选择调查类型，主要的调查类型有定性、定量、描述性和解释性研究等。

(3)确定资料收集方式。主要确定调查方法和资料收集的范围，如实验法、观察法、访问调查法等，并理清调查资料可获得的范围。

(4)进行探索性调查。重点是对课题进行初步研究，可采用简单的方法开展小范围的预调研，其目的是积累经验和辨别市场问题。

(5)完善调查方案。重点是在探索调查的基础上，提出调查假设，设计调查问卷，规划和组织资源，制订实地调查的时间表和行动计划。

二、调查实施

本阶段是整个市场调查过程中最关键的阶段，直接影响调查工作的准确性、及时性和完整性。这个阶段包括 3 个步骤。

(1)对调查人员进行培训，让调查人员明确调查目标，理解调查计划，掌握调查技术，储备相关专业知识。

(2)实地调查。调查人员按计划规定的时间、地点及方法，收集有关资料，不仅要收集二手资料(现成资料)，还要收集一手资料(原始资料)。

(3)调查质量监控。实地调查的质量取决于调查人员的素质、责任心和组织管理的科学性，因此调查的组织者要经常进行调查质量监控，确保调查的质量。

三、报告写作与总结

本阶段的工作可以分为 3 个步骤。

(1)资料的整理与分析。市场调查人员必须依据合适的理论和科学的方法对资料进行分析，以挖掘并获得有用的内容，即对所收集的资料进行“去粗取精、去伪存真、由此及彼、由表及里”的处理。

(2)撰写调查报告。调查者依据分析结果，编写书面调查报告，列明自己的调查发现和所获结果，以及建立在这种结果基础上的经营思路、可供选择的行动方案等。市场调查报告一般由前文、正文、结论和建议以及附件 4 个部分组成。其基本内容包括开展调查的目的、被调查单位的基本情况、所调查问题的事实材料、调查分析过程的说明及调查的结论和建议等。

(3)追踪与反馈。提出调查的结论和建议后，调查过程并没有完结，而应继续了解其结论是否被重视和采纳、采纳的程度和采纳后的实际效果以及调查结论与市场发展是否一致等，以便积累经验，不断改进和提高调查工作的质量。

第三节　旅游市场调查什么

一、旅游需求信息调查

旅游需求是指在一定时期内，游客愿意而且能够购买的旅游产品的种类和数量，即游客对某一旅游目的地产品的需求水平。这种需求表现为有支付能力的需求。

(一)现实旅游需求调查

旅游需求总量的调查主要是通过抽样调查来推算总体的购买数量，主要调查内容包括两个方面：①旅游购买力。旅游购买力是指在一定时期内，全社会在旅游市场上购买旅游产品的支付能力。尤其是居民旅游购买力，它是社会旅游购买力最重要的内容，历来是旅游市场需求调查的重点。②居民可供支配收入调查。收入是产生旅游需求的必要条件之一，了解居民可供支配收入可以帮助进行旅游需求的分析和预测。所以，居民可供支配收入是决定居民旅游购买力的最主要因素。

(二)潜在旅游需求调查

潜在旅游需求是旅游调查中重要的方面，因受外界刺激或者内在的动机被激发以后，潜在游客会转变为现实的游客。

(三)旅游需求趋势调查

旅游需求趋势调查是旅游产品设计的重要方面，也是供给方了解市场变动、满足市场需要的重要手段。旅游需求趋势调查的目的就是了解游客将其旅游购买力体现在何处，购买旅游产品的类别、时间和地点，游客对旅游市场的需求是否发生变化等。对旅游需求趋势及其变动的调查，可为管理部门以及企业加强市场预测，合理组织、开发适销对路的旅游产品，开展有效的营销活动和制定合理的产品价格等提供参考依据。

二、旅游供给信息调查

旅游供给信息调查的主要内容包括旅游目的地的服务提供情况、市场占有率，现有旅游产品或服务有无新产品或替代产品，竞争对手(同类型的企业或旅游目的地)的状况及其产品或服务的质量、数量、成本、价格、技术水平、发展潜力等。调查结果可为差异化和特色化的产品设计、营销策略和发展战略提供决策依据。

三、人口学特征调查

对游客开展人口学特征调查，进而可对旅游市场进行细分。调查内容主要包括客源地域分布、家庭结构、年龄构成、性别差异、职业构成、教育程度等。

(1)客源地域分布。客源地域分布与市场需求有密切关系。例如，沿海和内地、城市与农村，无论在消费、需求、购买习惯和行为等方面都存在差异。

(2)家庭结构。家庭是社会的细胞，随着散客化趋势的兴起，以家庭为基本单位的旅游消费占比越来越大。另外，随着我国人口政策和生活观念的变革，家庭结构逐渐呈现从几代同堂的大家庭向三口或四口之家的小家庭转变的趋势，这对旅游需求也产生了影响。

(3)年龄构成。不同年龄的游客对旅游产品和服务需求的数量和种类有所不同。例如，年轻人的消费观念比较超前，喜欢享受型的服务，以及刺激性强、参与性强的旅游活动，而老年人则热衷旅游休闲度假、康体保健性的旅游产品。当然，不能一概而论，游客需求在不同地区、不同时期会呈现不同的特点，这需要依赖市场调查去了解和把握。

(4)性别差异。由于性别差异，游客不但有旅游产品的需求差别，也存在旅游行为差别。通常，女性对于旅游目的地的选择要求较多，但是其购买选择受外界影响较大，常会经过犹豫、反复挑选后方能下定决心，而男性自主性强，旅游决策比较果断和迅速。

(5)职业构成。职业不同，对旅游需求的差异也是比较明显的，不同的职业对于目的地和景区的选择差异很大。

(6)教育程度。受教育的程度不同，游客的旅游消费需求也存在差异。受教育程度较高的游客偏好购买某些特殊或具有一定文化创意的旅游商品，购买旅游商品时也显得较为理性。

四、游客旅游动机和行为调查

(一) 游客旅游动机调查

所谓旅游动机，就是为满足一定的旅游需求而引发人们购买行为的愿望和意念。人们的旅游动机常常是由需求触发的，也可以运用一些相应的手段诱发。游客旅游动机调查的主要目的是弄清旅游动机产生的各种原因，以便采取相应的激发措施。

(二) 游客行为调查

游客行为调查主要包括旅游偏好调查、旅游决策行为调查、旅游消费行为调查、旅游空间行为调查、旅游满意度调查及旅游购买时间调查等。

(1) 旅游偏好调查。旅游偏好调查主要调查游客偏好哪一类旅游目的地，自然类抑或是文化类，以及游客外出旅游中对于“食、住、行、游、购、娱”各个要素的偏好情况。

(2) 旅游决策行为调查。影响旅游决策的因素很多，比如价格、促销、服务质量、个人偏好、购买环境、服务提供商的知名度等，这些都影响着旅游者的最终购买决策。

(3) 旅游消费行为调查。在旅游活动中，从旅游消费的各个层面来看，游客消费总额及构成是旅游消费行为调查的重点。

(4) 旅游空间行为调查。旅游空间行为调查是从不同层面判定游客的旅游活动属于哪种空间尺度，在不同空间尺度上的旅游活动具有哪些空间特征和规律。

(5) 旅游满意度调查。旅游满意度调查主要包括游客对整个旅游活动的满意程度，也包括对各个旅游要素的满意程度。

(6) 旅游购买时间调查。游客在购买时间上存在一定的习惯和规律，而旅游具有很强的季节性和区域性，其旅游购买更具时间特性。例如，国内游客的旅游购买在长假时尤其突出，而国外游客的旅游购买在带薪假期期间。对于短线游客而言，其购买高峰期与双休日、清明节、端午节等假期有关。

五、旅游营销信息调查

旅游营销信息调查的主要对象包括目的地、企业、景区，调查内容包括旅游营销方式、渠道和效果。在调研的基础上，评估旅游营销商的经营能力、目前销量和潜在销量，进而采用最佳营销策略。

第四节　谁在执行旅游市场调查

一、市场调查机构

市场调查机构规模不同，其隶属关系及独立程度也不一样，归纳起来基本上有4类，分别是各级政府部门组织的调查机构，新闻单位、大学和研究院(所)的调查机构，专业性市场调查机构以及企业和管理部门内部的调查机构。

1. 各级政府部门组织的调查机构

我国最大的市场调查机构为国家统计部门。国家统计局、各级主管部门和地方统计机构负责管理和发布统一的市场调查资料，便于企业了解市场环境变化及发展，指导企业微观经营活动。此外，为适应经济形势发展的需要，统计部门还相继成立了城市社会经济调查队、农村社会经济调查队、企业调查队和人口调查队等调查队伍。

除专门的统计机构会涉及旅游统计外，各级旅游管理部门也设有各自的旅游市场调查机构。2015年，经中央机构编制委员会办公室批准，中国旅游研究院加挂“国家旅游局数据中心”，该中心致力于旅游研究与数据分析，是为突破旅游统计数据难题而做的战略布局，是目前国内旅游行业最专业的政府部门统计调查机构。

2. 新闻单位、大学和研究院(所)的调查机构

新闻单位、大学和研究院(所)的调查机构也开展独立的市场调查活动，定期或不定期地公布一些市场信息。这些单位具有得天独厚的调查网络和研究基础。例如，以信息起家的路透社，在全球设立了众多的分社和记者站，目前已成为世界上最大的经济新闻提供者，经济信息收入成为该社的主要来源。而大学和研究机构本身从事有关市场的研究，对于市场的发展趋势、市场格局等有一定的研究基础，积累了大量的资料，又有深厚的理论支撑，在旅游市场调查研究方面具有优势。

3. 专业性市场调查机构

随着社会的发展，管理部门、旅游企业等对旅游市场调查的需求不断增加，一些专业的市场调查公司、咨询公司也开始涉足旅游市场调查业务。这类调查机构在国内外数量很多，其产生是社会分工日益专业化的表现，也是当今信息社会的必然产物，主要包括3种类型(表1-1)。

表1-1　专业性市场调查机构类型

专业机构	主要职能
综合性市场调查公司	专门搜集各种旅游市场信息，当有关单位和企业需要时，只需缴纳一定费用，就可随时获得所需的各种市场资料。同时，它们也承接各种调查委托，具有涉及面广、综合性强的特点

续表

专业机构	主要职能
咨询公司	一般是由资深的专家、学者和有丰富实践经验的人员组成，为企业和单位进行诊断，充当顾问。这类公司在为委托方进行咨询时，也要进行市场调查，对企业的咨询目标进行可行性分析。当然，它们也可接受企业或单位的委托，代理或参与调查设计和具体调查工作
广告公司的调查部门	广告公司为了制作打动人心的广告，取得良好的广告效果，就要对市场环境和游客进行调查。广告公司大都设有调查部门，经常大量承接广告制作和市场调查

4. 企业和管理部门内部的调查机构

目前，国外许多大的企业、组织和管理部门根据生产经营和管理的需要，大都设立了专门的市场调查机构，市场调查已成为固定性、经常性的工作。例如，可口可乐公司设立了专门的市场调研部门，并由一个副经理负责管理。这个部门的工作人员有调查设计员、统计员、行为科学研究员等。国内有些省市旅游局专门下设市场部，其主要的职能是进行市场调查和旅游营销。

二、市场调查机构委托

当旅游企业和管理部门缺乏专业的市场调查机构，或无力实施一些大型的市场调查时，可以委托专业的市场调查机构进行市场调查，如市场调查公司、广告咨询公司、信息中心或大学和研究机构。

委托专业市场调查机构进行市场调查有 3 个优点：①这些机构具有开展高效的市场调查所必需的各种条件，如完善的调查网络、大量的资料积累、深厚的学术理论基础、有效的调查实务经验和精密的调查工具等，借助这些机构，能提高调查结果的准确性；②这些市场调查机构的工作人员比较中立，容易得到比较客观和有助于决策的建议；③委托方可以抽身完成其他重要事务，由专业人士做专业工作。

当需要委托专业市场调查机构进行市场调查时，委托方应做到知己知彼，慎重地选择合作对象，以取得事半功倍的效果。在委托调查机构时，应首先明确以下 6 点。

(1) 调查目的。委托方希望市场调查机构提供何种调查活动，取得什么样的结果。目前，市场调查机构的业务范围日趋广泛，包括确定市场特征、衡量市场潜力、分析市场份额、预测企业趋势、研究竞争产品、价格调查及短期预测等。

(2) 服务性质。希望提供综合性服务还是某种专门或特定性服务。

(3) 合作时限。是长期合作还是短期合作。

(4) 调查时间。在调查时间上有何要求，提交调查报告的最后期限。

(5) 经费投入。调查费用预算。

(6) 成果归属。资料是归企业独家享有，还是与市场调查机构共享。

除此以外，在选择市场调查机构时，还必须综合考虑 5 个因素。

(1) 市场调查机构的信誉，指市场调查机构在业界的声誉和知名度，是否严守职业道德、坚持公正原则及具备限期完成工作的能力等。

(2) 市场调查机构的业务能力，指市场调查机构内专业人员具有的实务能力，能否提供有价值的资讯，是否具备创新观念、系统观念、营销观念和沟通能力。

(3) 已有的成果和经验，包括市场调查机构创建的时间、主要工作人员服务年限、已完成的市场调查项目性质及工作范围等。

(4) 市场调查机构的设备，市场调查机构所拥有的硬件和软件条件。硬件包括信息搜集、整理和传递工具的现代化程度；软件包括调查人员的素质及配备情况。

(5) 市场调查机构收费合理性，包括市场调查机构的收费标准和从事本项调查的费用预算等。

对于委托调查的单位，一旦委托市场调查机构进行市场调查后，应给予受委托方信任并提供充分的协助，以便市场调查能顺利进行。对于受委托方，应严守职业道德，时刻为用户着想，为用户提供满意的服务，在接受委托后，应迅速进入工作状态，对现有资料加以消化，提出旅游市场调查建议书。

阅读材料：说说市场调查人员

一、市场调查是一项苦差事，又是一项好差事

市场调查是一项苦差事。即便是经验丰富的市场调查员都不会否认市场调查是一项苦差事，针对每一位调查对象的调查，都要在获得对方同意的情况下进行，否则难免有胁迫之嫌，导致所获数据的真实性大打折扣。调查被拒绝是再平常不过的事情，尤其是针对游客的调查，根据对游客的调查经验，有三至四成的成功率已经非常不错了。游客质疑的神情、语气，甚至一些不礼貌的行为举止，在调查时都有可能遇到。即便是利用互联网数据所做的市场调查，把数据导出来，再清洗、分析的过程，也非常烦琐。所以，市场调查是一项苦差事。

市场调查又是一项好差事。市场调查之所以会产生需求，最主要的原因是市场现状已经变得扑朔迷离，现有信息已经不能很好地描述或解释现在的市场状况，如果不能获得最新的市场信息，相关部门的决策将不再科学。而要想避免不必要的损失，或者相关部门试图从市场中获取最大的价值，市场调查就被委以重任，这正是进行市场调查的重要意义所在。对于大学生而言，当面对陌生人时，如何运用交流艺术、锻炼沟通技巧、提高承受挫折的能力，对大学生今后的职业发展是非常有益的。因此，市场调查又是一项好差事。

二、市场调查员的基本素质

按旅游市场调查的客观要求，旅游市场调查人员应具备 3 个方面的基本素质（表 1-2）。

表 1-2　旅游市场调查人员素质要求

基本素质	具体要求
思想品德素质	遵纪守法，具有强烈的社会责任感和事业心；具有较高的职业道德修养，工作中能实事求是、认真负责；具有创新精神；谦虚谨慎、平易近人

续表

基本素质	具体要求
业务素质	有较广博的理论知识，具有较强的业务能力(具有利用各种情报资料的能力；具有对调查环境较强的适应能力；具有分析、鉴别综合信息资料的能力；具有较强的语言和文字表达能力)
身体素质	体力充沛

三、市场调查员的培训

由于市场调查的重要作用及其对调查人员的客观要求，对调查人员进行培训是很有必要的。培训的内容应根据调查目的和受训人员的具体情况决定，通常包括三方面内容(表 1-3)。

表 1-3　市场调查员的培训项目及内容

培训项目	培训内容
道德法规方面的教育	组织调查员学习市场经济的一般理论，国家有关政策、法规，充分认识市场调查的重要意义，使其有强烈的事业心和责任感，端正工作态度和工作作风，激发调查员的积极性
性格修养方面的培养	对调查人员在热情、坦率、谦虚、礼貌等方面进行培训
市场调查业务方面的训练	市场调查原理、统计学、市场学、心理学等知识；调查设计、提问技巧、信息处理技术、分析技术及报告写作技巧等技能；有关法律法规、行为准则、规章制度等

例如，为了在国际上维护市场营销和民意调查中的道德准则，国际商会(International Chamber of Commerce，ICC)与欧洲民意和市场研究协会(European Society for Opinion and Marketing Research，ESOMAR)于 1977 年联合制定并颁发了有关准则，2016 年颁布了最新版，制定准则的主要目的是使被调查者的权利得到充分保障。调查员应当了解并遵守这一国际准则，尤其是对被调查者信息保密的承诺(附录一)。

市场调查员的培训方法主要有 5 种，培训时可根据培训目的和受训人员情况加以选用。

(1)集中讲授方法。这是目前培训中采用的主要方法，就是请有关专家、调查方案的设计者，对调查课题的意义、目的、要求、内容、方法及调查工作的具体安排等进行讲解，在必要情况下，还可讲授一些调查基本知识，介绍一些背景材料等，采用这种培训方法，应注意突出重点、提高针对性、讲求实效。

(2)以会代训方法。由主管市场调查的部门召集会议。会议有两种形式：①开研讨会，主要就需要调查的主题进行研究，从拟定调查主题到具体的调查设计，从调查资料搜集、整理和分析，到调查的组织等各项内容逐一研究确定；②开经验交流会，在会上大家可以互相介绍各自的调查经验，先进的调查方法、手段和成功的案例等，以集思广益、博采众长、共同提高。采取以会代训方法，一般要求参加者有一定的知识水平和业务水平。

(3)以老带新方法。这是一种传统的培训方法，它是以具有一定理论和实践经验的人员，对新接触调查工作的人员进行传、帮、带的形式，使新手能尽快熟悉调查业务，得到锻炼和提高的方法。这种方法能否取得成效，取决于带者是否无保留地传授，学者是否用心学习。

(4)模拟训练方法。模拟实际调查情境，由培训者和受训者或受训者之间分别装扮调查者和被调查者，进行模拟训练。模拟时，要将在实际调查中可能遇到的各种问题和困难表现出来，让受训者做出判断、解答和处理，以增加受训者的经验。采用这种方法，应事先做好充分准备，模拟才能真实地反映调查过程中可能出现的情况。

(5)实习锻炼方法。在培训者的策划下，让受训者到实际调查环境中去实习和锻炼，这样才能将理论和实践有机结合，在实践中发现各种问题，在实践中培养处理问题的能力。采用这种方法，应注意掌握实习的时间和次数，并对实习中出现的问题和经验及时进行总结。

参考文献

李君轶, 2012. 数字旅游业发展探析[J]. 旅游学刊, 27(8): 9-10.

王迪, 何知非, 韦薇, 2015. 大数据时代的市场调查刍议[J]. 新闻传播, 22:39-41.

维克托·迈尔-舍恩伯格, 肯尼思·库克耶, 2013. 大数据时代：生活、工作与思维的大变革[M]. 周涛, 等译. 杭州：浙江人民出版社.

第二章　文案调查：足不出户也能做市场调查

本 章 概 要

- ➢文案调查法概念及其应用要求
- ➢文案调查法数据资料获取渠道
- ➢文案调查基本方法
- ➢文案调查法操作程序

互联网，尤其是移动互联网的发展，使“秀才不出门，便知天下事”成为现实。如今，人们可以借助互联网快速、便捷地获取二手数据。因此，文案调查法作为二手资料调查的一种典型工具，对旅游市场调查的重要性日益突出。正如蒂勒尔(Tyrrell)所说：“当一手数据不存在或者获取成本极为昂贵时，利用二手数据或者其他信息来监控或预测人们的休闲参与趋势是一个好方法。”

第一节　文案调查的应用与要求

一、文案调查的含义

文案调查是一种间接调查法，指通过查阅、检索、筛选、剪辑、购买、复制等多种手段和方式收集二手资料的调查方法。

优点：资料收集过程比较简单，工作组织简便，二手资料获取容易，省时、省力、省钱。

缺点：二手资料是由特定的调查者按照原来的调查目的收集整理而成，不一定能满足旅游市场调查者研究特定旅游市场问题的数据需求；二手资料主要是历史性的数据和相关资料，往往缺乏当前的数据和情况，存在时效性缺陷；二手资料的准确性、相关性也可能存在一些问题。

二、文案调查的应用

(一)用于旅游市场探测性研究

利用文案调查，可以开展一系列的研究工作。

(1) 旅游市场需求趋势分析，即通过收集各种市场动态资料并加以分析对比，从而把握旅游市场发展的方向。例如，若某类旅游产品以平均20%的速度增长，据此可推测未来这类产品的需求变化趋势。

(2) 相关分析或回归分析，即利用一系列相互联系的现有旅游市场资料进行相关分析或回归分析，以研究旅游现象之间相互影响的方向和程度，并可在此基础上进行预测。

(3) 客源地和市场地位分析，即根据各方面的资料，计算旅游目的地的客源地范围和其在整个市场中的地位。

(二) 开展经常性的旅游市场调查

实地调查与文案调查相比，更费时、费力，组织实施也更加复杂，频繁开展实地调查的成本较高。但经调查人员精心策划的文案调查则具有较强的机动性和灵活性，尤其是在建立了旅游目的地和企业内外部文案市场调查体系的情况下，调查人员随时能根据调查需要收集、整理和分析各种市场信息，定期为决策者提供市场调查报告。

(三) 为实地调查和方案设计提供帮助

(1) 通过文案调查，可以初步了解调查对象的性质、范围、内容和重点等，并能获取实地调查无法或难以取得的市场环境等宏观资料，而这些资料有助于调查方案的设计和进一步优化，并据此组织实地调查。

(2) 文案调查所收集的资料还可用来证实各种调查假设，即通过对以往类似调查资料的研究来指导实地调查，并将文案调查资料与实地调查资料进行对比，鉴别和证明实地调查结果的准确性和可靠性。

(3) 利用文案调查资料，可以帮助探讨旅游现象发生的各种原因并进行说明。

(四) 配合原始资料更好地研究问题

从时间上看，文案调查不仅可以掌握现实资料，还可获得实地调查所无法取得的部分历史资料。从空间上看，文案调查既能对一些内部资料进行收集，还可掌握大量与旅游市场环境有关的资料。文案调查资料和实地调查资料能够很好地配合，共同支持研究工作。

不过在旅游市场调查研究中，一般应从二手资料的搜集开始进行旅游市场研究，只有当二手资料不够用、不好用、不全面、不系统时，或者需要了解当前数据和情况时，才考虑进行原始资料的收集。

三、文案调查的要求

(1) 针对性。要根据任务和要求，收集与任务相关的二手资料和数据。

(2) 时效性。根据任务和需求，考虑资料和数据的时间区间。如果是关于游客的统计数据，则时间区段可以很长，但是如果是旅游土地利用资料，则必须是最新的。

(3) 全面性。不能以偏概全，所以调研中要注意数据资料收集的全面性。

(4) 系统性。由于统计口径、统计标准不同，资料的收集需注意在统一标准下系统地获取。

(5)准确性。资料数据的可靠性、准确性是市场研究准确性的基础，资料数据有误将导致分析结果出现偏差甚至错误。

第二节　文案调查的渠道

文案调查资料的获取渠道主要包括旅游行政管理部门、旅游企业、统计部门、书籍或期刊类文献资料及各种专业信息咨询机构和互联网。

一、旅游行政管理部门资料收集

旅游行政管理部门主要是管理旅游相关业务的部门，其针对旅游行业的各种统计报表、年度总结和计划等都能够反映市场的一些情况。例如，国家文化和旅游部的主页上既有相关政策信息，也有旅游行业数据。另外，各级地方的旅游管理部门也有本地旅游市场的统计资料、调查资料以及各种规划资料。

二、旅游企业资料收集

旅游企业的资料一般包括业务资料和财务资料。业务资料主要包括各类统计报表、接待游客的各种数据资料、各类统计分析资料等。财务资料主要包括生产成本、销售成本、价格及经营利润等各种财务、会计核算和分析资料。一般情况下，财务状况对外保密，比较难获取，但上市公司的年报则是公开信息，可以从中获得相应信息。另外，还可以获取企业其他资料，如各种调研报告、经验总结、顾客意见和建议、同业卷宗及有关照片和录像等。

三、统计部门资料收集

统计部门的资料是统计部门以及各级、各类政府主管部门公布的有关资料。国家统计局和各地方统计局会定期发布统计公报等信息，并定期出版各类统计年鉴，内容包括入境游客、国内游客相关信息，以及区域人口数量、国民收入、居民购买力水平等信息，这些均是权威性和价值性较高的信息。此外，财政、工商、税务、银行等各主管部门和职能部门也均设有各种调查机构，定期或不定期地公布有关政策、法规、价格和市场供求等信息。这些统计部门的官方信息都具有综合性强、辐射面广的特点。

常用的旅游统计资料包括：

①《国民经济和社会发展统计公报》和《政府工作报告》，一般情况下，县级以上行政区域年初都会通过统计公报和工作报告发布上一年的区域社会经济发展状况；

②《中国旅游统计年鉴》。由文化和旅游部主编，涵盖全国各地相关的旅游数据，其

中入境旅游统计数据比较详细，但其出版时间比较滞后；

③《旅游抽样调查资料》。由文化和旅游部政策法规司、国家统计局城市社会经济调查司、国家统计局农村社会经济调查司主编，和《中国旅游统计年鉴》同步出版。

四、书籍、期刊等文献资料收集

通过图书馆和网络检索收集与调查区域及主题相关的国内外书籍、期刊，调查人员可从这些书籍、期刊、报纸中查阅并获取统计资料、广告资料、市场行情及各种预测资料。

主要的报纸：《中国旅游报》等。

主要的期刊：《旅游调研》《旅游学刊》《旅游科学》《旅游论坛》等。

主要的书籍：《中国旅游经济蓝皮书》(中国旅游研究院编著)、《中国出境旅游发展年度报告》等。

五、各种专业信息咨询机构资料收集

目前一些专门机构、行业协会、科研部门会定期出版和发布一些与市场相关的研究报告(表 2-1)。这些机构的信息系统资料齐全、灵敏度高，为了满足各类用户的需要，它们通常还提供资料的代购、咨询、检索和定向服务，是获取资料的重要渠道。

表 2-1　国外主要旅游行业和旅游研究机构

名称	成立年份	所在地/所属
国际旅游科学专家协会	1951	瑞士圣加仑
国际旅游学会	1951	摩纳哥蒙特卡洛
世界旅游组织	1975	联合国
国际旅游联盟	1898	瑞士日内瓦
太平洋亚洲旅游协会	1952	美国旧金山
妇女旅游组织国际联合会	1968	瑞士日内瓦
欧洲旅游委员会	1948	比利时布鲁塞尔
加勒比旅游组织	1989	巴巴多斯布里奇顿
美洲旅行代表大会	1936	美国华盛顿
国际旅馆协会	1947	法国巴黎
世界旅行社协会	1949	瑞士日内瓦
世界一流酒店组织	1928	美国纽约
国际旅馆与餐馆协会组织	1949	瑞士苏黎世
世界旅行社协会联合会	1966	比利时布鲁塞尔

六、互联网资料收集

互联网是获取信息的最新工具，对任何调查而言，互联网都是最重要的信息来源。互联网上的原始信息比其他以任何形式存在的信息都多，这些信息包含很多调查所需要的资料。

互联网具有容易进入、查询速度快、数据容量大、资源链接方便等特征。在互联网上查找资料，只要网上有，就能查得到。例如，某经理急需一篇国外某报纸当天发表的有关某公司的文章，请调查公司帮忙寻找。调查公司查看该报社的网页，不但查到了文章，而且还可以免费下载，通过该网址的超文本链接，将一个文档中的关键词同其他文档的关键词链接，又发现了更多有关该公司的信息。

互联网的发展使信息搜集变得更容易，也大大推动了调查的发展。过去，要搜集所需信息需要耗费大量的时间，可能还要四处奔走。今天，文案调查人员坐在计算机前便能轻松地获得大量信息，只要在正确的网站查询就可能找到，且许多信息都是免费的。比如，及时了解政府规章的变化是调查的一项重要内容，从网上可以得到有关法律和规章的全文。相较于图书馆查询，网上搜集资料要方便得多。如果想要了解某些信息的具体细节，可利用搜索引擎输入需要查询的关键词，电脑就自动检索，其搜索结果极可能包含该条文原始文件的全文，不过仍需注意网络信息的科学性和准确性。

第三节　文案调查的方法和程序

从某种意义上讲，文案调查方法也就是资料的查询方法，本节主要介绍文献性资料的查询方法。

一、参考文献查找法

参考文献查找法是利用相关著作、论文和调查报告的参考文献目录，或者是文中提到的某些文献资料，追踪、查找有关文献资料的方法。采用这种方法，可以提高查找效率。

二、检索工具查找法

检索工具查找法是利用已有的检索工具查找文献资料的方法。依检索工具不同，检索方法主要有手工检索和计算机检索两种。

(1) 手工检索。进行手工检索的前提是要有检索工具，因收录范围不同、著录形式不同、出版形式不同而有多种多样的检索工具。以著录方式来分类的主要检索工具有 3 种：①目录，根据信息资料的题名进行编制，常见的目录有产品目录、企业目录、行业目录等；②索引，将信息资料的内容特征和表象特征录出，标明出处，按一定的方法组织排列，如按人名、地名、符号等特征进行排列；③文摘，对资料主要内容所做的一种简要介绍，能使人们用较少的时间获得较多的信息。

(2)计算机检索。与手工检索相比，计算机检索不仅具有检索速度快、效率高、内容新、范围广、数量大等优点，还能打破获取信息资料的时空约束，能向各类用户提供完善、可靠的信息。在市场调查信息化程度不断提高的今天，计算机检索法变得越来越重要。应当指出的是，文案调查所收集的次级资料，有些十分真实、清楚、明了，可直接加以利用，而有些资料则杂乱无章，且不排除具有失真的可能性，对这类资料还应该进行加工和筛选才能得出最终结论。对次级资料的加工方法将在第十章进行介绍。

三、文案调查的工作程序

文案调查的基本程序是确认需求信息、确定收集内容、评审内部资料、确定外部渠道、确定搜集方法、实施与评审、综合与汇集。具体的流程如图 2-1 所示。

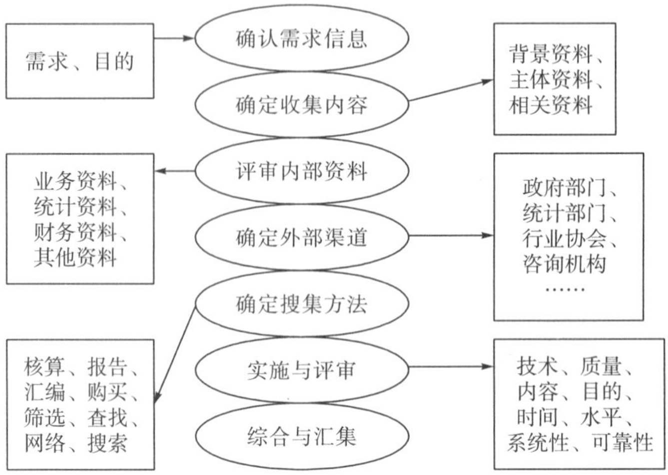

图 2-1 文案调查工作流程

案例：宁夏旅游市场客源结构分析

1. 入境旅游接待概况

宁夏 2010～2015 年接待入境游客情况如表 2-2 所示。

表 2-2　2010～2015 年宁夏接待入境游客地区组成

地区	2010 年/人次	2011 年/人次	2012 年/人次	2013 年/人次	2014 年/人次	2015 年/人次	合计/人次
日本	2459	2662	2864	1802	1819	1791	13397
美国	1679	1638	1063	1696	1945	2453	10474
加拿大	450	490	517	445	478	536	2916
澳大利亚	444	482	598	476	479	549	3028
新西兰	84	103	158	102	120	134	701
西欧	2509	2226	1867	2136	1971	2405	13114
独联体	125	158	65	157	678	757	1940

资料来源：2011～2016 年《中国旅游统计年鉴》。西欧包括英国、德国、法国与意大利。独联体包括俄罗斯等东欧地区部分国家。

由表 2-2 可以看出，日本游客数量在宁夏客源市场中占第一位，西欧和美国游客数量分列第二、三位，独联体游客数量占市场的份额较少，与韩国、俄罗斯和东南亚是我国入境游客的主要客源地的实际情况不符。

2. 国内游客区域结构分析

国内主要客源地(一级市场)为周边和本地，宁夏本地客源约占市场份额的 50%，西北的甘肃、陕西及华北的内蒙古为主要客源地。其次，主要以东部沿海和港澳台地区游客居多。

据抽样调查显示，性别构成上，国内男性游客出游比例高于女性游客。年龄构成上，25～44 岁的青壮年游客为国内游客主体，约占整个市场的 60%左右，45～64 岁游客人数位居第二，约占 25%。

3. 时间结构分析

宁夏属典型的大陆半湿润半干旱气候，冬寒长、夏暑短、春暖快、秋凉早，雨雪稀少、气候干燥，日照充足、风大沙多。年平均气温为 5～9℃，昼夜温差大。寒流一般自 10 月开始，至次年 3 月结束。由于夏季温度不高，宁夏是避暑的好地方。每年的游览旺季为 5～10 月。

宁夏自 2010 年起，境外游客数量呈较快的上升趋势。文物古迹近几年成为游客最感兴趣的旅游资源，游客也热衷于对当地民风民情的探求，国内游客人数近几年逐年增长且速度较快；2012 年接待国内游客 1338.99 万人次，2013 年为 1817.88 万人次，2014 年为 1671.62 万人次，2015 年为 1837.75 万人次，2016 年约为 2150 万人次，5 年内国内旅游人数稳步增长。

4. 旅游类型结构分析

宁夏接待国内游客类型组成如表 2-3 所示。

表 2-3 2012～2015 年宁夏接待国内游客类型组成(%)

旅游类型	2012 年	2013 年	2014 年	2015 年
休闲度假、观光游览	57.6	60.1	57.4	64.4
探亲访友	8.4	7.3	10.9	8.1
健康疗养	—	—	—	—
商务、会议	22.5	23.3	15.7	16.8
宗教	1.0	—	—	—
专业交流访问	3.8	3.7	4.8	3.2
其他	6.7	5.6	11.2	7.5

资料来源：2013～2016 年《宁夏旅游经济发展统计公报》。

根据 2012～2015 年的抽样调查显示，宁夏的游客类型主要为休闲度假、观光游览，约占旅游人数的 2/3，而商务、会议和探亲访友为第二目的。

练 习 题

1. 利用《中国旅游统计年鉴》和其他资料，总结近几年中国入境旅游需求趋势。
2. 利用文案调查法进行市场调查有几种方法？
3. 试述文案调查法的优势。
4. 文案调查法的一般程序是什么？

第三章　趁手的问卷需要精心设计

本 章 概 要

➢问卷的设计原则和步骤
➢问卷设计的技巧
➢态度测量技术

旅游市场调查的目的是获取有效信息，利用问卷可将研究目标和被调查者连接，因此问卷在整个信息收集过程中的地位非常重要。问卷调查的关键环节是问卷设计，问卷设计决定问卷质量。

第一节　问卷的含义、设计原则与设计步骤

一、问卷的概念及其作用

问卷(questionnaire)又称为调查表或访谈表，是由一组题目构成的调查载体，其目的在于收集相关的数据和材料，了解调查对象对某些问题的看法。

问卷在旅游市场研究中具有举足轻重的地位，是旅游市场调查中广泛使用的一种工具，可以作为提问、记录和编码的工具，帮助旅游市场调查者获得关于市场情况的第一手数据。问卷调查可以用于不同类型的旅游市场调查，既可用于入境市场调查，又可用于国内市场调查；既可用于旅游产品调查，又可用于旅游营销调查、旅游服务调查等多个方面。

二、问卷设计的目标

问卷是研究的前提和基础，是研究报告的支撑材料和重要组成部分，也是研究结论和观点的重要数据来源。问卷设计必须将需要研究的信息转化为一组特定的问题，并且能够为被调查者回答，在问卷设计中应努力降低被调查者的厌烦情绪，尽可能得到被调查者的配合，并保证获取相关信息的准确性。

在问卷设计过程中必须遵循以下原则，才能保证目标的顺利实现。

(一)问题准确全面

调查问卷主要是由一些问句构成，要避免这些问句含糊不清，力求全面、准确。例如，游客对旅游餐饮的满意度应包含餐饮饭菜质量、品种、卫生条件、价格、用餐时间及服务态度等多个层面，缺项的调查会直接影响调查结果的科学性。

(二)文字简明清楚

文字简明清楚即用字(词)简明、准确、定义清楚。问句力求口语化、通俗化，太深奥或专业化、学术化的用语会让被调查者难以理解。每一个问句都必须有明确的含义，让被调查者明白该提供何种信息和数据。

(三)便于调查实施

如果问卷不能让被调查者接受，调查人员就很难完成任务，需要注意的有：问卷的长度不宜过长，作答时间一般控制在10分钟以内，不能有涉及被调查者隐私的问题等。

(四)尽量减少误差

问卷设计要追求有效性和可靠性，这就要求问卷的设计者对调查的问题深入了解，明白被调查者的心理情况，另外可以通过预调研等多种方式来保证问卷的可靠性。

三、问卷设计步骤

问卷设计是由一系列相关工作过程构成的，为了更好地收集信息，问卷设计一定要遵循科学的步骤和程序，如图3-1所示。

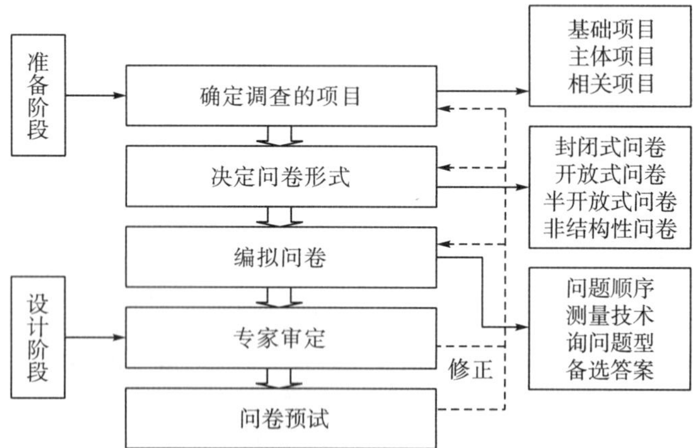

图3-1 问卷设计步骤

(一)确定调查的项目

根据研究(调查)目的，确定需要调查的项目，并对研究项目按照不同的分类方法进行分层，如可以按照主题列出研究项目的层次，项目可以分为基础项目、主体项目和相关项目。

(二)决定问卷形式

问卷一般可以分为封闭式问卷、开放式问卷、半开放式问卷和非结构性问卷4种类型。半开放式问卷较为常见，即大多为是非题或者选择题，最后可有一个或两个开放性题目。问卷中，问句形式要依调查主题、调查方式、调查对象、分析方法而定。例如，较敏感主题可采取迂回方式调查，才容易得到被调查者的真实想法。此外，在决定问卷形式之前，要先设想分析的方法，避免在调查结束后发现所收集的资料无法进行分析。

(三)编拟问卷

编拟问卷要根据研究问题拟出相关问句，问题可通过文献资料、小组讨论、专家研讨、实地调查等方式获取。要特别注意问句的用语习惯及排列顺序，将属于同一研究主题的问句编入同一大题。亦可增加一些用来检查被调查者回答可信度的问句。一份完整问卷应该包括问卷名称和编号、问卷使用说明和致谢、问句等。此外，在编拟问卷的时候，应尽量收集和参考前人的相关问卷。

(四)专家审定

问卷初稿完成后，要邀请相关专家针对问卷进行审定并发表意见。通过研讨可以发现许多课题研究者疏漏的测项。最后，研究者依据专家的意见修改问卷，以提高问卷的科学性、完整性和适用性。

(五)问卷预试

预试的目的在于发现问卷的内容、结构、逻辑、用语等各方面是否需要修正，有时也用来评估问卷的信度和效度。问卷预试一般采取面访方式，不可仅对某一特殊群体做预试(除非调查对象只有此一类特殊群体)，进行预试者要将被调查者的状况详细记录，也可和被调查者讨论题目，看看是否有遗漏或不易了解的地方。通常，预试的次数为一次或二次，但若问卷修改的幅度很大时，每修改一次就要进行一次预试。

(六)问卷定稿

当问卷经过预试并确定无误时，就可进入定稿阶段。研究者对这份问卷做最后一次修正，检查整份问卷是否存在结构、内容、形式、空间安排、外观及错别字等问题，同时拟定问卷使用说明，最好在问句之后注明需要注意的事项。此外，问卷的纸张和尺寸亦要注意。

第二节　设计技术与技巧

根据调查目的和要求，需要将调查问题具体化、细节化，使调查者能顺利收集相关信息，以便于统计分析。设计一份调查问卷并不容易，不但要求问卷设计人员具备统计学、社会学、经济学、心理学等专业知识，还需要一定的技巧。

一、问卷的基本结构

问卷的基本结构为问卷说明、问卷主体和问卷结语。

(一)问卷说明

在问卷说明部分，应该讲清问卷调查的目的、意义，并进行简单的内容介绍，另外还应注明关于匿名或信息保密的保证以及对被调查者的要求，最后要对被调查者的配合予以感谢，并且要有调查者的机构或组织名称及调查时间。

(二)问卷主体

这一部分是问卷的主要部分，包括调查的主要内容以及对一些问题的说明。一般把问卷的主体分为两部分：①被调查者的背景资料(人口学特征)，即性别、年龄、婚姻状况、收入等问题；②调查的基本问题，出于降低敏感性的考虑，一般把背景资料(人口学特征)的问题放在基本内容的后面。对于回答问题的说明也要写清楚，如对怎么写答案、跳答的问题、哪些人不回答等的说明。

(三)问卷结语

问卷的最后一部分是调查的基本信息，如调查时间、地点、调查员姓名、被调查者的联系方式等信息。最后还要对被调查者的配合再次表示感谢。

二、问题设计中易出现的问题

在设计问题的过程中，受专业、对被调查者的了解程度、经验等多方面因素的影响，一般需要注意以下问题。

(一)提问语言的不规范

在问卷调查中，根据调查对象的不同，应选择合适的语言，如对于普通游客的调查，尽量使用一些口语化的语言，避免学术化、官方、含糊不清或模棱两可的词语。如果用词不当，被调查者可能会拒绝回答或回答不准确。

您的家庭结构为（　　）类型。

A. 核心家庭　　B. 单身家庭　　C. 联合家庭　　D. 主干家庭

E.其他

问题在于专业词汇的不当运用。

（二）问题有明显的倾向性

设计的问题必须保持中立，不能在提问时就带有倾向性，在问卷中使用引导性问句是大忌，这样的问题容易诱导被调查者，导致回答偏误，得不到真实答案。

旅游资源保护很重要，你认为对旅游资源进行保护有必要吗？

A. 有　　B.没有　　C.说不清

这样的问题不应该出现在问卷中。

（三）问题引起被调查者焦虑

对于一些涉及隐私、有悖于道德或涉及法律的敏感性问题，被调查者往往不愿回答，此类问题容易引起被调查者的焦虑和顾虑，要尽量避免出现这类问题，如必须要出现，一定要采取一些隐晦的手法。

你有没有在旅游景区刻画过？

A. 有　　B. 没有

这样发问容易引起被调查者的焦虑，因为大家都知道景区是不允许刻画的。这个问题可以这样问：在景区刻画很常见，你是否看到过游客刻画？

（四）问题具有多义性

一个问句里只能提问一方面的情况，不要试图在一个问句中涉及多个方面的问题，否则会使被调查者不知如何回答，而且收集的信息无法使用。

您父母的文化程度是（　　）。

A. 小学及以下　　B. 初中　　C. 高中　　D.大专及以上

这个问题同时提问两个人的情况，让被调查者无法回答。

（五）问题过于笼统

在提问时，有时会针对一个笼统的问题直接发问，这也是调查问卷中存在较多的问题，对被调查者而言，不知在问什么，对于调查者而言，这样收集的数据无实际意义。

您对西安旅游的了解情况是（　　）。

A. 很了解　　B. 了解　　C. 一般　　D.不太了解

E. 不了解

问题在于，被调查者对某地旅游的了解程度不是自己说了算的。我们对某地旅游了解程度的衡量应该有一个标准，一般的处理方式是用量表，即用相关的多个问题来综合测量。

(六)答案设计不合理

答案设计不合理的情况包括设计的答案不完整、没有区分，或者答案相同、处于同一维度等。

您旅游过程中的主要消费是(　　)。

A. 景区门票　　　　B. 住宿

这个问题的答案不完整，因为旅游消费的种类比较多，包括交通消费、餐饮消费、购物消费等方面。

以上是问卷设计中一些比较突出的问题，当然还存在其他很多问题，有些是调查者难以预料的，这就要求问卷设计者要反复斟酌。

三、问句分类及选择

(一)问句分类

问卷中的问句按形式可分为开放式、封闭式及半开放半封闭式 3 种。

1. 开放式问句

开放式问句是指被调查者不受调查者倾向影响而自由作答的问句，即不用在问卷拟定的答案中进行选择。开放式问句往往作为问卷的第一个或者最后一个问题。问卷的第一个问题采用开放式问句可以让被调查者有机会尽量发表意见，这样可制造有利的调查气氛，缩短调查者与被调查者之间的距离；而最后一个问题采用开放式问句则可以使意犹未尽的被调查者畅所欲言，容易坦露自己的真实感情。例如

(1) 请简述您对西安的总体印象。

(2) 您喜欢哪一类的旅游景区？为什么？

开放式问句的优点：被调查者可以自由回答这样的问题，并不需要按照问卷上拟定好的答案进行选择，被调查者可以充分表达看法，调查者则可比较深入地获得相关信息，而且有时还可以获取一些意想不到的信息。

开放式问句的缺点是容易产生偏差。因为如果被调查者的答案由访问者记录，容易因个人偏见产生失真的情况——调查者有可能只记录自己可以理解的部分；因误解被调查者的意图而错误记录被调查者的答案；因时间仓促被调查者可能会随意回答；因被调查者表达能力不够答案可能不准确。而当被调查者对问题没有深入了解时，开放式问句会使其难以作答。此外，开放式问句的资料整理与分析也是一个难题。因为每个被调查者所用的表述不同，在归类上比较麻烦；因其知识结构、文化水平不同，回答开放式问句的能力也不同，往往高学历者因作答较有条理，意见较多，使得数据分析结果偏向这一类被调查者(表 3-1)。

表 3-1 开放式问句优缺点比较

优点	缺点
容易引起被调查者的兴趣，被调查者可自由回答，畅所欲言，调查者可取得其合作的意愿	调查者记录被调查者所言时，会因个人喜好而产生记录偏差，易发生不合理的加权现象
在正式性的大型调查之前，可深入了解，使之更具有周延性	调查者难以控制被调查者的个别差异
调查者可更深入了解被调查者的可能动机	调查者较难区分数据，答案整理和汇总困难
调查者能得到广泛性的答案，及有相当差异性的答案	易使被调查者厌烦，被调查者回答所用时间较多

2. 封闭式问句

封闭式问句即是非题和选择题，依据假设需要设计问题，被调查者依据自己的想法，每题圈选其中一个答案。

(1) 是非题。被调查者的答案只有“是”与“否”两种选择。

1. 您喜欢西安吗？

A. 是　　B. 否

2. 您使用网络吗？

A. 是　　B. 否

(2) 单项选择题或者多项选择题。单项选择题规定被调查者只能从多个选项中选取一个与自身状况最贴切的选项，而多项选择题则能同时选择几个选项。有时为了分析方便，问卷上会规定最多选项的数目，甚至规定被调查者要选择几个选项。

您此次旅游的主要目的是(　　)，请选择一个选项。

A. 会议　　B. 观光　　C. 度假　　D.商务

E. 探亲访友　　F. 宗教　　G. 疗养　　H. 学习

您获取旅游信息的渠道有(　　)(可多选)。

A. 互联网(Internet)　B. 旅游图书　　C. 广播电视　　D.报纸和杂志

E. 亲戚朋友介绍　　F.旅游广告、宣传片

封闭式问句的优点是容易回答且节省时间，缺点是不具有弹性——当被调查者想回答的选项不在列出的选项中时，往往会被迫在现有的选项中选择一个与回答事实并不十分贴切的选项，甚至不回答。此外，封闭式问句若不能明显地区分和界定选项，被调查者易因无法判断而错选(表 3-2)。

表 3-2 封闭式问句的优缺点

优点	缺点
答案标准化，可以做比较	被调查者不知道答案或无意见时，可能猜测适当的答案或随机回答
数据容易汇总、统计和分析	被调查者可能因为所列选项均不适合或欠周全，无法表达真实想法而感到挫折
被调查者较清楚问句意义，减少不知道的答案，提高完成率	选项可能过多而无法全部列出
选项比较完整，得到不相干答案的机会较少	被调查者对问句的理解可能有异
被调查者不愿回答确切数字时，仍可能愿意提供具有差别性的答案	强迫选择答案，被调查者之间的细微差异无法显现
开放式问句要凭空想出答案较困难，封闭式问句则无此困扰	笔误造成的错误会比较多

3. 半开放半封闭式问句

半开放半封闭式问句是在封闭式问句的选项后加上一个“其他”的选项，让受查者在找不到贴切答案时能自由填写答案。例如，

您获取旅游信息的渠道有(　　)(可多选)。

A. 互联网(Internet) B. 旅游图书 C. 广播电视 D. 报纸和杂志

E. 亲戚朋友介绍 F. 旅游广告、宣传片 G. 其他(请注明)__________

半开放半封闭式问句融合了开放式问句及封闭式问句的优点，所以普遍被使用于各类问卷之中。但被调查者可能对选项的定义不了解，误以为没有适合的选项而选择“其他”选项，这就造成调查者需事后检查选择“其他”选项的被调查者是否应并入某一选项或单独列出。此外，半开放半封闭式问句若事先拟定的选项不够周全，导致许多被调查者选择“其他”选项，调查者将无法真正探知问题的答案，此种问句是没有意义的。

(二)问句类型的选择

若被调查者为专业人员，可通过开放式问句得到更加深入的信息；但若被调查者为一般社会大众，面对这一问题就不知该如何作答。除了较专业的调查之外，一般调查对象均包含低、中、高各阶层被调查者，这时候开放式问句就要谨慎使用。

要采取何种问句类型，可根据以下理由设计。

(1)针对被调查者，如果是一般人士或非专业人士，可用封闭式问句。如果是受过高等教育的人群或者是专业工作者，可以使用开放式问句。

(2)针对数据分析，如果是想做统计分析，宜采用封闭式问句。如果想对问题做本质的了解，可以使用开放式问句。

四、问卷设计技巧

提问是整个问卷的核心所在，在设计问卷时一定要考虑的两个问题是：变量的可操作性和调查的不完全接触。问卷调查时不能当面对问题进行详细的解释和说明，如果提出的问题不妥或者欠妥，可能使被调查者不理解甚至产生误解，由此可见问卷设计的重要性。

(一)问卷设计要点

叙述问卷题目时，代词、动词、形容词等词语的位置最好一致，可使整个问卷的量表、问题叙述一致化，阅读比较方便，容易理解。

(1)使用通用、简单易懂的词语。因为不能确定被调查者都理解，问卷中使用字词应适合被调查者的水平。

(2)问题描述要简单明了，语句意思要清楚，不能模棱两可。

(3)不能使用有误导的字句。问卷中所用的字词对所有被调查者而言，认知上皆只有一个相同的意义。

(4) 不要暗示。问题设计应使被调查者在回答时不必做估计或做一般性的陈述。

(5) 不要隐藏其他答案或方案，一个问句只问一个事物、概念。在同一问题中希望获得多个答案的情况应尽量避免。

(6) 句子要短而集中，长话短说。

(二) 问题顺序的确定

问卷的问题不应是杂乱排列的，应该有一定的顺序。合理的顺序意味着问卷条理清晰、顺理成章。问卷中问题的一般顺序可以按照下列顺序排列。

(1) 先易后难，先简后繁。前面的几个问题必须是简单易答的问题，把复杂的问题放在后面，以培养被调查者的信心，让其感觉有能力去回答所有问题。

(2) 适度集中，前后连贯。考虑前面问题对下一个问题的可能影响，问题应按照合理的顺序排列，同类问题放在一起，这样被调查者容易作答，避免突然改变问题的性质，以免被调查者感到混淆，难以作答。

(3) 先一般，后特殊。把能引起被调查者兴趣的问题放在前面，把枯燥的问题放在后面；一般性问题放在前面，特殊性问题放在后面。

(4) 先封闭，后开放。先问行为方面的问题，再问态度、观念性问题；开放性问题，即完全由被调查者自己回答，没有备选选项的问题放在后面。

(三) 问题选项的设计

1. 选项满足互斥性和全面性

问题的选项不能相互包含和相互重叠，否则被调查者可能会面临双重选择，影响调查效果。全面性是指要将可能出现的回答都列入，只有这样，才可能使每个被调查者都有选项可选。在实际工作中互斥性比较容易把握，但是全面性则有一定难度，为了做到全面性，问卷设计者必须对这个问题非常了解，亦可通过研讨、试调研等方法补充选项，实在把握不准的情况下设置“其他”选项，以弥补空缺。通常情况下，“其他”选项如果有超过 10%的被调查者选择，就说明该问题有重要的信息未被考虑，需要重新设计选项。

2. 选项要有中立性

设计问卷必须要站在中立的立场，避免个人主观看法，尤其在设计备选选项时要全面，避免片面化，否则无法反映实际情况。问卷的设计要通过研讨，听取不同的声音，这样才能保证公正、科学。

3. 设置模糊型选项

在许多封闭性问题之中，有些被调查者对一个不知道或不了解的问题，没有办法作答，有时会胡乱勾划选项。为了避免这种情况，应设置“不知道”“无所谓”之类的模糊选项。

第三节　态度测量技术

一、态度测量的含义和类型

(一)关于态度

关于态度，国外学者给出了3种比较有代表性的定义。奥尔波特(Allport)提出，态度是一种心理的、神经的准备状态，它由经验予以体制化，并对个人心理的所有反应过程起指示性或动力性的影响作用。克雷奇(Krech)指出态度是个体对自己所生活世界中某些现象的动机过程、情感过程、知觉过程的持久组织。弗里德曼(Freedman)提出，态度是个体对某一特定事物、观念或他人由认知、情感和行为倾向3个成分组成的稳固的心理倾向。

从上述定义来看，态度包含3个层次的问题：①态度是一种心理反应倾向；②态度是内部制约化的心理过程；③态度是相对稳定的心理反应倾向。由此，可以这样理解态度：态度是指人们对一定对象相对稳定、内部制约化的心理反应倾向。

(二)态度测量的含义及其要素

旅游市场调研经常使用量化的方法，对调研对象(如游客、居民、旅游经营者等)的态度、意见、感觉和心理活动等方面做出量化或近似于量化的测量，如游客对于某类型景区的偏好程度等。

态度测量是根据一定的法则，将某种事物或现象的属性或特征用数字或符号表示出来的过程。态度测量的作用在于确定一个特定分析单位特定属性的类别或水平。态度测量一般包括测量客体、测量内容、测量工具(测量法则和操作过程)和测量结果(数字或符号)4个要素。

(1)测量客体。测量客体即测量的对象(测量谁)，它是客观世界中存在的事物或现象，是要用数字或符号来进行表达、解释和说明的对象。比如，测量一棵树的高度时，这棵树就是测量的客体或对象。在旅游研究中，最常见的测量客体是各类与旅游相关的人，以及由个人所组成的各种旅游群体等，如游客、旅游经营者、管理者。

(2)测量内容。测量内容即测量客体的属性或特征(测量什么)。实际上，在任何一种测量中，测量的对象虽然是某一客体，但所测量的内容却并不是客体本身，而是这一客体的特征或属性。比如，树是测量的客体，而树本身却无法测量，只有树的各种特征，如高度、胸径等，才能构成测量的内容。同样的道理，旅游研究中的个人、群体、组织等是测量客体，是旅游研究中的测量对象，但测量的却并不是这些个人、群体、组织本身，而是他们的各种特征、态度和行为。比如，测量游客的行为、态度和社会背景；测量旅游群体和组织的规模、流动模式。

(3)测量工具。测量工具指怎么测量，用什么方法和方式去测量，即用数字或符号表达事物各种属性或特征的操作规则。工具就是用数字和符号表达事物各种属性或特征的用具、手段、操作规则及程序。也可以说，它是某种具体的操作程序和区分不同特征或属性的标准。比如，“将树砍倒，放置在水平地面，然后用直尺从树的一端测量到另一端，树所对应在直尺上的刻度即树的高度”，这句话所陈述的就是测量树的高度的规则。又比如，在旅游研究中，要测量游客的消费状况，那么“将游客在旅游过程中的关于‘吃、住、行、游、购、娱’的所有消费金额相加就是旅游总消费”，这就是一种测量法则。

测量工具的特性一定要与测量对象的特性相关或相近，类似于用工具特性（作为标准）与对象的特性进行比较（衡量），然后才能测量该项特性的结果。

测量过程中涉及技术标准的掌握与人为的立场。技术标准不严格，掌握不准确，或故意发生偏差，就会使测量结果不准确。

(4) 测量结果。数字和符号表示测量结果的符号和特征。比如，12m、10m 就是测量树的高度所得的结果，1520 元、980 元等就是测量游客消费的结果。在旅游研究中，研究者进行测量的结果多是用数字表示的。比如，游客的年龄、收入、停留时间等。但是，同样也有许多是用文字来表示的。比如，被调查者的性别（男、女）、婚姻状况（未婚、已婚、离婚、丧偶）等。尽管许多用文字表达的测量结果在统计分析时都转换成了数字，但这种数字并不能像算术中的数字那样进行加、减、乘、除运算，只能作为不同类别的代号进行统计分析。

（三）态度测量的类型

由于旅游研究中所涉及的现象具有不同的性质和特征，对它们的测量也就具有不同的层次和标准。史蒂文斯于 1951 年创立了被广泛采用的测量层次分类法，他将测量层次分为 4 种，即定类测量、定序测量、定距测量和定比测量。

(1) 定类测量（nominal measurement）。定类测量也叫类别测量、定名测量，它是对事物性质或类别的鉴别，是测量层次中最低级的一种。定类测量仅对变量按照完备性和排他性特征进行分类，而次序在其中没有意义。

定类测量在本质上是一种分类体系，是将研究对象的不同属性或特征加以区分，标以不同名称或符号，确定其类别。定类测量的数学特征主要是等于与不等于（或者属于与不属于）。在旅游研究中，游客的性别、职业、婚姻状况等特征的测量都是定类测量。它们分别将游客划分成“男性、女性”、“工人、农民、教师……”或者“单身、已婚、离异、丧偶……”等不同的群体或类别。而每一个被调查者则分别属于或者不属于其中某一类别。

定类测量所划分的类别既要具有穷尽性，又要具有互斥性，即类别既要相互排斥、互不交叉重叠，又对各种可能的情况包罗无遗。所测量的每一个对象都会在分类体系中占据一个类别，且只占据一个类别。比如，将游客的性别分为男性和女性两类，将游客的职业分为工人、农民、干部、专业技术人员、商务人员、其他 6 类。

由于对任何一门学科来说，分类都是基础，其他几种层次的测量，也都把分类作为其最低限度的操作。或者说，其他几种测量层次中，都无一例外地包含着定类测量的功能。而在旅游现象的测量中，大量的变量都是定类变量，分类更是基本的目的和经常性的操作。

(2) 定序测量（ordinal measurement）。定序测量也称为等级测量或顺序测量。定序测量的取值可以按照某种逻辑顺序将研究对象进行排列，确定其等级及次序。或者说，定序测量可以按某种特征或标准将对象区分为强度、程度或等级不同的序列。比如，测量游客的文化程度，可以将他们分为小学及以下、初中、高中(中专)、大专、本科及以上等，这是一种由低到高的等级排列；测量旅游景区的等级，可以将它们分为5A、4A、3A、2A等，这是一种由高到低的等级排列。在旅游研究中，研究者可以用定序测量对游客的偏好、收入水平等特征进行类似的等级排列。

定序测量不仅能将不同的事物区分为不同的类别，还能反映事物或现象在高低、大小、先后、强弱等序列上的差异，定序测量所得到的信息比定类测量更多。同时，定序测量除了具备对称性外，还具备不对称性。这种不对称性指的是甲对乙具有某种关系时，并不等于乙对甲也具有这种关系。比如，大于的关系(或小于的关系)就是不对称的。甲＞乙时，就不会有乙＞甲。但传递性依然成立：如果甲＞乙，乙＞丙，那么，一定有甲>丙。

关于定序测量，有一点需要略做说明。通常，研究者为了方便统计分析，总是将这种有高低、大小、强弱的序列转化成大小不等的数字。比如，将小学及以下、初中、高中(中专)、大专、本科及以上等类别分别用数字1、2、3、4、5来代表。但是，需要特别注意的是，这种数字并非真正意义上的数字，即这些数字并不具有数学中数字的实际内涵和功能。它们不能用来进行数学运算，而只是一种符号。

(3)定距测量(interval measurement)。定距测量也称为等距测量或区间测量。它不仅能够将社会现象或事物区分为不同的类别、不同的等级，而且可以确定它们之间不同等级的间隔距离和数量差别。比如，测量旅游区的温度就是定距测量的典型例子。在定距测量中，不仅可以说明哪一类别的等级较高，而且还能说明这一等级比那一等级高出多少单位，这也说明，定距测量的结果可以进行加减运算。如果测得甲旅游地的气温为25℃，乙旅游地的气温为21℃，那么，25℃–21℃＝4℃，由此可以说，甲旅游地的气温比乙旅游地的气温高4℃。

需要注意的是，定距测量的值虽然可以为0，但却不具备数学中我们所熟悉的“0”的含义。比如，在冬天，可以测得西安的气温为0℃，但并不是表示西安“没有温度”，而只是代表西安的气温达到了水的“冰点温度”。从测量的角度看，此时“0”只不过是一个特定的数字而已，它是人们主观认定和选取的。

(4)定比测量(ratio measurement)。定比测量也称为等比测量或比例测量。定比测量除了具有上述3种测量的全部性质之外，还具有一个绝对的零点(有实际意义的零点)。所以，定比测量所得到的数据既能进行加减运算，又能进行乘除运算。比如，对游客的收入、年龄、性别比、景区的人口密度等所进行的测量都是定比测量，其测量结果都能进行乘除运算。例如，测得游客甲的月收入为3600元，游客乙为7200元，根据7200／3600＝2，可以认为游客乙的收入是游客甲收入的两倍。

是否存在实际意义的零点(绝对零点)，是定比测量与定距测量的唯一区别。定比测量的基本条件是要有“0”起点。定比测量中可能出现数值“0”，而且这个“0”的意义是表示“没有”。

在4种测量中，定类测量是定性测量，而其余3种都是定量测量；定距测量和定比测量比定类测量和定序测量层次高，因为前两者包含后两者的特点和功能；定比测量包含定距测量的特点和功能，所以它是 4 种测量中层次最高的(表 3-3)。

表 3-3　测量层次

测量层次	区别	层次
定类测量	只能分类	最低
定序测量	分类和排序	稍高
定距测量	分类、排序和采用固定的间隔	更高
定比测量	分类、排序、采用固定的间隔以及具有绝对零点	最高

测量层次不同，数据的数学特征不同，采用的统计方法不同。尽可能对旅游现象进行高层次测量，因为高层次测量包含的信息更多，而且高层次测量的结果容易转化为低层次的测量结果，反之则不行。

二、指数与量表

(一)指数和量表的概念

对概念的复合测量主要有两种方式：指数(index)和量表(scale)。在旅游研究中，这种复合测量可以将多项指标概括为一个分数，因而可以有效地缩减资料数量，并有效区分人们在这些概念或态度上的程度差别。

指数和量表都是典型的对变量定序以上的层次测量，通常使用的指数和量表都是变量的复合测量(composite measure of variables)，即基于两项以上的测量。指数往往通过单个属性的分值计算建立，而量表则是通过对某一问题的不同反应模式赋予相应的分值，使不同选项反映变量的变异程度。因此，量表利用了任何存在于各种属性之间的强度结构。量表能通过指标之间的结构提供更有保证的排序。

1. 指数

指数是由多个不同的回答所构成的一个简单累加的分数。它是由一组有关事物态度或看法的陈述构成，回答者发表对这些陈述同意或不同意的意见，然后按照某种标准将回答在全部陈述上的得分加总，就得到了该回答者对这一事物态度的量化结果。

在指数中，每一个具体陈述在对概念的测量中具有同等地位，占有同等的比例，即它们在反映人们的态度方面是“等值的”，彼此间不存在特定的顺序结构。每个陈述所表达的态度方向与记分的方向应该保持一致。

2. 量表

量表是一种具有结构强度顺序的复合测量，即全部陈述或项目都是按照一定结构顺序来安排的，以反映所测量的概念或态度具有的各种不同的程度。

(二)利克特量表

利克特量表(Likert scale)可以说是指数的一种特定形式。1932 年，美国社会心理学家利克特在原有指数形式上改进完成了利克特量表。它是一种总加量表，一般用在态度、价值取向等测量中。它们建立在这样的观点基础上：一个人对某件事的感情强度或价值取向是可以测量的。它是用 5 点或 7 点的量表来评估他们的赞同程度①。回答者对这些陈述的回答被分成“非常同意、同意、不知道、不同意、非常不同意”5 类，或者“赞成、比较赞成、无所谓、比较反对、反对”5 类。利克特量表能够更清楚地反映人们在态度上的差别，帮助研究者从量表中消除问题项目，也是旅游研究中用得最多的一种量表形式。

举例如表 3-4 所示。

表 3-4 关于导游的调查表

说法	很赞成	比较赞成	无所谓	不太赞成	很不赞成	不知道	不适用
1.我的工作是谋生的好手段							
2.我的工作为社会创造财富							
3.我的工作为旅游发展做出了贡献							
4.我的工作满足了游客的旅游需要							
5.只要不偷不抢，凭自己能力挣钱，做什么都一样，不在乎别人怎么说							
6.政府应该对导游采取严格的管理							
7.政府对导游的管理应当宽容和人性化							
8.我的目标就是要过上稳定的生活							
9.我的目标就是要过上富裕的生活							
10.我很看重自己的身体健康，因为身体是最重要的本钱							

在利克特量表中，各个陈述(项目)的排列方式可以采取下列方式：①前述“趋强的顺序”；②采用意义相反的陈述方式，即将一组两个意义相反的陈述排列在一起，各陈述得分的设计也正好是相反的，这样可以强化陈述的意义，也可以进一步反映样本的真实性；③还可以在一组陈述中故意穿插一些无关紧要的或逻辑上“有错误”的陈述，以检验回答样本的真实程度。

量表中陈述设计的具体办法是：①根据文献资料或研究者本人的学术水平与生活经验积累，采用类似“头脑风暴法”的方式，尽可能地罗列与变量有关的各个要点；②将这些要点整理成形式统一的陈述；③将这些陈述进行删改、整理、分类、排列，形成一个初步的量表；④对这个量表的分辨力进行试调查和分析，剔除分辨力太低的陈述，形成正式的

① 需要说明的是，有研究显示，5 点利克特量表可较好地满足绝大多数测量需求。

量表。

利克特不仅改进了指数的形式，更重要的是，他还提供了一种帮助研究者从量表中消除有问题的项目(即陈述)的方法。这种方法成为研究者设计量表时确定量表项目的主要依据。其基本程序如下。

(1)围绕要测量的态度或主题，以赞成或反对的方式写出若干条与之相关的看法或陈述（一般为20～30条)。对每一条陈述都给予5个答案：非常同意、同意、无所谓、不同意、很不同意，并分别赋予1、2、3、4、5分。

(2)在所要测量的总体中，选择一部分对象(一般不能少于20人)进行试测。

(3)统计每位受测者在每条陈述上的得分以及每人在全部陈述上的总分。

(4)计算每一条陈述的分辨力，删除分辨力不高的陈述，保留分辨力高的陈述，形成正式的量表。

分辨力的计算方法是：根据受测对象全体的总分排序，取出总分排在前 25%的人和排在后 25%的人，并计算这两部分人在每一条陈述上的平均分；将这两个平均分相减，所得的差就是这一条陈述的分辨力系数。该系数的绝对值越大，说明这一条陈述的分辨力越高。

分辨力低的陈述有两种情况：①陈述的内容可能无关大局、不痛不痒，或与要测量的内容无关，或带有敏感性。在试调查中，受测者会认为这样的陈述内容不重要或不便于回答而没有表达自己鲜明的态度；②陈述涉及大家都认同的内容，不论“赞成派”或“反对派”都同样地肯定或否定。这样的陈述如果内容非常关键，在整个量表中很有意义。

(三)语义区分量表

语义区分量表(semantic differential scale)也称为语义分化量表，主要用来研究概念对于不同人群所具有的不同含义。这种量表最初是美国心理学家奥斯古德在研究中使用的。它“在研究小政治群体、态度或更一般性的政治问题时特别有用”。语义区分量表主要用于个人及群体间差异的比较研究，以及人们对周围环境或事物的态度、看法的研究等。

语义区分量表的形式由处于两端的两组意义相反的形容词构成，每一对反义形容词之间分为7个等级。每一等级的分数从左至右分别为7、6、5、4、3、2、1，也可以计为+3、+2、+1、0、−1、−2、−3。被测量的概念或事物(比如某一群体、某种问题、某个国家等)放在量表的顶端，调查时要求被调查者根据自己的感觉在每一对反义形容词构成的量尺中适当位置画记号。

研究者通过对这些记号代表的分数进行统计和计算，研究人们对某一概念或事物的看法或态度，或者进行个人或团体间的比较分析。比如，要了解人们对女性角色的理解或看法，可用语义区分量表对若干反映女性角色的概念，如母亲、妻子、姐妹、女同学、女朋友、女强人等进行测量。

例如，入境游客对我国的整体感知调查如表3-5所示。

表 3-5　入境游客对我国的整体感知调查表

	极度	非常	比较	一般	比较	非常	极度	
安全的								危险的
先进的								落后的
现代的								古老的
新奇的								陈旧的

每一等级的分数从左至右分别为 7、6、5、4、3、2、1，也可计为+3、+2、+1、0、−1、−2、−3。被测量的概念或事物(如某一群体、某种问题、某个国家等)放在量表顶端。调查时，被调查者根据自己的感觉在每一对反义形容词构成的量尺中的适当位置画记号，如画“√”。这些形容词通常包括 3 个一般的维度：评价(如好与坏、善良与残酷、重要与不重要等)、强度(如强与弱、硬与软、刚与柔等)、行动(如主动与被动、快与慢等)。

(四)博加德斯社会距离量表

如果研究者希望定量地测量人们相互交往的程度、相互关系的程度或者对某一群体所持的态度及所保持的距离时，则可采用博加德斯社会距离量表(Bogardus social distance scale)。这种量表是由在内容上具有某种趋强逻辑结构的一系列陈述所构成的。不同的陈述代表了人们在态度上的差异程度。

例如，要测量当地居民对游客的态度，不同的问题所表示的两者之间的距离不同，越往后，相互间距离越近。显然，能接受高强度内容的人必定能接受低强度内容。设计如下。

(1)您愿意外国游客到中国来旅游吗？

(2)您愿意外国游客在你居住的省区旅游吗？

(3)您愿意外国游客在你家附近的景区旅游吗？

(4)您愿意外国游客到你家做客吗？

(5)您愿意与外国游客深度交谈吗？

三、测量的信度与效度

在旅游研究中，任何一种精确、系统的资料收集方法实际上都是一种特定形式的社会测量。而对于任何一种测量工具或测量手段，都会涉及这样一些基本问题：测量所得的数据或资料是否与人们感兴趣的特征有关？测量所得的结果是否正是人们所希望测量的内容？当这种测量的时间、地点及操作者发生改变时，测量的结果将会受到什么样的影响？因此，研究者建构和评估测量时，通常关注两项技术性指标：信度(reliability)和效度(validity)。这两个指标对于量表设计具有重要意义，也是检测量表设计合理、准确的重要工具。量表设计与信度和效度检验的关系如图 3-2 所示。

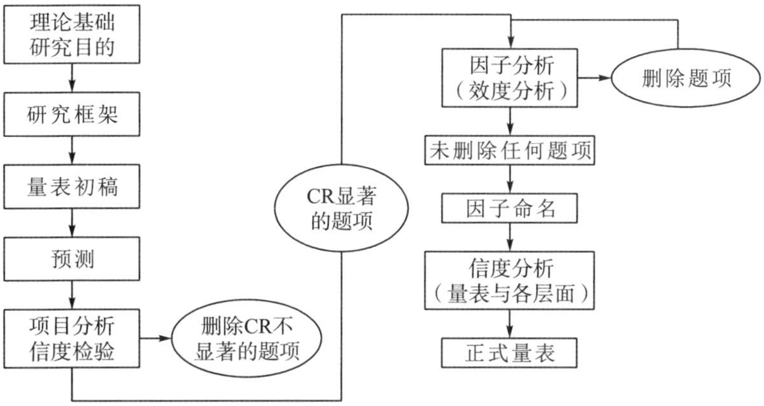

图 3-2　量表设计与信度和效度检验的关系

(一)信度

信度即可靠性，是指使用相同研究技术重复测量同一个对象时，得到相同研究结果的可能性。一个可行的测量(reliable measure)是指假定测量的指标不变，重复进行这个测量得到的将是同一结果。信度只是代表测量结果的前后一致性，不代表准确性。大部分信度指标都以相关系数(r)来表示，其基本类型主要有以下 3 种。

(1)再测信度(retest reliability)。对同一群对象采用同一种测量，在不同的时间点先后测量两次，根据两次测量的结果计算相关系数，这种相关系数就叫做再测信度。这是一种最常用、最普遍的信度检查方法。使用这种方法时，两次测量所采用的方法、所使用的工具是完全一样的。再测信度的缺点是容易受到时间因素的影响，即前后两次测量之间发生的某些事件、活动会导致后一次测量结果客观上发生改变，使两次结果的相关系数即再测信度降低。

(2)复本信度(parallel-forms reliability)。复本信度采取的是另一种思路：如果一套测量可以有两个以上的复本，则可以根据同一群研究对象同时接受这两个复本测量所得的分数来计算其相关系数。比如，考试的 A、B、C 卷就是这种复本的一个近似的例子。在旅游研究中，研究人员可以设计两份问卷，每份使用不同的项目，但都用来测量同一个概念，对同一群对象同时用这两份问卷进行测量，然后根据两份问卷所得的分数计算其复本信度。复本信度可以避免上述再测信度的缺点，但要求所使用的复本必须是真正的复本，即二者在形式、内容等方面都应该完全一致。然而，在实际研究中，真正使问卷或其他类似的测量工具达到这种要求往往是一件十分困难的事情。

(3)折半信度(split-half reliability)。折半信度即将研究对象在一次测量中所得的结果按测量项目的单双号分为两组，计算这两组分数之间的相关系数，这种相关系数就叫做折半信度。比如一个态度测量包括 30 个项目，若采用折半信度来了解其内在一致性，则可以将这 30 个项目分为相等的两部分，再求其相关系数。

通常，研究者为了采用折半信度检验测量的一致性，需要在量表中增加一倍的测量项目。这些项目与前半部分在内容上是重复的，只是表现形式不同。如果被调查者在前后两部分项目上的得分存在高度相关，则可以认为这次测量是可信的。这种方法与复本信度的情况类似，它要求前后两个部分的项目的确是在测量同一个事物或概念。一旦二者所测量的并不是同一个事物或概念，那么研究者就无法用它来评价测量的信度。

(二)效度

社会研究中的测量通常是间接测量，因此研究者不能确保他们设计的测量程序或方法所测的事物或概念正是他们要测量的变量，这就提出了测量的效度问题。测量的效度(validity)，也称测量的有效度或准确度，是指测量工具或测量手段能够准确测出所要测量的变量的程度，或者说能够准确、真实地度量事物属性的程度。

效度所关注的问题是：我所测量的正是我希望测量的吗?结合前面介绍的有关概念，也可以说，效度指的是测量标准或所用的指标能够如实反映某一概念真正含义的程度。当一项测量所测的正是所希望测量的事物时，这一测量具有效度，或者说它是一项有效的测量。反之，则称为无效的测量或者测量不具有效度。

(1)表面效度(face validity)。表面效度也称为内容效度或逻辑效度，它指的是测量内容或测量指标与测量目标之间的适合性和逻辑相符性，即测量所选择的项目是否“看起来”符合测量目的和要求。

评价一种测量是否具有表面效度，必须知道所测量的概念如何定义，需要知道这种测量所收集的信息是否和该概念密切相关，然后评价者才能做出这一测量是否具有表面效度的结论。比如，用问卷去测量人们的消费观念，那么首先要弄清“消费观念”的定义，然后看问卷中的问题是否均与人们的消费观念有关。可以采取请若干专家直接进行评价的方法来检查问卷测量的表面效度。比如，请 5～10 位专家对问卷中用来测量“消费观念”的问题进行评价，如果专家一致认为这些问题明显是有关其他方面的，那么这个测量就不具有表面效度；如果专家认为这些问题的确涉及的都是消费观念方面的内容，而看不出它们是在测量与消费观念无关的其他内容时，则可以说这一测量具有表面效度。

(2)准则效度(criterion validity)。准则效度也称为实用效度或经验效度，它是指用一种不同于以往的测量方式或指标对同一事物或变量进行测量时，将原有的一种测量方式或指标作为准则，把新的方式或指标得到的测量结果与原有准则的测量结果进行比较，研究两者的相关程度，并用这种特定的相关系数(称为效度系数)来反映测量工具或手段的效度。如果新的测量方式或指标与原有的作为准则的测量方式或指标具有相同的效果，那么其效度系数就高，就说明这种新的测量方式或指标具有准则效度。

(3)构造效度(construct validity)。构造效度也称为结构(构念)效度。它是指利用现有的理论或命题来考察当前测量工具或手段的效度。构造效度涉及一个理论的关系结构中其他概念(或变量)的测量。比如，假定设计了一种测量方法来测量游客满意度，为了评价这种测量方法的效度，需要用到与旅游满意程度有关的理论命题或假设中的其他变量。假定有以下理论结构或命题：旅游满意程度与旅游行为有关；旅游满意程度越高，越喜欢旅游。如果测量旅游满意程度与旅游行为方面的结果具有一致性，则称测量具有构造效度。如果旅游满意程度不同的对象在旅游行为上都是一样的，那么测量的构造效度就面临挑战。

(三)信度与效度的关系

测量的信度与效度之间存在着某种既相互联系，又相互制约的关系。一般而言，缺乏信度的测量也是无效度的测量，但具有很高信度的测量并不意味着同时也是高效度的测量。追求测量的信度往往会在一定程度上损害或降低测量的效度，反之亦然。在测量编制过程中或编制完成后，还可对测验中的项目进行分析，并借此对整个测验的难度、区分度给予评估。

需要特别注意的是，测量的效度与信度都是一种相对量，而不是一种绝对量，即它们都是一种“程度事物”。对于同一种对象，人们常常会采取各种不同的测量方法，常常会采用各种不同的测量指标。也许这些方法和指标都没有错，但它们相互之间一定会在效度与信度这两方面存在程度上的差别。对它们进行评价和选择的标准是：越是在准确性和一致性上程度更高的方法和指标，就越是好的测量方法和高质量的测量指标。

比如，用结构式问卷来测量游客“偏爱度假”的行为时，可以得到相对高一些的测量信度，即用同样的问题反复询问同样的对象时，所得到结果的一致性程度会比较高。但是，这种测量方法的效度往往会比较低，因为游客对度假的认识、态度和具体做法远比问卷中的几个问题丰富多彩，在问卷中所能够测量的只是其中很少、很表面、很有限的一部分。反之，如果采用实地观察，或与每一个游客仔细交谈等方法来进行测量，那么所得到的资料的效度会比较高，但是却丧失了观察结果的一致性程度。

阅读材料：西安驴友网络行为模式的调查问卷

您好！我们是××项目组，目前正在进行“网络旅游信息对驴友出行决策影响”的调查。您的帮助对我们完成这次工作非常重要，希望得到您的支持与配合(请在对应项打“√”)。

1. 您的性别是(　　)。

A. 男　　B. 女

2. 您的年龄是(　　)。

A. 14 岁以下　　B. 15～24 岁　　C. 25～34 岁　　D. 35～44 岁

E. 45～64 岁　　F. 65 岁及以上

3. 您的文化程度是(　　)。

A. 硕士及以上　　B. 本科及大专　　C. 中专及高中　　D. 初中及以下

4. 您目前从事的职业是(　　)。

A. 单位职员　　B. 专业技术人员　　C. 教师　　D.学生

E. 自由职业者　　F. 其他(请注明)________

5. 您的月收入是(　　)。

A. 2000 元以下　　B. 2000～<3500 元　　C. 3500～<5000 元

D. 5000～<6500 元　　E. 6500 元及以上

6. 您寻求旅游信息的主要途径(可多选)是(　　)。

A. 互联网　　B. 旅游图书　　C. 广播电视

D. 报纸和杂志　　E. 亲戚朋友介绍　　F. 旅游广告、宣传片

G. 其他________

7. 如果您不使用网络获取旅游信息，原因是(　　)。

A. 上网不方便　　B. 信息不可靠　　C. 浪费时间　　D. 信息不全面

E. 其他________

8. 如果您使用网络获取旅游信息，请回答以下问题。

(1)网上旅游信息可信程度(　　)。

A. 十分可信　　B. 比较可信　　C. 一般　　D. 不可信

E. 完全不可信

(2)您经常使用的搜索引擎是(　　)。

A. 必应　　B. 百度　　C. 搜狗　　D. 搜搜

E. 爱问　　F. 其他________

(3)网上信息对您出游决策影响程度为(　　)。

A. 影响很大　　B. 有影响　　C. 一般　　D. 影响很小

E. 完全无影响

(4)您是通过哪些网站搜索信息的？(　　)

A. 专业驴友网站　　B. 综合旅游网站　　C. 景区网站　　D. 政府旅游网站

E.综合性门户网站(如新浪、搜狐、网易等的旅游频道)　　F. 旅行社网站

G. 其他________

(5)在网站进行旅游信息搜索时，您喜欢下列哪些信息传播方式？(　　)

A. 照片　　B. 动画　　C. 录像　　D. 电子地图

E. 热点推荐　　F. 旅游小贴士　　G. 网友评论　　H. 其他________

(6)关于使用网络预订，使用请回答①，不使用请回答②。

①如果使用，会预订哪些？(　　)

A. 旅游线路　　B. 火车票　　C. 住宿　　D. 飞机票

E. 餐饮　　F. 其他________

②如果不使用，原因是(　　)。

A. 不熟悉网上预订功能　　B. 网站没有预订功能

C. 网上支付存在风险　　D. 预订信息传递不可靠

E. 个人信息保密不安全　　F. 只是浏览信息，没有网上预订的必要

(7)您希望了解的价格信息有(　　)。

A. 门票　　B. 交通　　C. 住宿　　D. 餐饮

E. 特产　　F. 娱乐　　G. 纪念品　　H. 其他________

9. 您认为比较可信的旅游信息是(　　)(可多选)。

A. 网站编辑信息　　B. 驴友(游客)的评价

C. 政府文件(或信息)　　D. 企业发布的信息　　E. 其他________

10. 您是否为户外俱乐部会员？（　　）

A. 是　B. 否

11. 您是否在网上发起组织或参与过驴友相关活动？（　　）

A. 是　B. 否

12. 您与驴友联系的常用工具是（　　）。

A. QQ 或 QQ 群　B. E-mail　C. 论坛(BBS)　D. 手机

E. 其他________

13. 作为驴友，您曾经去过哪些地方旅游？（　　）

A. 秦岭　B. 西安及周边地区　C. 陕西其他地方　D. 省外

14. 作为驴友，您出游的半径一般是（　　）。

A. ＜50km　B. 50～＜100km　C. 100～＜300km　D. 300～＜500km

E. ≥500km

15. 作为驴友，您出游选择的地点一般是（　　）。

A. 山岳(风景秀美)　B. 平原　C. 滨水

16. 您如需要住宿，住宿的条件是（　　）。

A. 帐篷　B. 农户　C. 客栈　D. 其他________

17. 关于在网络上搜索旅游信息

项目	非常同意	同意	不确定	不同意	非常不同意
在搜索网络旅游信息时，非常注重网站知名度					
漂亮的网站会让我增加网站浏览的时间					
认为网络旅游信息可靠					
认为单从网上搜集信息不够，要参考其他渠道信息					
旅游网络信息太多使得很难做决定					
经常关注驴友论坛中的评论并发表自己的看法					
会根据驴友的评论建议，选择那些评价高的目的地					
旅游经历会影响出游前的网络旅游信息搜索时间					

18. 您在浏览旅游网站时，下列内容对您旅游决策的影响程度分别是什么？

旅游信息	很大	大	一般	小	很小
价格信息					
景点介绍					
住宿情况					
特色饮食					
旅游线路					
交通信息					

19. 您对网上户外运动信息有什么建议或意见吗？您的看法很重要__________。

练　习　题

1. 问句一般分几类？
2. 简要论述问卷的基本结构。
3. 态度测量技术一般有哪几类量表？
4. 信度有哪几类？如何测定？

第四章　观察法：静静地看着你，远道而来的客人

本 章 概 要

- ➢观察法的步骤
- ➢观察法的技巧
- ➢观察法的应用

第一节　观察法是什么

一、观察法的概念

观察法(observational method)是指观察者根据特定的研究目的，利用感觉器官和其他科学手段(如借助录像机、录音笔等器材)，有组织、有计划地对研究对象进行考察，直接或间接观察和记录正在发生的旅游市场行为或状况，以获取有关原始信息的一种调查法。

二、观察法的种类

按形式的不同，观察法可分为直接观察法和间接观察法(图 4-1)。

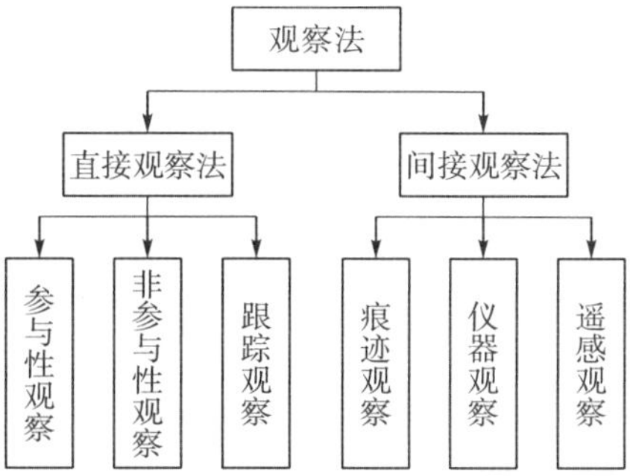

图 4-1　观察法的形式

(一) 直接观察法

直接观察法是调查者直接深入旅游活动发生现场进行观察和调查，对正在发生的旅游市场行为和状况进行观察和记录的方法。

(1) 参与性观察。指调查者以游客的身份与被调查者一起直接参与旅游活动，甚至改变自己的身份、深入市场，以收集有关的信息。

(2) 非参与性观察。又称局外观察，是指调查者以局外人的身份深入调查现场，从侧面观察、记录所发生的市场行为或状况，用以获取所需的信息。

(3) 跟踪观察。指调查者对被调查者(如游客、团队)进行连续性的跟踪观察，如对自助游客、旅游团队的跟踪观察等。

(二) 间接观察法

间接观察法是指调查者采用各种间接观察的手段进行观察，以获取相关信息的方法。

(1) 痕迹观察。通过对现场遗留的实物或痕迹进行观察，用以了解或推断过去的市场行为。线下现场的痕迹观察有食品厨柜观察法、垃圾清点观察法等。互联网时代，线上旅游数字足迹的观察逐渐成为一种更为常见的痕迹观察法，如旅游网站访问量的监控。

(2) 仪器观察。在特定的场所安装摄像机、录音机或计数仪器等器材，通过自动录音、摄像、计数等获取有关信息，如景区游客流量自动测量、交通路口车流量自动测量、电视收视率自动测量等。

(3) 遥感观察。利用遥感技术、航测技术等现代科学技术收集调查资料的方法，如游客容量、旅游资源等均可采用遥感技术收集。这种方法目前在市场调查中应用较少。

第二节 观察的主要步骤及优缺点

一、主要步骤

观察的全过程可分为 3 个阶段，即准备阶段、实施阶段和资料整理阶段。每个阶段包含若干主要的步骤(图 4-2)。

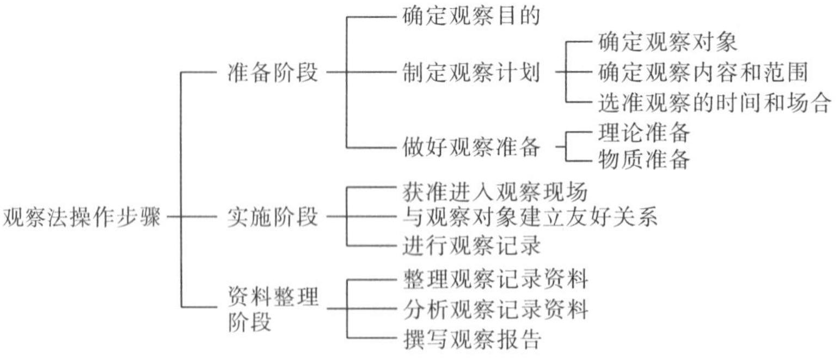

图 4-2 观察法的操作步骤

（一）准备阶段

1. 确定观察目的

明确为什么观察，通过观察想要达到什么样的目标。可围绕旅游市场调查的主题，根据市场调查的实际需求，明确观察目的，并以目的为导向，确保观察工作的针对性、规范性和有效性。

2. 制定观察计划

(1) 确定观察对象。根据旅游市场调查的实际需求及所要达到的目的，确定具有典型性的观察对象进行重点观察。例如，要观察开放性旅游景区游客的行为，首先要通过观察明确哪些是本地居民，哪些是外地游客，且应将外地游客作为重点观察对象；其次，可重点关注景区入口广场、景区标志性景点(建筑)、游客服务中心等地方的游客行为。

小贴士：如何区分外地游客和本地居民？

以依附于封闭性景区的主题广场为例，如位于临潼华清池景区门口的“华清城”广场。首先看装束，在观察之前要基本了解临潼本地居民的着装特点；其次辨行为，本地居民多在广场休憩区消遣，并无过多的等待、联系同伴及拍照留影等行为；再次听声音，本地居民口音较为明显，可作为有效参考；最后算时间，外地游客因旅游行程的安排，其休息时间不会过长，尤其是团队游客。

以“2014 年临潼度假区旅游环境和产业要素调查”为例，观察对象为“旅游六要素”，即度假区周边所能观察到的餐饮设施、住宿设施、购物品店、娱乐设施、交通和景区。

餐饮设施：大、中、小型餐饮设施。

住宿设施：星级酒店、快捷宾馆、家庭旅馆、小招待所等高、中、低档住宿单位。

购物品店：商店超市(含便利店)、玉石店、特产店、纪念品店、茶叶店、酒水店等。

娱乐设施：保健足疗、茶艺、KTV、酒吧、棋牌室、咖啡店、桌球、健身场所、游乐场、影院、会所等娱乐场所。

交通：分为内部交通(度假区内的交通道路和设施)和外部交通(进入临潼的所有高速通道、旅游大巴、公交线路、轨道交通等)。

景区：所有对外接待游客的开放性和非开放性的景区。

(2) 确定观察内容和范围。观察内容和范围同样需要根据旅游市场调查目的及研究问题制定，一般包括 4 个方面：①观察现场情境，如观察现场的空间位置及其与旅游景区的关系，天气、温度等自然条件以及当地政府或机构对旅游市场的规范、引导和约束行为；②观察对象的角色、地位、身份、数量以及相互之间的关系等，如通过观察，明确游客性别和年龄，游伴构成及其关系(情侣、家庭、同学等)，游客群体中的消费“领袖”，不同游客群体的旅游体验程度；③观察对象的行为类型，如哪类游客更喜欢拍照，哪一类游客更喜欢购物；④事物或现象发生的时间、空间、出现的频率、持续的时间等，如某景区早上、中午、下午、晚上等各时间段不同景点的客流量变化。

以“临潼度假区的节假日旅游市场调研”为例，分别从设施、服务和游客 3 个方面说明观察法的观察内容及范围。

①设施方面。

a. 交通设施：停车场数量、规模及分布，观光电瓶车数量。

b. 环卫设施：厕所数量、规模及分布，垃圾桶分布及数量。

c. 服务设施：游客服务中心(电子旅游咨询和服务点)分布及规模；餐饮种类、规模及分布；商店(特产店及便民服务店)类型、数量及分布；住宿酒店类型、规模、分布；娱乐设施种类及分布；旅游休憩设施，如休闲椅；大型购物场所。

d. 标识系统：导览系统、交通标识系统。

e. 安全设施：消防警报设施、紧急救助设施。

……

②服务方面。

a. 咨询服务：专业旅游咨询人员、导游讲解人员。

b. 引导服务：交通引导、游客疏导服务人员。

c. 安保服务：安保人员。

……

③游客方面。

a. 游客量：不同景点、不同时间段游客量的分布。

b. 游客构成：性别、年龄、游伴构成及其关系(情侣、家庭、同学等)。

c. 游客行为：拍照、购物等。

d. 出行方式：自驾、跟团等。

……

(3)选准观察的时间和场合。在不同的时间、不同的场合对同一旅游现象进行观察，往往会得到不同的观察结果。例如对节假日期间自驾游客的观察，在邻近景区的高速出入口进行观察，其观测结果更有效。再如，同样观测游客量变化，清明节、五一劳动节、端午节、中秋节、国庆节等国家法定节假日的游客量会存在显著区别。

以“观察临潼度假区国家法定节假日期间自驾游客客源”为例，通过观察车牌，掌握进入临潼度假区的自驾游客客源构成。在选定观察场合时，可先咨询当地交警，确定自驾车辆进入临潼度假区的所有道路入口。如图 4-3 所示，节假日期间进入临潼度假区的主要道路为东城大道、西临高速以及汇入西临高速的西安绕城高速，此 3 条道路最终汇聚在秦唐汉道与凤凰大道交叉口处(图 4-3 中五角星处)，因此此交叉口为观察自驾车辆的最佳位置。

3. 做好观察准备

(1)理论准备。在进入观察现场前要查阅文献资料，了解前人的调查基础和观点，制定观察实施方案及注意事项，并对观察人员进行知识培训。例如对临潼度假区旅游环境和产业要素的观察，实地观察的前期可通过百度地图、美团、去哪儿、携程等网络途径搜集“旅游六要素”的基本信息，为实际观察提供参考。

(2)物质准备。制定观察卡片或记录提纲，选用技术设备等。

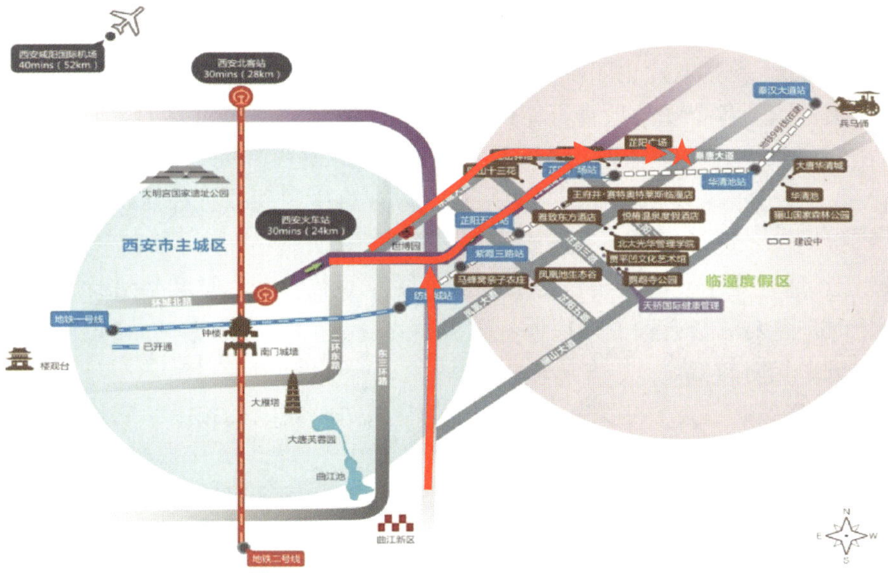

图 4-3　临潼度假区交通示意图①

(二) 实施阶段

1. 获准进入观察现场

在实施阶段，获准进入观察现场非常重要，同时也是十分关键的一个环节。在旅游调查中，由于各种将要被调查研究的旅游景区、酒店、商铺等因自身所固有的特色因素，其开放程度是不同的。在进行调查之前，一般要求调查者最好能获得有关部门的支持，或委托单位的协助，以及准备好充足的说辞，如对某一度假区内的游客进行观察，可通过其度假区管理委员会出具准许证明或通知相关人员，确保调查人员的观察工作正常进行。

2. 与观察对象建立友好关系

与观察对象建立友好关系是进入观察现场后调查者面临的首要任务，因与观察对象的关系直接决定观察能否顺利进行。具体来说，调查者要了解当地的语言、风俗、生活习惯、道德规范；调查者应表现出友好的态度，使观察对象不会感到威胁。当然，友好关系的建立可以根据实际的观察操作进行技巧性调整。

3. 进行观察记录

俗话说“好记性不如烂笔头”，对观察进行记录是保存观察资料最可靠的办法，也是观察中不可或缺的一个环节。在具体的观察中，所能采用的观察记录技术主要有观察卡片、符号、速记、记忆以及器材记录。每种记录技术都存在优点和不足，在实际观察中，应根

① 临潼旅游度假区官方网站. http://www.qltra.com/.

据实际情况选择其中的一种或几种，确保收集到全面、准确的资料。

(1)观察卡片。观察卡片也叫观察表，其结构根据调研目的设计，观察卡片上可列出具体的观察项目以及各个观察项目可能出现的情况。在实施观察活动时，调查者根据观察情况直接在观察卡片上填写记录。这样不仅能加快记录速度，而且便于后期的整理分析。

(2)符号。符号指事先设计好相应的用来代表观察中出现的各种情况的符号。在进行观察时，直接用符号进行记录，不需要用文字叙述。

(3)速记。速记是用一套简便易写的线段、圈点等符号来代替文字进行记录的方法。在使用速记时，需要对调查者进行培训。在实际的旅游市场调查中，因速记是一套严谨的系统，使用频率相对较低。

(4)记忆。记忆是在观察中采用事后补记的方式进行记录的技术。它通常用于调查时间紧迫或不宜现场记录的情况。

(5)器材记录。器材记录指在观察中借用专业仪器如录音机、录像机、照相机及其他各种专用工具进行记录。

如对“2014 年临潼度假区旅游环境和产业要素”的观察，观察范围为临潼全区，可采用分组分区的方式进行，因此观察记录的卡片需准备两种，即度假区地图和观察记录卡片(表 4-1～表 4-4)。以 2 人观察小组为例，一人手持地图标注观察序号和类型符号(考察组自定)，另一人记录相应序号下产业要素的类型、数量、规模等信息。此种采用图与信息结合的符号和观察卡片记录形式，可为后续调查报告中的图表可视化提供素材。

表 4-1 住宿设施观察记录卡

编号	名称	规模	级别	价格/元	入住率/%	床位数/张	备注
1							
2							
3							
4							

表 4-2 餐饮设施观察记录卡

编号	名称	规模	级别	价格/元	客流量/%	备注
1						
2						
3						
4						

表 4-3 购物品店观察记录卡

编号	名称	规模	级别	价格/元	客流量/%	备注
1						
2						
3						
4						

表 4-4　娱乐设施观察记录卡

编号	名称	规模	级别	价格/元	客流量/%	备注
1						
2						
3						
4						

(三) 资料整理阶段

资料整理阶段包括整理观察记录资料、分析观察记录资料以及撰写观察报告等主要步骤。这些内容将在后面的章节中进行更为详细的讨论。

二、主要优点和缺点

(一) 主要优点

①直观可靠；②简便易行；③可发现新情况、新问题；④可克服语言交流障碍。

(二) 主要缺点

①时间长，费用高，受时间、空间和费用限制；②只能观察表象资料，不能观察内在原因；③对调查者素质要求高，调查者素质不同，观察的结果也不同，易产生观察误差。

三、减少误差的措施

为减少误差，在应用观察法时，应注意以下事项。

(1) 选择具有代表性的典型对象，在适当的时间进行观察。

(2) 在进行现场观察时，要让观察对象处于放松状态，间接观察需要注意必要的隐蔽性，需保证观察对象处于自然状态下。

(3) 在实际观察和解释观察结果时，必须实事求是、客观公正，不得带有主观偏见，更不能歪曲事实真相。

(4) 调查者的观察项目和记录用纸最好有一定的格式，以便尽可能详细地记录观察内容的有关事项。如统一设计的观察卡片、系统的速记或记录符号等。

第三节　观察法的应用

一、景区游客流量的测定

景区流量测定对于景区环境容量测算、旅游线路组织以及旅游安全保障等都具有十分重要的意义，一般可以利用摄像监控、人员固定观测和遥感监测等多种方法，在一些重要的节点位置进行流量测定。比如在2010年世界博览会和2011年世界园艺博览会园区利用直升机和飞艇进行客流监测。

二、主要旅游交通道口车流量测定

这种方法可以监测主要旅游路段的车流量，为旅游目的地提前提供一些相关客流信息，同时也可以为广告营销提供参考依据。

小贴士：如何快速统计自驾车辆？

女：要是我想节假日一结束就知道某景区有来自哪些地区的自驾游客，怎么办？

男：那你是有钱还是有人？

女：什么意思？

男：有钱的话，可以在主要高速出入口放置能够识别并统计车牌的仪器。

女：那没钱有人呢？

男：有人的话，就用最笨也是最辛苦的办法，就是在各高速出入口分配人员进行实时统计。

女：什么？那要统计多长时间啊？

男：一般可在早上8点至下午5点之间进行记录，车量相对集中在此时间段，或者可询问当地高速交警，了解节假日车辆往来情况，并据此安排统计时间。

女：怎么观察统计？

男：可在咨询或前期调查的基础上，以表格的形式，以省(区、市)的简称进行“正”字统计，这样的统计能够迅速得出车流量，以及车辆的地域分布情况，为后续的旅游市场营销提供借鉴。

同样以“观察国家法定节假日期间自驾游客客源”为例，在不具备车辆识别仪器的前提下，若想快速统计自驾车辆来源构成，可在进入临潼境内的关键入口(即图4-3中的交叉口处)安排人员进行实时统计。在咨询当地交警的基础上，确定统计车辆的记录时间段，并据此安排2组或3组人员进行轮班统计，具体记录可采用卡片记录方式(表4-5)。

表4-5　自驾车号牌统计卡

车牌首字	对应属地	记录
陕	陕西	
豫	河南	
川	四川	
鄂	湖北	
晋	山西	
渝	重庆	
甘	甘肃	
京	北京	
苏	江苏	

续表

车牌首字	对应属地	记录
蒙	内蒙古	
宁	宁夏	
浙	浙江	
鲁	山东	
冀	河北	
皖	安徽	
青	青海	
粤	广东	
湘	湖南	
津	天津	
闽	福建	
贵	贵州	
云	云南	
沪	上海	
新	新疆	
辽	辽宁	
黑	黑龙江	
赣	江西	
吉	吉林	
琼	海南	
桂	广西	
藏	西藏	

为方便记录人员更便捷地记录车牌数量，在制作“自驾车牌统计卡”时需注意以下两个细节。

(1) 各省(区、市)排列的顺序。可把车辆较多的省(区、市)列在最前面，而省(区、市)排列顺序确定的依据有两个：①查询往年相同时期，关于自驾游客客源构成的统计报告或新闻报道；②咨询假日前 1～2 天外地车辆的进出情况。在前期相关统计报告的基础上，结合对当地交通的实际观察，即可制定一个相对方便记录的“自驾车牌统计卡”。

(2) 预留统计空白的面积。实际观察统计时，“自驾车牌统计卡”的打印需同时考虑两点：①预估当天车辆的大概数量，此预估数量可依据假日前 1～2 天交通管理部门和旅游管理部门对高速车辆的预测数量决定，并根据节假日天数相应调整；②考虑记录者的笔迹情况，恰当预留统计空白。

三、游客的购买行为、购买动机、购买偏好调查

对于游客旅游购买行为的研究，目前主要是通过问卷调查的方法进行获取，但是误差

较大，为了更好地了解游客的购买行为、购买动机等信息，可以通过参团等方式和游客融为一体，与其进行实际深度交谈并观察其旅游行为。

四、旅游产品跟踪观察

旅游产品涉及面比较广，为深入了解产品的情况，尤其是旅游线路产品，可以通过直接参与的方式，亲身购买和体验旅游产品，并通过对人、事、物的观察，了解市场对该产品的反响。

练　习　题

1. 观察法主要可以应用在旅游市场调查的哪些方面？
2. 简述观察法的记录技术。

第五章　实验法：让旅游市场调查更有趣

本 章 概 要

➢实验法是什么
➢实验法怎么用
➢案例实战

第一节　实验法是什么[①]

一、实验法概述

提起实验，我们可能会想到中学学习物理时的众多实验。当然，这其中有许多内容，如阻力对物体运动的影响、滑轮组的机械效率、通电导线在磁场中的受力等，学习起来可能颇感吃力，不过好在还有一些有趣的实验，比如杠杆的平衡条件、光的折射等，这些实验让我们直观感受到大自然的神奇，无论当时对实验喜欢与否，它们都陪伴着我们度过了难忘的中学时代。

进入大学，我们有机会选择自己喜欢的专业，学习自己喜欢的知识，为什么在旅游市场调查中还要做实验，旅游市场调查中的实验法又是什么[②]？

按照莱德曼和特雷西(Lederman and Teresi，1993)的观点，实验是一种探究(探索研究)，在探究中，调查者(实验者)控制感兴趣的现象，并且设置观察和测量现象的条件。

而实验法，就是利用实验的这种逻辑，对未知现象或理论假设进行证实或证伪的一种方法。

换句话说，实验目的是探究某种未知的或有理论推断但未曾验证的现象或理论，在实验中，实验者扮演着非常重要的角色，因为他们控制着整个实验的运行过程，是整个实验的“导演”，他们在实验中关注自己感兴趣的现象，并且为了使这种感兴趣的现象更加明显，会设置一系列的条件，包括限制其他现象产生的条件和创造感兴趣的现象发生的条件，并制定相应的测量标准，记录实验过程和结果，最后利用统计学方法，检验实验者感兴趣的现象在实验处理前后是否具有显著差异。

---

① 关于本节更详细的理论可参考《实验设计原理》一书(戴维・威勒 等，2010)。
② 需要强调一下，旅游研究立足于旅游现象，在现象之下，所涉及的学科知识范围十分广阔，有文史类、理工类学科知识，只有融合多种学科知识，才能更好地描述、解释和预测旅游现象，因此在旅游研究中使用实验法也是理所当然的。

对我们而言，实验是一种方法，它可以用来研究自然，所以实验法能够成为物理、化学等学科的重要研究方法，但与此同时，实验法也可以用来研究人的心灵世界，所以才诞生了实验心理学①。也就是说，实验法作为一种方法，根据其内在逻辑进行合理运用，必然会产生新的知识。当实验法用于自然科学时，它产出的就是自然科学类知识，当它被应用于人文社会科学时，它产出的就是人文社会科学知识。只是因为自然科学中经常使用实验法，才会使人产生实验法是自然科学专有研究方法的错觉。

那么，为什么实验法较少应用于人文社会科学呢，威勒和沃克(2010)认为：①实验法最初发源于自然科学，而人文社会科学的专业学习中很少接触关于实验法的训练，例如该如何设计实验、又该如何实施实验；②人文社会科学家们，尤其是有着悠久历史的传统学科，对实验法有着刻板印象，认为实验不能产生有用的知识；③实验法涉及的研究伦理，例如实验前去征求被试的同意，有可能就会耗费研究者的大量精力。

作为一种方法，实验法在旅游市场调查中有着广泛的应用。例如，某在线旅行社(online tourism agency，OTA)企业计划对公司网站的用户界面(user interface，UI)进行改版，但不知道哪种设计方案能让用户使用起来更方便、更友好，就可以利用实验法测试潜在游客的使用情况，再进行比较，从而做出更好的决策；再比如，对于不同类型的提示语，哪种更能引导游客规范行为，是惩戒的语句还是友善的提醒等，同样可以利用实验法对几种不同类型的提示语进行测试，以决定使用何种提示语。

二、经验驱动型实验

对实验法的分类有多种划分方式，但从实验设计的逻辑基础上看，实验法可分为两种类型，一种是经验驱动型的实验，另一种是理论驱动型的实验。所谓经验驱动型实验，主要是用于探索或发现现象；而理论驱动型实验，其目的在于验证理论。在旅游市场调查中，应用更多的是经验驱动型实验，因此本书重点介绍经验驱动型实验。关于理论驱动型实验，可参阅相关著作。

(一)严格的逻辑基础与应用中的权宜

1. 米尔(Mill)的准则体系

经验驱动型实验的理论基础，源自米尔的准则体系，也就是米尔在《逻辑体系》中提出的5条准则，它们被广泛应用于发现本质规律，分别是求同法(method of agreement)、差异法(method of difference)、求同和求异共用法(combined method of agreement and difference)、共变法(method of concomitant variation)和剩余法(method of residues)。其中，求同法用于确定逻辑学家所称的“必要性”；而差异法就是一种实验方法，它被米尔视为更有效的发现工具②。

---

① 1879年，冯特创立世界上首个心理学实验室，此后实验心理学得到确立，标志着心理学正式成为一门科学。而在此之前，心理学更多被认为是哲学的一个分支。

② 如果研究中的现象在一种情况下发生，而在另一种情况下没有发生，除某个条件外两种情况的其他条件均相同，两种情况下唯一的差异条件就是影响因素，或者原因，或者多种原因(现象)中不可或缺的一部分(Mill，1967)。

例 5-1：求同法。

甲：时间自由；孩子放暑假→去旅游。

乙：大学毕业；时间自由；工作已落实→去旅游。

丙：大二学生；获得奖学金；暑假假期→去旅游。

丁：出差；某天空闲；临近景区→去旅游。

由此可推断，可自由支配的时间是旅游发生的必要条件。

例 5-2：差异法。

甲：大学生；19 岁；暑假假期；有积蓄→去旅游。

乙：大学生；19 岁；暑假假期；无积蓄→不去旅游。

由此可推断，有积蓄是旅游发生的充分条件。

米尔正是利用这 5 条准则，从表面上看起来杂乱无章的世界中归纳规律，它们在实验法的发展历史中有着重要意义。根据米尔的准则体系，实验能够将可观察世界的一般规律(那些不能被直接观察到的规律)分解成准确而细小的可观察到的规律，而这些规律正是备受推崇的科学规律。

但是，按照米尔严格的准则体系来判断，一个确切的经验或规律必须要求实验者能够在完全相同的条件下以完全相同的方式重复观察到的一系列事件，才能称之为科学规律，从这个角度来看，米尔的准则体系属于理想化的，任何科学研究都未能严格满足其对理想规律的要求。同时，如果上述标准无法满足，也意味着差异法所要求的“所有条件中有且仅有一个条件不同”的条件无法得到满足，因为在实际当中，“人不能两次踏入同一条河流”，在此情况下实验者不得不进行权宜。

2. 应用中的权宜与突破

概率论和数理统计的发展为实验者满足米尔的证明准则体系提供了帮助，也为要求苛刻的准则体系寻找到一条出路。其中，Fisher(1935，1956)和 Gosset(1908)做出了巨大贡献，他们使实验者有机会寻找可能的科学规律[①]。

费希尔(Fisher)最重要的贡献有两点：①他实现了控制组和实验组的随机分配，排除了因变量发生变化的其他原因，并最终利用统计检验评估了假设中的自变量和因变量的关系；②他放弃了米尔对差异法实验中绝对差异的追求，转而使用似然规则或概率规律，比较实验组和控制组的样本平均数是否存在显著差异。但是，费希尔并没有解决如何确定似然规则或概率规律。

例 5-3：米尔与费希尔的实验设计比较——旅游宣传片对出游意向的激发对比(表 5-1)。

表 5-1　旅游宣传片对出游意向的激发对比

	米尔	费希尔
实验组(观看宣传片) 控制组(未观看宣传片)	每个实验组成员的出游意向都要强于控制组成员	实验组的出游意向整体强于控制组即可

① 事实上，米尔在当时也意识到他的方法在应用中存在问题，在无法完全满足准则体系的情况下，所得到的规律被称为“向普遍真理逐渐迈进”(Mill，1967)。

在解决费希尔未能解决的关键问题的过程中，实验法发展史上的另一位重要人物——戈塞特(Gosset)，一位在吉尼斯酿酒厂工作的统计员，他用样本方差替代未知的总体方差。戈塞特的高明之处在于，他利用样本数据的标准差去分配总体标准误差的估计，即标准误差(standard error)，标准误差通常被用于计算统计量 t①，对于已知大小的样本，t 可用于确定平均差异偶然发生的可能性。

戈塞特方法建立在如下逻辑基础之上，因为费希尔解决了控制组和实验组的随机分配问题，所以在实验干预之前，认为实验组和控制组的平均数相等或几乎相等(根据推理，也应当如此)。因此，如果在某种近似于“不可能偶然发生”的 t 时，例如我们现在经常用到的 0.01、0.05 和 0.1 的标准②，就可以认为假设在实际上也会如此。换句话说，100 次中少于 1 次、5 次或 10 次发生，就可以认为所进行的实验干预是导致结果发生的原因。

小贴士：戈塞特的方法最初的应用是控制不同地区所生产的啤酒品质，以保证消费者在全国各地喝到的啤酒口味十分接近，这非常令人惊奇。但为了避免泄露商业机密，吉尼斯酿酒厂拒绝戈塞特公开发表该方法，但这个方法又是一个巨大的突破，权宜之下，戈塞特便以一个神秘的笔名发表了这一方法，这个神秘的笔名就叫 student，直到现在，我们依然使用这一笔名，而这个重要的方法，就是我们熟知的 student's t test，该方法成功解决了如何对小样本数据平均数之间的差异进行检验的问题，它也被实验法用来检测控制组与实验组之间的差异。

(二) 实验中的几对配对

1. 实验者-被试

按角色划分，实验法中的第一对配对就是实验者和被试。实验者负责设计、组织和实施实验，可细分为研究者(一般是经验丰富的研究人员)、研究助理(包括台上协助研究者的助理和台下协助的假被试)；被试就是由实验者招募参加实验假设测试的志愿者，他们在实验中按照要求完成一定的活动，供研究者采集数据、分析结果及检验假设。

2. 自变量-因变量

自变量是指实验者能够进行主动操控的变量，它能够对实验者感兴趣的现象产生影响；因变量是指实验者不能进行主动操控的变量，也是被实验者测定或被记录的变量。实验法的主要功能就是用来检测自变量对因变量的影响。

3. 实验组-控制组

按照差异法，实验需要比较被试在接受干预之后(或前后)是否有显著性差异，其中不进行任何干预的被试组别就是控制组，而对被试进行干预的组别就是实验组。在一项实验

---

① 标准误差的加权平均数 σ 和 t 的公式为：$\sigma_{(x_1-x_2)}=\sqrt{\dfrac{N_1s_1^2+N_2s_2^2}{N_1+N_2-2}}$，$t=\dfrac{X_1-X_2}{\sigma_{(x_1-x_2)}}$。

② 有意思的是，我们现在经常使用的 0.01、0.05 和 0.1 的标准，其实只是纯粹主观臆断的值，并没有严格的数学推理过程。

中，控制组一般有一组，而实验组至少有一组，也可能有多组，以便比较不同干预强度下被试的反应程度。例如，考察可自由支配收入对出游率提升的作用，就可以按 500 元、1000 元、2000 元等不同标准的资助作为刺激，观察不同组别被试出游意向的差异情况。

4. 前测-后测

前测与后测，顾名思义，分别是对被试在实验前与实验后的测量，它包括单组的前测和后测，以便检验（利用相关样本 t 检验）实验干预（自变量）是否对结果（因变量）产生了显著影响，以及多组（由实验组和控制组组成）的前测和后测，用于排除自然演变因素对结果的影响，检验实验干预的效果。

此外，前测和后测还有一层重要的含义，即在实验正式开始之前，对整个实验设计进行演练，以便检验在实际应用中，是否会有未能事先判断的情况出现，避免在实验开始时出现不可挽回的状况，导致实验失败。而在一些实验中，实验干预可能会对被试的心理造成一定的冲击，引起不适，因此在实验结束后一般还会有心理疏导，之后会对被试的心理恢复情况进行测试，以判断被试是否脱离实验情境，避免被试将实验中的态度或情境带入日常生活。

（三）实验法的道德红线（伦理道德）

请牢记实验法的第一条也是最重要的一条道德红线——没有伤害！

在有人类被试参与的实验研究中，第一条禁令是永远不能对人类被试造成身心伤害，在实验法的早期发展过程中，确实存在对被试造成永久性创伤的实验，例如“斯坦福监狱实验”。因此，在实验进行过程中一定要避免被试受到伤害。

现在各大机构对实验法的应用都有一套规则，例如美国国立卫生研究院（National Institutes of Health，1979）提出人类被试必须享有的权利①。

（1）被试有权免受不必要的风险，包括情感上、心理上和生理上的伤害及潜在伤害。

（2）被试有权完全了解研究过程。

（3）被试有权完全了解任何和所有潜在风险，实验者必须保护被试免受伤害，必须告诉被试研究过程中任何已知的风险，无论风险多小。向被试告知所有已知风险，有助于被试有充分依据决定是否开始或继续参与研究。

（4）被试有权拒绝参与研究项目。

（5）被试有权在任何时间退出研究项目。

（6）被试有权免受强制参与。

但是，在实际操作中，为了保证被试能够在接近自然状态下做出刺激-反应，在针对被试的实验说明过程中，可能需要事先隐瞒一些信息，甚至需要对被试进行误导，这被称为“欺骗”。事实上，实验过程中，一些必要的“欺骗”是必须的，如果按照理想情况，这些信息本身就会对被试的心理和行为造成引导，引起观测结果的偏差。在此情况下，作为权宜，美国社会学协会（American Sociological Association）认为在满足以下 3 个条件时，

① 类似的准则还有《美国社会学、人类学、心理学协会的道德守则》。

允许实验者在实验中有欺骗行为。

(1)欺骗不会伤害被试。

(2)欺骗是从研究的科学角度、教育角度或应用价值角度来判断的。

(3)如果不使用欺骗，找不到同样有效的替代方法。

在西方国家，所有的研究型大学和研究组织都有一个制度审查委员会，它的主要职能就是保护人类被试免受伤害，评估实验设计中涉及伦理道德的问题，以及审核实验者对被试的保护措施，并最终决定是否批准该项实验研究。

(四)“聪明”的被试与防不胜防的实验者——需求特性和实验者偏差

在实验过程中，实验者对整个实验有深入透彻的了解，实验者的言谈举止可能会透露出与实验相关的信息。“聪明”的被试会从中捕捉到对做出决策的有用信息，无论捕捉到的信息是否与实验相关，在所能利用的信息范围内，被试可能对实验者希望他们有怎样的行为做出推断，同时也会好奇实验的真实意图何在。这一系列心理波动都会影响被试在实验中的表现，也就会产生被试偏差(subject bias)，这样一种被试揣测实验者意图并使结果出现偏差的现象被奥恩(Orne)称为需求特性，而实验者无意中泄露的信息就被称为实验者偏差。

需求特性至少有 4 种不同的表现形式(图 5-1)。

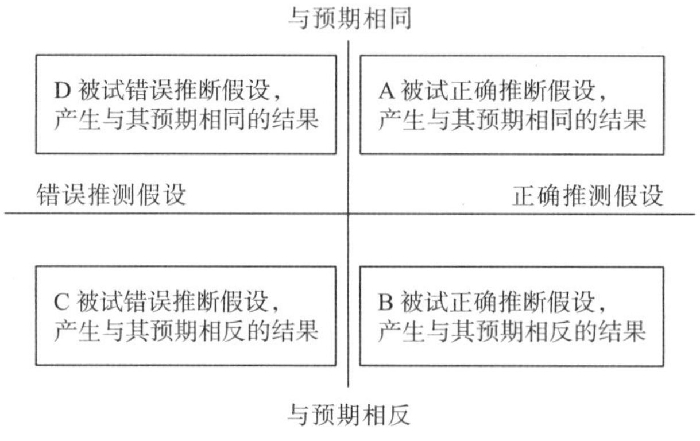

图 5-1　需求特性的 4 种不同表现形式

对于实验者偏差，可以通过“盲实验”的方式进行规避，所谓盲实验，就是对实验中的某种信息进行盲处理。这种盲处理可能是实验者对实验助理保密被试的某些信息(单盲实验)；可能是实验者对“假被试”和“真被试”的信息进行限制和处理，使他们对彼此的情况都不知晓(双盲实验)，均能够达到大幅减少实验者偏差的效果。

例 5-4：单盲实验。

将一组旅游目的地的图片按照不同的顺序交给多个研究助理，只告知研究助理按照实验者提供的素材顺序播放，但并未告知实验者的研究目的是比较图片顺序的差异是否会引起被试形成目的地形象的差异。

除了盲实验外，实验者还需要对整个实验设计进行严格把关，一方面要从理论上对实验设计进行反复考量，另一方面是进行实验前测，通过实验前测，观察实验设计在实施过程中可能出现的问题，以及如何解决并改进实验。

三、实验法的优势与局限

实验法在检验理论假设方面有着独到的优势：①实验法使我们能够有选择地控制实验条件，例如差异法实验，我们能够令一切实验组和控制组除了所关注的自变量之外，其他条件完全保持一致，这样便能更好地观察自变量对因变量的影响；②实验法能够重现某些特定的情境，帮助实验者更好地观察被试在其中的反应；③因为实验的设计立足于理论假设或是主观经验，所以一旦实验完成，实验结果就能够有力地证实或证伪最初的假设。但是实验法也面临一些批判，最常见的是，实验的控制条件是人为设置的，而自然状态下极少有这种受控制的情境出现。另外，被试知道自己被实验者观察，其心理、行为就很难像在自然状态下一样。被试通常是小样本，从小样本规律向大样本或全样本规律推广时面临更多不确定性。

事实上，不止实验法存在这样那样的缺陷，所有的调查方法都存在类似的问题，尤其是在社会调查中，因为人类具有主观能动性[①]，像最常用也是最经典的问卷调查法，同样需要进行抽样，所得的结论也具有相当大的推广价值，但获得的理论也在不断地修正。因此，如要化解实验法受到的质疑：①必须采用严谨的实验设计，规范实验过程；②不断对实验知识进行证伪与创新。

第二节　实验法说得挺好，该怎么用

一、实验法的应用准则与一般步骤

在旅游市场调查中有广泛应用的差异实验法，需要秉承以下 4 条基本准则。

第 1 条：创建至少两种尽可能相同的初始研究条件。

第 2 条：引入两种条件间的单一差异，然后观察结果。

第 3 条：将有关结果的所有推论限制到单一差异的效果上。

第 4 条：仅当其不可能归因于偶然性时，推断关系规律（戴维・威勒 等，2010）。

在这 4 条准则中，第 1 条是差异实验法的基础，在进行实验干预之前，被试的所有条件需尽可能相同，最大限度地代表整体情况，实际上，只要被试的遴选遵循规范的抽样过程，再加上实验组与控制组的随机分配，第 1 条准则即可满足；第 2 条是差异实验法的关键所在，由于被试按照第 1 条实现了随机分配，我们可以认为被试组间不存在显著差异，能够引入而且只能引入单一差异，就是实验干预，观察被试在干预前后的结果；第 3 条是差异实验法的必要条件，实验所观察到的结果必须能够反推到所引入的单一差异上；第 4

① 也许这正是人文社会科学的魅力所在，研究人员会不断有新发现。

条是差异实验法的贡献，从实验过程和结果分析中总结自变量和因变量之间的规律。

在坚持上述 4 条准则的前提下，实验法的工作程序一般包括以下 8 个步骤，但每一项实验也会因情境不同而略有差异。

(1) 明确研究问题。确定实验法解决的研究问题。

(2) 变量测量方式，阅读相关研究成果，使研究问题由概念化向操作化转变。

(3) 制定实验设计，包括场地与设备需求分析、指导语设计、实验材料设计、实验过程设计、被试招募设计、实验记录表设计、调查问卷设计、访谈提纲设计和情况说明设计等。

(4) 招募实验被试，按照计划，招募实验所需的被试。

(5) 组织实验前测，寻找实验设计在实施中存在的问题，完善实验设计。

(6) 实施正式实验，按照完善后的研究设计，全面观察和记录实验过程。

(7) 分析实验结果，对收集到的实验数据进行分析，是否证实或证伪了假设。

(8) 总结研究结论，对整个实验进行总结和讨论，得到清晰的研究结论。

二、实验设计如何制定

在实验法的 8 个步骤中，制定实验设计是核心，实验设计又可分为场地与设备需求分析、指导语设计、实验材料设计、实验过程设计、被试招募设计、实验记录表设计、调查问卷设计、访谈提纲设计及情况说明设计等部分。

(1) 场地与设备需求分析。根据研究需要，确定实验场地，是实验室实验还是现场实验，是否需要协调场地。确定实验过程需要哪些设备和仪器，例如电脑、眼动仪、屏幕追踪设备、录音笔、摄像机、辅助实验的其他硬件软件等。根据实验对场地和设备的需求，协调确定实验的时间、地点。例如，实验共分几轮，每一轮实验安排在什么时间，现有设备是否能够满足需求、是否需要再采购等。

(2) 指导语设计。实验指导语的目的在于向实验参与人员（包括实验者、实验助理和被试）告知实验的基本内容、各自的角色，以及各自角色应当进行的实验活动。指导语的作用是维护被试的基本权利和义务，告知被试应当进入怎样的情境中完成实验，在需要仪器操作的实验中，仪器的操作方法也是指导语中所需要包括的内容。另外，实验中对被试有意识的“隐瞒”、“引导”或“欺骗”，也是在指导语中进行设计的。

(3) 实验材料设计。实验材料是在整个实验过程中用到的所有材料，主要包括实验刺激物、辅助记录实验过程的记录表或相应软件。例如，用于刺激被试旅游意向的风景图片、视频等影像资料的设计，或是记录被试共同做出旅游决策过程中的重要节点所用的记录表等。

(4) 实验过程设计。①被试的随机分配如何实现，是利用计算机随机分组，或是根据现场情况进行随机分组；②是否需要“假被试”，如果需要，他在实验过程中需要履行怎样的职责，实验助理的工作内容有哪些，是否需要加入盲实验的理念；③实验的结束标准是什么，是否需要进行控制，如实验时长、被试行为；④出现突发情况时，实验者应如何应对。

(5) 被试招募设计。根据实验需要招募被试（身份、职业、性别、年龄等），制订激励措施和标准。例如，研究大学生旅游市场，理想情况下，计划招募被试的数量是多少，各个年级需要多少，各类专业需要多少，性别比例是多少等；采用何种方式招募，是通过学生组织发动、朋友圈征集，还是团委发布等；对于被试招募的激励措施是怎样的，是财物激励，还是精神激励，是给予报酬、增加实践学分或是发放礼品等，具体的标准又是多少，这些都根据项目经费预算和实验的难易程度进行计划，确定之后还需要设计被试招募公告。

(6) 实验记录表设计。实验记录表包括的主要信息有实验名称、实验人员信息、被试性质、刺激物、实验时间、地点、实验过程及异常情况等。

(7) 调查问卷设计。调查问卷的核心内容是反映被试受到实验刺激前后的状态，并对其心理、行为所进行的测量，除此以外，还包括被试的基本信息。

(8) 访谈提纲设计。根据实验者的兴趣，或针对实验过程中出现的异常现象及有趣现象，或通过了解被试如何看待实验结果，从而拟定的对被试进行访谈所需要的提纲。

(9) 情况说明设计。情况说明的主要内容包括两个方面：一方面，向被试告知有关实验的更多信息，尤其是涉及欺骗或误导的情况；另一方面，使被试的心理和情感状态脱离实验状态，告知实验已结束，感谢支持。

第三节 案例操作：旅游线路价格调整对大学生购买意向的影响

一、案例简况

临近暑期，大学生旅游市场即将进入旺季，针对大学生对旅游消费价格非常敏感的特点，某 OTA 企业拟通过对大学生的研学旅游产品价格进行调整，以增加营收和利润。

经过商议，价格调整的基本思路确定为：①提高价格，通过提高单个旅游者的收益实现提高产品营收和利润的目的；②保持价格不变，通过市场需求的自然增长实现提高产品营收和利润的目的；③降低价格，通过薄利多销的策略实现提高产品营收和利润的目的。

为了确定该企业应当采用何种策略完成销售目标，我们可以利用实验法帮助企业负责人制定科学有效的策略。

二、实验法的应用

首先，找出实验中的几对配对，第一对为“实验者-被试”，实验者是受委托方，被试是在校大学生；第二对为“自变量-因变量”，自变量是价格调整策略，因变量是购买意愿；第三对为“实验组-控制组”，实验组是做出价格调整的小组，控制组是未做价格调整的小组；第四对为“前测-后测”。

具体的实施过程如下。

(1) 明确研究问题。OTA 诉求：希望能够通过即将到来的暑期旅游高峰，在大学生旅游市场中创造更高的营收和利润。但该诉求无法通过实验法解答，需要进一步分析。企业的营收利润和价格调整之间的关系是间接的，价格调整影响大学生的购买意向，进而影响企业的营收利润变化。而大学生的购买意向可以直接测量，因此本项目的研究问题明确为“旅游线路价格调整对大学生购买意向的影响”。

(2)变量测量方式。通过阅读大学生消费、价格调整方式等方面的文献，将研究问题由概念化向操作化转向，确定旅游线路的价格调整幅度为±5%以内，根据线路原售价2000元，上下浮动5%为100元，中间再设置一条上下浮动50元的标准，最终确定5个被试小组，分别接受保持价格不变，上下浮动50元和100元等5种实验干预，大学生的购买意向用两成会、四成会、六成会、八成会、肯定会来表示。

(3)制定实验设计。

①场地与设备需求分析：以某旅游学院的标准实验室为实验场地，一次可容纳30人，每人需要使用电脑浏览旅游线路。每轮实验大约会耗时20分钟，5轮实验大约耗时100分钟，实验于某周六上午9点开始。

②指导语设计：各位同学，大家好，暑假将至，相信许多同学都有假期出游的计划，现在我们受某OTA委托，对即将到来的大学生暑期旅游市场进行调研，整个调研活动大约会耗时20分钟，15分钟时我们会提醒大家。实验开始之后，您会在电脑桌面上看到一个文档，里面是OTA专门为大学生暑期旅游设计的线路，请您根据您的承受能力决定是否会购买该产品(排除经济承受能力以外的其他因素影响)。在您认真阅读完之后，可以思考在即将到来的暑假是否愿意购买该旅游产品，请注意，不可相互商谈(以避免受到其他人的影响)。如果您有了决定，请举手示意，我们会给您发放一份调查问卷，您可从中勾选您的购买意向和您的基本信息，购买意向用1～5的量表测量，分值从低到高表示购买意向越来越强。为了感谢您对此次调查活动的支持，您将会获得一张由OTA提供的优惠券一张，价值50元，可以用来购买该OTA的所有产品，感谢您的支持！

③实验材料设计：旅游线路由OTA提供，5个被试小组(1个控制组，4个实验组)的旅游线路完全相同，唯一的区别就在于线路的售价不同，在2000元的基础上，分别上下浮动50元和100元，即5个被试小组的线路售价分别为1900元、1950元、2000元、2050元、2100元，组名分别为甲、乙、丙、丁、戊。

④实验过程设计：本实验计划招募150名被试，被试的随机分组利用Excel的rand函数辅助完成。因为旅游预算会对被试决策产生重要影响，因此还需要采用区组随机的方式对被试进行随机分组，区组的容量为组数的整数倍，也就是说，本实验的组数为5组，那么区组的容量需为5的整数倍，本次实验确定区组的容量为15，最终完成被试的随机分组。随机分组实现过程如下(图5-2～图5-5)。

a. 在Excel的A列中将150名被试的预算由低到高排序并编号：1～150。

b. 在Excel的B列中将150名被试由前到后分为10组，在每一个区组内生成随机数字。

c. 在Excel的C列中输入“=RAND()”(全英文状态下输入)，生成一组0～1的随机数字，并将随机数字复制进D列，以免每次操作随机数字均会重新生成，其他区组的操作类似。

d. 选中所有数据，先按D列排序，再按B列排序，之后在E列按顺序循环输入“甲、甲、甲、乙、乙、乙、丙、丙、丙、丁、丁、丁、戊、戊、戊”，每个小组输入3次。

e. 按 A 列再次进行升序排列，即完成对 150 名被试的随机分组(图 5-5)①。

	A	B	C	D
1	编号	区组	随机数字	拷贝数字
2	1	1	0.916534	0.615501
3	2	1	0.170618	0.886044
4	3	1	0.044317	0.810967
5	4	1	0.190944	0.092307
6	5	1	0.567953	0.790778
7	6	1	0.872917	0.069373
8	7	1	0.704368	0.991755
9	8	1	0.802367	0.078517
10	9	1	0.851196	0.988048
11	10	1	0.097418	0.148045
12	11	1	0.705052	0.274556
13	12	1	0.13633	0.654919
14	13	1	0.091261	0.325019
15	14	1	0.372149	0.967139
16	15	1	0.920582	0.271739
17	16	2	0.023688	0.60092
18	17	2	0.552484	0.552328

图 5-2　随机数字生成

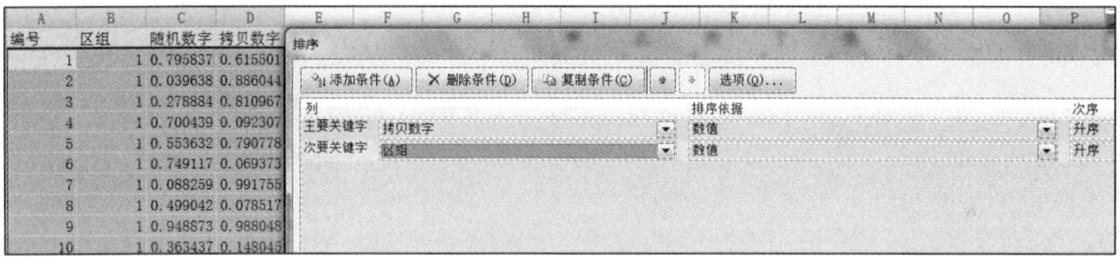

图 5-3　随机数字排序

A	B	C	D	E
编号	区组	随机数字	拷贝数字	组别
29	2	0.877647	0.008419	甲
57	4	0.583019	0.022861	甲
58	4	0.833841	0.030899	甲
124	9	0.981476	0.035642	乙
127	9	0.685701	0.044626	乙
93	7	0.759125	0.050872	乙
137	10	0.612589	0.051512	丙
130	9	0.477849	0.057262	丙
21	2	0.640831	0.057859	丙
128	9	0.470137	0.059333	丁
6	1	0.643497	0.069373	丁
33	3	0.207135	0.07075	丁
8	1	0.863323	0.078517	戊
75	5	0.308316	0.08903	戊
4	1	0.890068	0.092307	戊
48	4	0.711173	0.102496	甲
82	6	0.688168	0.11832	甲

图 5-4　添加随机分组

①如果只是简单的随机数字生成，目前也有很多网站提供类似的服务。

A	B	C	D	E
编号	区组	随机数字	拷贝数字	组别
1	1	0.520483	0.615501	丁
2	1	0.920899	0.886044	丙
3	1	0.397939	0.810967	戊
4	1	0.358287	0.092307	戊
5	1	0.255512	0.790778	丁
6	1	0.297502	0.069373	丁
7	1	0.553067	0.991755	丁
8	1	0.828094	0.078517	戊
9	1	0.415494	0.988048	丙
10	1	0.600013	0.148045	乙
11	1	0.877444	0.274556	乙
12	1	0.315578	0.654919	丁
13	1	0.097914	0.325019	戊
14	1	0.392845	0.967139	乙
15	1	0.898993	0.271739	乙
16	2	0.714853	0.60092	丙
17	2	0.659759	0.552328	戊

图 5-5　随机分组完成

本实验要求被试独立做出是否会购买 OTA 提供的旅游线路的决定，根据估计，单组实验大约会耗时 20 分钟，直到被试举手示意并做完调查问卷，领取优惠券后离开实验室。

⑤被试招募设计：本次实验采用发放 OTA 优惠券的方式进行激励，被试通过课题组几位老师的授课间隙进行招募，包括大一至大四 4 个年级，各个年级人数的占比不少于 20%(用于控制年级差异)，男女比例接近 1∶1.5(考虑到该校女生多于男生的客观事实)。招募时，首先向学生简单介绍实验情况以及对被试的需求，必须招募暑期具有出游计划的被试，人数为 150 名。

⑥实验记录表设计(表 5-2)。

表 5-2　实验记录表

实验名称	旅游线路价格调整对大学生购买意向的影响		
实验时间	实验地点	观察对象	实验组/控制组
实验者	研究助理		
实验过程			
异常情况			
其他需要补充的情况			

⑦调查问卷设计(表 5-3)。

表 5-3　调查问卷

您有几成可能会购买该旅游产品	1.两成会　2.四成会　3.六成会　4.八成会　5.肯定会	
学号	年级	组别(助理填写)
电子邮箱	性别	联系电话

注：电子邮箱用于接收研究报告和实验情况说明等材料，您可自由选择是否填写。

⑧情况说明设计："同学你好，非常感谢你参加由某 OTA 资助的本次研究，本次研究的主要目的在于了解不同价格策略下，潜在市场对旅游产品的需求波动情况。本次实验到此结束，非常欢迎您继续关注并支持本实验室的其他工作，如您有兴趣对本实验的内容做进一步了解，敬请与实验人员联系，感谢支持！"

(4) 招募实验被试。按照计划，招募实验所需的被试。

(5) 组织实验前测。

实验者在某天邀请了 10 名学生组织实验前测，最终对研究设计进行了 4 点修改。

①单组的正式实验时间由 20 分钟缩短为 15 分钟。

②OTA 优惠券由纸质券改为电子券。

③需注意强调被试做出选择的独立性。

④另招募 10 人作为 150 名被试的候补，并在实验室增加一台笔记本电脑备用。

(6) 实施正式实验。按照完善后的研究设计，全面观察和记录实验过程，统计实验结果。

(7) 分析实验结果。根据 5 组的均值统计，被试的平均购买意向分别为 4.40、4.20、4.00、3.83 及 3.57，表明各组的平均购买意向都大于五成，最大为甲组(价格为 1900 元)，最小为戊组(价格为 2100 元)，购买意向与价格呈反比函数关系，表明本次实验所收集的数据具有合理性(表 5-4)。从各组的方差来看，甲组最低，说明价格降低后，大学生的选择更加趋于一致，对于本研究而言，他们更加趋向于选择购买 OTA 的产品；而丙组和戊组的方差偏大，说明这两组的数据更加离散，意味着在维持原价及价格提高 100 元时，潜在大学生市场的选择会更加具有不确定性①。

表 5-4　被试购买意向统计表

	序号																														均值	方差
	1	2	3	4	5	6	7	8	9	10	11	12	13	14	15	16	17	18	19	20	21	22	23	24	25	26	27	28	29	30		
甲	1	5	5	3	5	5	4	5	4	4	5	5	4	5	5	5	3	4	4	4	5	5	5	5	4	5	4	5	5	4	4.4	0.88
乙	5	5	2	4	5	4	1	4	4	5	4	4	5	4	5	2	5	5	4	5	4	5	3	4	4	5	5	5	4	5	4.2	1.01
丙	5	5	4	4	5	3	5	5	3	4	5	1	5	1	4	5	5	3	4	2	4	4	5	5	2	5	4	4	5	4	4	1.18
丁	5	5	3	3	4	2	4	3	5	4	2	4	2	5	1	3	5	5	4	3	4	5	4	5	5	4	5	4	3	4	3.83	1.1
戊	4	2	4	5	4	4	2	5	4	5	3	5	2	3	4	1	4	5	4	3	4	3	4	5	5	2	1	4	1	5	3.57	1.28

均值和方差能够反映样本数据的基本状况，但因为实验法(包括其他调查方法)只是收集到样本数据，因此需要从统计学上检验这种数值上的差异是否在统计学意义上依然存在显著差异，这也是费希尔和戈塞特对实验法的主要贡献。

实验数据由 5 组数据构成，需要利用单因素方差分析检验各组数据的方差是否存在显著性差异，在 SPSS 中的具体操作如下。

(1) 将数据输入 SPSS 的数据视图中，注意：第一列为组别，用 1、2、3、4、5 代表

① 出现这样的情况也能够解释，大学生对旅游价格较为敏感，如果提高了价格，可能会促使他们选择其他产品；如果保持价格不变，面对暑期市场的旺盛需求，可能会让大学生觉得 OTA 没有诚意。

甲、乙、丙、丁、戊组[①]，从上至下；第二列为每一组对应的数据。

(2)依次点选“分析”→“比较均值”→“单因素 ANOVA”，组别作为自变量，购买意向作为因变量，分别导入对应区域(图 5-6)。

图 5-6　单因素方差分析的 SPSS 界面

(3)点击“两两比较”按钮，假定方差齐性时，使用“Tukey”和“R-E-G-W Q”方法，未假定方差齐性时使用“Dunnett's T3”方法，显著性水平设定为 0.05，点击“继续”(图 5-7)。

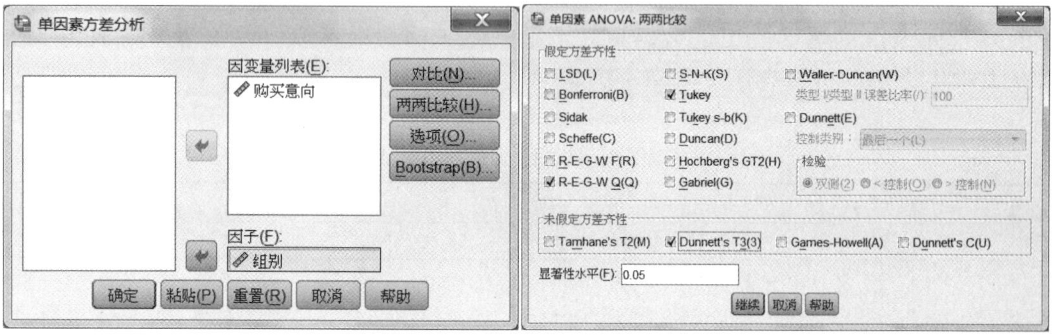

图 5-7　单因素方差分析的方法选择

(4)点击“选项”按钮，在统计量中勾选需要输出的统计量，一般查看“描述性”和“方差同质性检验”两个统计量(图 5-8)，“描述性”会呈现数据的基本状况，如最大值、最小值和均值方差等，“方差同质性检验”用于确定下一步分析方法，其他保持默认状态，点击　“确定”，输出结果。

① SPSS 对中文的处理能力不太稳定，因此在 SPSS 界面中尽量使用数字字符。

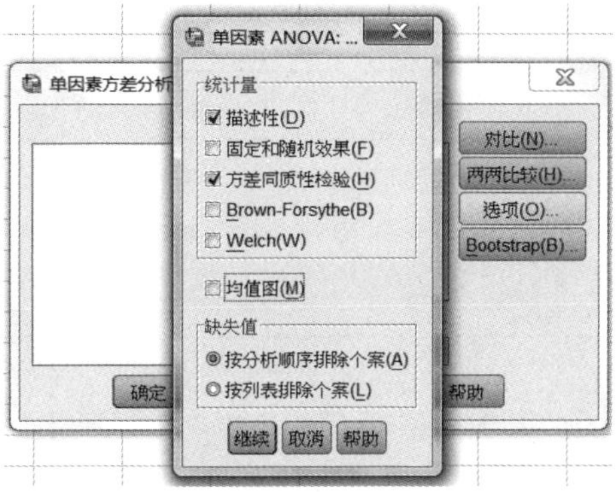

图 5-8　单因素方差分析的统计量输出选择

(5)解读结果。描述性结果，第一列为组别，为 1～5，分别代表甲、乙、丙、丁、戊 5 组；第二列为 N(number)，代表各组的数据个数；其他的统计量如表 5-5 所示。

表 5-5　购买意向的描述性统计

组别	N	均值	标准差	标准误	均值的 95%置信区间		极小值	极大值
					下限	上限		
1	30	4.4000	0.89443	0.16330	4.0660	4.7340	1.00	5.00
2	30	4.2000	1.03057	0.18815	3.8152	4.5848	1.00	5.00
3	30	4.0000	1.20344	0.21972	3.5506	4.4494	1.00	5.00
4	30	3.8333	1.11675	0.20389	3.4163	4.2503	1.00	5.00
5	30	3.5667	1.30472	0.23821	3.0795	4.0539	1.00	5.00

方差齐性检验主要用于下一步多重比较，当方差齐性时，多重比较就需要参考方差齐性时的比较方法，也就是本次使用的方法；方差齐性检验不通过时，查看 Dunnett's T3 方法的检验结果。本次方差齐性检验中，Levene 统计量的显著性为 0.208，未能通过显著性检验，说明方差是齐性的，所以在后面的多重比较中，只需要查看 Tukey HSD 方法的检验结果(表 5-6)。

表 5-6　购买意向方差齐性检验

Levene 统计量	$df1$	$df2$	显著性
1.489	4	145	0.208

单因素方差分析结果显示，5 组数据的显著性为 0.046，低于 0.05 的标准，组间差异显著，意味着 5 个组别之间的购买意向存在显著性差异(表 5-7)。

表 5-7 组间差异检验

	平方和	*df*	均方	*F*	显著性
组间	12.467	4	3.117	2.489	0.046
组内	181.533	145	1.252	—	—
总数	194.000	149	—	—	—

多重比较表展示的是对 5 组数据进行两两比较的结果，上面的方差齐性检验已经证明数据是齐性的，因此只需查看 Tukey HSD 方法的检验结果。

表 5-8 中，重点关注均值差(I–J)和显著性两栏。其中均值差(I–J)是不同组之间的均值差值，例如均值差(I–J)的第一个数据是第一组(甲组)的平均值减去第二组(乙组)的平均值所得的差值，第一组与第二组的均值差为 0.20000；显著性一栏，主要用于展示从统计学意义上的两组均值差是否具有意义，从数据的检验结果看，只有第一组(甲组)和第五组(戊组)之间有显著性差异，两组的均值差为 0.83333。这意味着只有价格调整 100 元的两组策略之间才会有显著性差异。

表 5-8 购买意向的组间多重比较

	(I) 组别	(J) 组别	均值差(I–J)	标准误	显著性	95%置信区间	
						下限	上限
Tukey HSD	1	2	0.20000	0.28890	0.958	−0.5981	0.9981
		3	0.40000	0.28890	0.639	−0.3981	1.1981
		4	0.56667	0.28890	0.290	−0.2314	1.3647
		5	0.83333*	0.28890	0.036	0.0353	1.6314
	2	1	−0.20000	0.28890	0.958	−0.9981	0.5981
		3	0.20000	0.28890	0.958	−0.5981	0.9981
		4	0.36667	0.28890	0.710	−0.4314	1.1647
		5	0.63333	0.28890	0.189	−0.1647	1.4314
	3	1	−0.40000	0.28890	0.639	−1.1981	0.3981
		2	−0.20000	0.28890	0.958	−0.9981	0.5981
		4	0.16667	0.28890	0.978	−0.6314	0.9647
		5	0.43333	0.28890	0.564	−0.3647	1.2314
	4	1	−0.56667	0.28890	0.290	−1.3647	0.2314
		2	−0.36667	0.28890	0.710	−1.1647	0.4314
		3	−0.16667	0.28890	0.978	−0.9647	0.6314
		5	0.26667	0.28890	0.888	−0.5314	1.0647
	5	1	−0.83333*	0.28890	0.036	−1.6314	−0.0353
		2	−0.63333	0.28890	0.189	−1.4314	0.1647
		3	−0.43333	0.28890	0.564	−1.2314	0.3647
		4	−0.26667	0.28890	0.888	−1.0647	0.5314

续表

	(I)组别	(J)组别	均值差(I-J)	标准误	显著性	95%置信区间	
						下限	上限
Dunnett's T3	1	2	0.20000	0.24914	0.995	−0.5239	0.9239
		3	0.40000	0.27376	0.784	−0.3973	1.1973
		4	0.56667	0.26122	0.285	−0.1932	1.3265
		5	0.83333	0.28881	0.054	−0.0093	1.6760
	2	1	−0.20000	0.24914	0.995	−0.9239	0.5239
		3	0.20000	0.28927	0.999	−0.6407	1.0407
		4	0.36667	0.27744	0.867	−0.4391	1.1725
		5	0.63333	0.30355	0.334	−0.2498	1.5165
	3	1	−0.40000	0.27376	0.784	−1.1973	0.3973
		2	−0.20000	0.28927	0.999	−1.0407	0.6407
		4	0.16667	0.29974	1.000	−0.7039	1.0372
		5	0.43333	0.32407	0.859	−0.5079	1.3746
	4	1	−0.56667	0.26122	0.285	−1.3265	0.1932
		2	−0.36667	0.27744	0.867	−1.1725	0.4391
		3	−0.16667	0.29974	1.000	−1.0372	0.7039
		5	0.26667	0.31355	0.992	−0.6446	1.1779
	5	1	−0.83333	0.28881	0.054	−1.6760	0.0093
		2	−0.63333	0.30355	0.334	−1.5165	0.2498
		3	−0.43333	0.32407	0.859	−1.3746	0.5079
		4	−0.26667	0.31355	0.992	−1.1779	0.6446

注：*代表均值差的显著性水平为 0.05。

同类子集表格表示的是按统计检验结果对组与组之间进行的类型分析，哪几组能分为一类，其背后的依据就是两组之间是否存在显著性差异。如表 5-9 所示，在本实验中，第一类同类子集是 5、4、3、2 组，因为第 5 组和第 1 组有显著性差异，而第 5 组和其他 3 组之间并没有显著性差异；第二类同类子集包括 4、3、2、1 组，分类原理与第一类相同。

表 5-9　组间的同类子集分类结果

组别	Tukey HSD($\alpha=0.05$ 的子集)		R-E-G-W Q 范围(组别)	
	1	2	1	2
5	3.5667	—	3.5667	—
4	3.8333	3.8333	3.8333	3.8333
3	4.0000	4.0000	4.0000	4.0000
2	4.2000	4.2000	4.2000	4.2000
1	—	4.4000	—	4.4000
显著性	0.189	0.290	0.130	0.208

鉴于在5组数据中只有甲组和戊组之间存在显著性差异，因此在回答企业需求时，只需要对这两组之间的营收和盈利水平进行分析即可。

本实验设计的购买意向测量，是用1～5分别代表两成会、四成会、六成会、八成会和肯定会购买产品，因此在营收能力和盈利能力的比较过程中需要将数值进行换算。甲组和戊组的均值分别是4.2000和3.5667，将其换算成大学生购买意向的可能性①，得到两组的购买意向分别为0.84和0.71。

根据企业提供的资料，该线路的成本价在1750元。甲组的价格是1900元；戊组的价格是2100元，分别计算单个大学生消费的营收能力。

甲组：0.84×1900元=1596元。

戊组：0.71×2100元=1491元。

结果：甲组的营收能力大于戊组。

盈利能力比较如下。

甲组：0.84×(1900−1750)元=126元

戊组：0.71×(2100−1750)元=248.5元

结果：甲组的盈利能力小于戊组。

(6)总结研究结论。经过分析，在本次实验法的案例研究中，得到以下4条结论。

①5种价格调整方案中，大学生的购买意向只在价格下调100元和上调100元之间存在显著差异，价格下调时的大学生购买意向显著高于价格上调时的购买意向。

②与控制组相比，实验组的购买意向并无统计意义上的显著差异，意味着在原价基础上进行100元以内的价格调整策略对大学生的购买意向影响不大。

③根据企业提供的资料，发现价格下调方案的营收能力高于价格上调方案，盈利能力则恰恰相反，但并不具备统计学意义；

④建议如果企业首要追求在暑期市场提高营收能力，则选择下调价格的方案，如果企业首要追求提高盈利能力，则选择提高价格的方案。

本节详细讲解的案例为单一自变量、两组以上的多组被试之间的比较，对该类案例的处理还有更复杂的前测-后测设计、所罗门设计等实验设计。除此以外，还有两组之间的比较，而两组之间的方差比较则应当采用t检验的方法，同样在SPSS的“分析→比较均值”选项下，还有交叉列联表检验，即分析多个自变量的多种不同刺激对因变量的影响(也称作“$n\times n\times\cdots$”的组间实验)，则需要利用多因素方差分析技术。

第四节 小 结

本章主要介绍常用的差异实验法在旅游市场调研中的应用，但我们还不太确定学习旅游类专业的大学生能否欣然接受实验法。旅游类专业的大学生对实验法的避讳可能更多来源于中学期间物理、化学和生物实验所“留下的阴影”，但通过本章的学习，或许会对旅

① 均值分别除以5即可。

游市场调查中的实验法有新的认识。在当今计算机功能日趋强大的条件下，许多原本麻烦的事情变得简单起来，例如实验法中的随机分组问题，而控制组与实验组之间的显著性差异检验也能借助计算机实现，省去了许多烦琐的计算，这也为我们更好地利用实验法解决问题提供了便利。

除了计算机技术为实验法在旅游研究中的应用提供便利外，其他的新技术和新仪器的应用，也进一步拓宽了实验法在旅游市场调查中的应用。这些先进的技术包括计算机屏幕捕捉技术、眼球追踪技术等，尤其是眼球追踪技术。现已开发出旅游市场调查使用的仪器，包括眼动仪、感应头盔、视觉追踪眼镜等。具体的应用包括利用眼动追踪技术，分析潜在游客在浏览网页界面时的关注点，如眼球的移动轨迹，据此改进并优化网页设计，调整内容板块等。

最后，需要再次强调的是，实验法是一类可用于旅游市场调查的方法，它既有优势又有劣势，关键在于研究人员能否对实验法有客观、公正的认识。在实验法的应用中，务必注意制定严谨而科学的实验设计，因为即便实验技术很先进，也无法拯救一个糟糕的研究设计，而严格遵守实验法的操作步骤，能够将这种风险降到最低。

练　习　题

1. 实验法的优缺点是什么，主要步骤包括哪些？
2. 在旅游市场调查的范围内，列举出不少于 5 种的实验法应用情境。
3. 改进本章中详解案例的实验设计。
4. 了解前测-后测设计、所罗门设计、多因素方差分析等其他实验方式。

参 考 文 献

戴维・威勒, 亨利・沃克, 2010. 实验设计原理[M]. 杜伟宇, 等译. 重庆：重庆大学出版社.

搞不懂眼动仪？看完这篇文章你就全明白啦[OL]. http://www.uisdc.com/eye-tracker-introduction, 2016-10-24.

Fisher R A, 1935.The Design of Experiments [M].New York: Hafner Press.

Fisher R A,1956.Statistical Methods and Scientific Inference [M].New York: Hafner Press.

Gosset W S, 1908.The probable error of a correlation coefficient[J]. Biometrika, 6:302-310.

National Institutes of Health, 1979.The Belmont report ethical principles and guidelines for the protection of human subjects of research[R]. Washington D. C.: Department of Health, Education and Welfare.

Lederman L, Teresi D, 1993. The God Particle: if the universe is the answer, what is the question? [M]. New York:Delta.

Mill J S，1967. A System of Logic[M]. London：Longmans, Green.

第六章　在网络的海洋中捕获市场信息

本 章 概 要

➢网络数据的样本代表质疑
➢网络平台调查法
➢小白的网络数据爬取
➢网络数据的典型案例

互联网的快速发展对各行各业的传统运作方式产生了巨大冲击，国家顺应这种社会发展潮流，提出了“互联网＋”的发展战略，促进互联网与传统行业的深度融合。在旅游市场调查领域中，互联网所包含的众多内容，尤其是 Web2.0 技术发展成熟并开始向 Web3.0 转化后，网民在互联网上的交互、表达生成大量的数据内容，也就是我们常说的用户生成内容（user-generated content，UGC），包括专业生成内容（professionally-generated content，PGC）和职业生成内容（occupationally-generated content，OGC），都为旅游市场调查打开了一扇新的大门。

第一节　网络上都是年轻人，能够代表社会总体吗

一、对互联网数据的质疑

虽然 21 世纪被称为互联网时代，人人都认可互联网对生活产生的巨大影响，但对于将互联网数据用于旅游市场调查，人们仍存在一些疑问。其中最常见的疑问是，互联网用户还没有达到全覆盖，在一个未能全覆盖的群体中进行抽样，得到的数据以及进行市场分析的结果，可靠性（信度）和有效性（效度）有多大？其他的质疑还包括互联网数据要么是景区单方面发布的，要么是用户发布的，与市场研究问题的对接也存在问题等。近年来，类似的质疑虽然在减少，但仍然存在。

2010 年，在某次学术讨论会上，曾有人提出这样的疑问：“活跃在网上并留下足迹的往往是年轻人，因为年纪大的人很少使用这些新东西啊，这样一来，你从互联网上得到的信息有多大程度能够代表社会现实呢？是不是有悖于我们抽样的基本原理呢？那么这种工作又有多大意义呢？”

当时刚刚进入 Web2.0 技术的大发展时期，能够从互联网获得的数据更多是来自于BBS、博客(Blog，微博在2010年才开始快速发展)、OGC等渠道，能够进行及时交互的互联网数据几乎没有。

那么，取自互联网的数据，其信度和效度究竟能否得到保障呢？

其实这个疑问涉及抽样调查的方法论问题。在理论上，我们可以完美地进行抽样设计，以求样本能够完全代表整体，但在抽样的实际操作过程中，这种理想状态是始终无法达到的，任何一种抽样调查结果都无法完全代表整体，能够完全代表整体的样本虽然能为互联网调查数据的可靠性提供依据，但并不能够成为严格意义上的论据。

二、网络问卷调查与纸质问卷调查的全方位 PK

在回应互联网数据用于旅游市场调查的疑问时，关于西安目的地形象调查方面的两项成果或许能够作答(张木子 等，2015；张珍珍 等，2014)。

1. 调查的基本情况比较

(1)调查方式：传统纸质问卷的发放更加随机，但网络问卷的调查范围更广。传统纸质问卷调查通常由调查者采用偶遇抽样的方式分发这些问卷，调查地点根据调查主题的不同，大致包括机场、车站及各大旅游景区等游客聚集地。网络问卷调查依靠调查问卷的线上传播，调查对象范围更广，但不可避免的是范围将会倾向于以调查者为中心，从其朋友圈向外扩散①。

(2)调查花费：网络问卷调查的花费一般较低②，纸质问卷调查的成本相对较高。根据各地的差异，简单的纸质调查问卷直接成本约为2元/份，如果涉及赠送礼品、异地调查、问卷较长等问题，成本的波动就会比较大，从每份3～5元到十几元不等。

(3)调查时间：网络问卷的调查时间相对较短，但在填写时间方面，纸质问卷调查略胜一筹。在张木子等(2015)的研究中，网络问卷的发放和回收可在1天之内完成③，纸质问卷从调查到录入共需17天。网络问卷每张问卷的平均完成时间为10.15分钟，纸质问卷每张问卷的平均完成时间并未精确计时，但根据调查者的估计，被调查者完成时间在10分钟之内。

(4)数据录入：网络调查问卷的数据录入更便捷，且调查平台往往会提供.xls、.sav等不同的数据格式。相比之下，纸质问卷的录入过程相对烦琐，需要耗费大量的人力和物力，且录入过程难免会出错，例如出现录错行、遗漏，甚至丢失等问题。

(5)保密性：对于旅游市场调查而言，两种调查方式基本上都是匿名调查，所以不存在泄露个人信息的可能，例如一些敏感信息，如姓名、身份证号、银行卡号、详细住址等，都不在调查范围之内。

---

① 有一点需要格外强调，除非调查主题要求，否则调查者应当避免一味以个人为中心，依靠人脉所做的便利抽样。

② 但是在实际调查过程中，发放网络调查问卷的同时也会发放具有彩头意义的红包，并不是像一些观点认为的网络问卷的发放和回收是无成本的。

③ 该研究将网络调查委托给专业调研公司，效果更好，但成本也更高。

网络问卷调查与纸质问卷调查的基本情况比较如表 6-1 所示。

表 6-1　网络问卷调查与纸质问卷调查的基本情况比较

调查类型	调查方式	调查花费	调查时间	数据录入	保密性
网络问卷调查	网络上完成	更低	持续时间短	便利	保密
纸质问卷调查	面对面完成	更高	答题时间短	费工费时	保密

2. 调查数据统计值比较

(1)数据简况：在问项都为正向时，网络问卷调查数据的得分显著高于纸质问卷数据；网络问卷调查数据的标准差均小于纸质问卷数据，说明网络问卷数据的收敛性比纸质问卷数据好；网络问卷调查数据的均值标准差均小于纸质问卷数据，表明网络问卷调查样本的数据更可靠。

(2)样本代表性：高学历群体、高收入群体、中青年群体占比按照网络问卷调查样本、纸质问卷调查样本和全国第六次人口普查的顺序逐渐降低，这与旅游活动本身的特性有关，而网络调查样本和纸质问卷调查样本之间的差异，则在一定程度上证实了本节开头的疑问。但应当注意，随着国民教育水平、国民收入水平的增加，这种差异还会继续减少。

(3)缺失与极端数据：网络问卷调查数据由于平台的强制性，不存在缺失数据，但纸质问卷调查数据缺失的现象很普遍，尤其是开放式问项(表 6-2)。而在回收的有效数据方面，网络问卷调查数据的默认回答与极端回答的情况较为明显，意味着网络问卷调查数据中的极大值较多，这与数据简况的结果相互佐证。

表 6-2　开放式问项“列举三项提到曲江新区时会想到的人物、事物、事件等”的作答情况(张木子 等，2015)

回答情况	网络问卷调查		纸质问卷调查	
	问卷数/份	占比/%	问卷数/份	占比/%
缺失	0	0.00	141	47.00
一项	52	17.33	55	18.33
两项	10	3.33	26	8.67
三项	238	79.33	78	26.00

网络问卷调查与纸质问卷调查的数据效果比较如表 6-3 所示。

表 6-3　网络问卷调查与纸质问卷调查的数据效果比较

调查类型	数据简况	样本代表性	缺失数据	极端数据
网络问卷调查	收敛性更好	更低	无	较多
纸质问卷调查	代表性更高	更高	较多	较少

3. 调查数据效果比较

(1) 游客评价：虽然游客对西安目的地形象几个维度的评价有细微差异，但从整体来看，网络问卷调查与纸质问卷调查的结果基本一致，尤其是以下几个维度的顺序（表 6-4）。

表 6-4　网络问卷调查与纸质问卷调查的目的地形象维度评价比较（张珍珍　等，2014）

西安目的地形象维度	纸质问卷均值	网络问卷调查好评率/%
旅游吸引物	4.29	95.69
旅游活动	3.37	100
环境氛围	3.25	71.43
城市环境	3.14	66.67
交通设施	2.72	35.7

(2) 情感形象：网络问卷调查和纸质问卷调查在情感形象方面的分析结果基本一致，这表明两种调查方法的效果相差不大。但是，两个渠道获得的数据存在一些差异，这表明两个渠道所得的信息具有互补性（表 6-5）。

表 6-5　网络问卷调查与纸质问卷调查的情感形象比较（张珍珍　等，2014）

纸质问卷调查			网络问卷调查		
情感形象	频次/次	占比/%	情感形象	频次/次	占比/%
历史古老	902	44.72	历史古老	123	51.04
文化底蕴深厚	358	17.75	文化底蕴深厚	58	24.07
美丽	57	2.83	美丽	13	5.39
现代化	38	1.88	有特色	9	3.73
有韵味	27	1.34	有韵味	5	2.07
拥挤	25	1.24	好玩	5	2.07
豪放	18	0.89	豪放	3	1.24
发展好	15	0.74	古今交融	3	1.24
好玩	15	0.74	拥挤	3	1.24

三、网络问卷调查具有特定的优势，但在应用时要扬长避短

针对网络问卷调查所遭受的质疑，首先必须要承认所有的疑问都有一定道理，但是不能因为网络问卷调查的某些缺陷就对其全盘否定。依据现有的研究成果显示，网络问卷调查和纸质问卷调查各有优势和劣势，而我们在使用时，就需要格外重视如何充分发挥两种调查方法的优势和规避各自的劣势，甚至在某种程度上实现优势互补，将两种方法结合使用，优化效果。

可以肯定的是，随着网民数量增加和互联网普及率的提高，网络舆情所反映的旅游市

场信息将更加重要,而且互联网作为任何人都能发声的平台,它的作用将不限于表达观点,更重要的是,一旦某人的观点发酵成为舆论观点甚至是大众观点后,就可能会影响市场。除此以外,“90 后”“00 后”渐渐登上历史舞台,网络将会成为真正的线上社会,所有人都会加入网络,并成为其中的一分子。

第二节　网络平台调查法

近年来,国内外出现了众多知名的问卷调查平台,其中成立于 1999 年的 Survey Monkey(调查猴子)目前已是国际领先的在线调查网站,服务对象遍布全球各地。受益于国内的巨大市场,国内也出现了众多在线调查网站(附录二),例如问卷星、爱调查等,其中问卷星是国内成立最早,也是目前最受欢迎的在线调查网站,本节就以问卷星为例,介绍网络平台调查的基本步骤。

问卷星网址为 www.wjx.cn,首页如图 6-1 所示。

图 6-1　问卷星操作示意图 1

注册之后点击“免费使用”,进入创建问卷界面(图 6-2)。

图 6-2　问卷星操作示意图 2

问卷星中，可创建的问卷类型有常规的问卷调查、在线考试、在线投票、报名表单、360 度评估、在线测评等 6 类，我们选择“问卷调查”(图 6-3)。

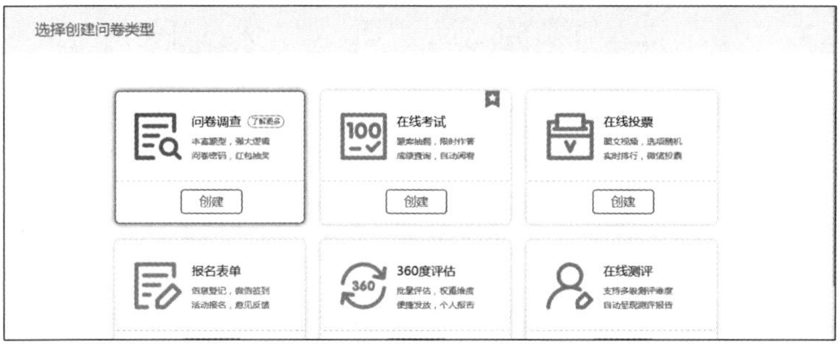

图 6-3　问卷星操作示意图 3

创建问卷可以选择在系统中“立即创建”，也可使用问卷星提供的 3 种相对模式化的板块，即“选择模板”“导入文本”或者“录入服务”，其中录入服务需要付费使用(图 6-4)。

图 6-4　问卷星操作示意图 4

问卷星提供许多调查模板，如果没有特殊要求，如开展满意度调查等理论基础相对成熟的调查，可以使用“选择模板”模块，但推荐使用“导入文本”模块(图 6-5)。

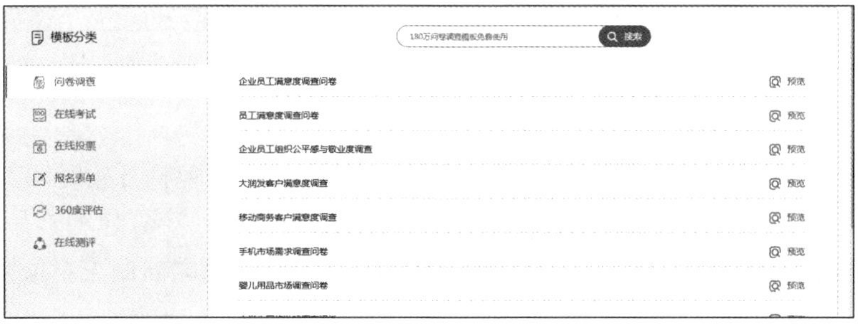

图 6-5　问卷星操作示意图 5

“导入文本”是将调查人员设计好的问卷(如 Word 格式)直接导入的模块，它能够直接将题目、选项进行自动匹配，既避免了直接输入问卷过程中由于系统原因可能带来的问题，又兼顾了调查人员的个性化需求。

点击“导入文本”后，进入如图 6-6 所示界面，调查人员可先清空文本，然后将 Word 中的问卷复制过来，系统将自动识别题目并输入标题和问卷说明(图 6-6)。

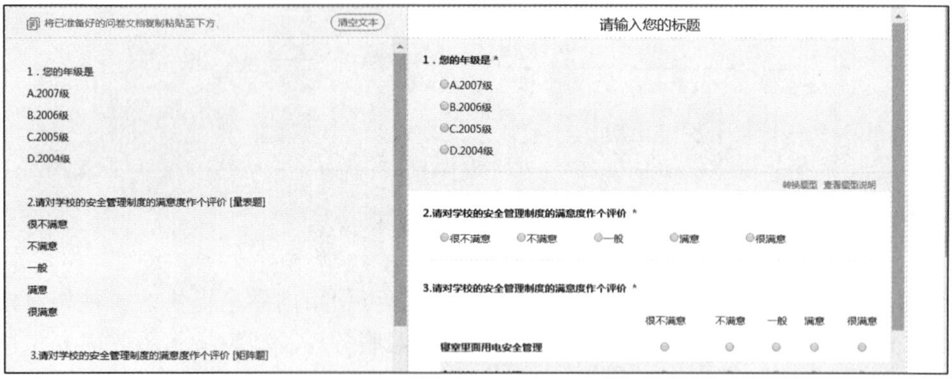

图 6-6 问卷星操作示意图 6

点击“确认”后，进入系统的编辑、排版、美化等调整界面，调查人员可根据需求对问卷进行修改，之后点击左上角的“完成编辑”进入草稿界面(图 6-7)。

图 6-7 问卷星操作示意图 7

在草稿界面，调查人员可对问卷进行再次修改，如问卷设置(包括开始时间、截止时间等)、问卷外观［包括个人计算机(personal computer，PC)端和手机端］、红包和奖品、问卷回收规则等，最后点击“发布此问卷”，即可将链接通过 PC 端和手机端向调查对象发放(图 6-8)。

图 6-8 问卷星操作示意图 8

图 6-9 即为成品效果。

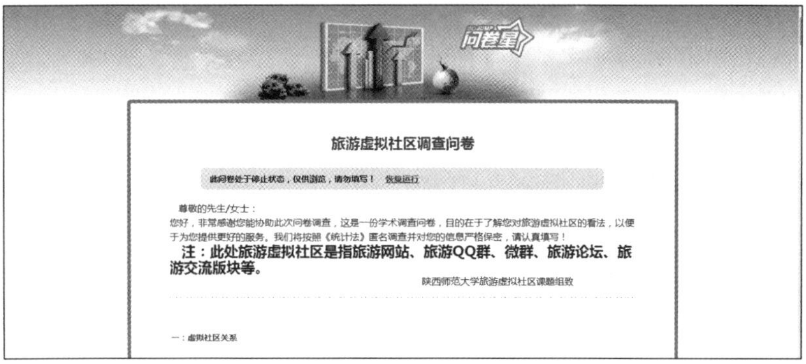

图 6-9 问卷星操作示意图 9

到达问卷收集的截止时间或满足结束规则时，问卷将自动关闭，不允许再填写。结束之后，可通过个人中心查看及导出数据，在“分析&下载”选项卡下，有“统计&分析”、“查看下载答卷”和“来源分析”3 个选项，其中“统计&分析”和“来源分析”是简单的频次频率统计，可直接生成参考，我们更关注的是具体的答题情况，可点击“查看下载答卷”选项进行查看(图 6-10)。

图 6-10 问卷星操作示意图 10

在“查看下载答卷”界面，“下载答卷数据”有4种可选的方案，前3种下载得到.xls格式的文件，第4种可以得到.sav格式(可直接使用SPSS软件打开)的文件(图6-11)。

图6-11 问卷星操作示意图11

第三节 八爪鱼——网络数据抓取工具

将网络数据应用于市场调查虽已有相当长的时间，但是社会科学各专业的学生仍难以熟练掌握获取网络数据的相关技能。手动收集数据当然也可以，但费工费时且未必能够收集齐全。如果利用计算机收集数据，就会涉及网页爬虫(蜘蛛)、编程、脚本、计算机语言等问题，实现起来比较困难，只能求助于人，甚至花费不菲。随着计算机技术的迅速发展，专业技术人员为了帮助大家享受互联网的便利，开发了简单易用的网络数据抓取工具，例如“八爪鱼”“火车头信息采集器”等工具，本节将为大家展示八爪鱼的数据抓取过程。

一、八爪鱼简介

八爪鱼，又名章鱼，英文名为octopus，软体动物，由头足纲软体动物进化而来。八爪鱼多数身体很小，8条触手又细又长，故称之为八爪鱼。但是，这里提到的“八爪鱼”是指借助“八只爪子”帮我们从网络上抓取所需数据的“八爪鱼”，它的全称是“八爪鱼大数据采集平台”(图6-12)。该平台由深圳视界信息技术有限公司自主研发，整合了网页数据采集、移动互联网数据及应用程序编程接口(application programming interface，API)服务(包括数据挖掘、数据优化、数据存储、数据备份)等，力争打造国内最完善的大数据生态圈系统(来自官网介绍)[①]。

① 八爪鱼软件不同版本的操作略有不同，官方网站上有更多的教程，但基本操作类似。

图 6-12　八爪鱼操作示意图 1

二、八爪鱼软件的基本界面

首先，从八爪鱼官网上下载八爪鱼软件(本案例使用 7.2.2 版本)，按照步骤安装并注册登录。八爪鱼的程序界面如图 6-13 所示，非常简洁。在左侧，有“个人中心”、“新建任务”、“设置”、“任务”、“工具箱”、“市场”、“智能分析”、“人工客服”、“教程和帮助”及“关于我们”等模块；在主界面(默认的任务栏)，按照用户的需求有两大类功能：“简易采集”和“自定义采集”。

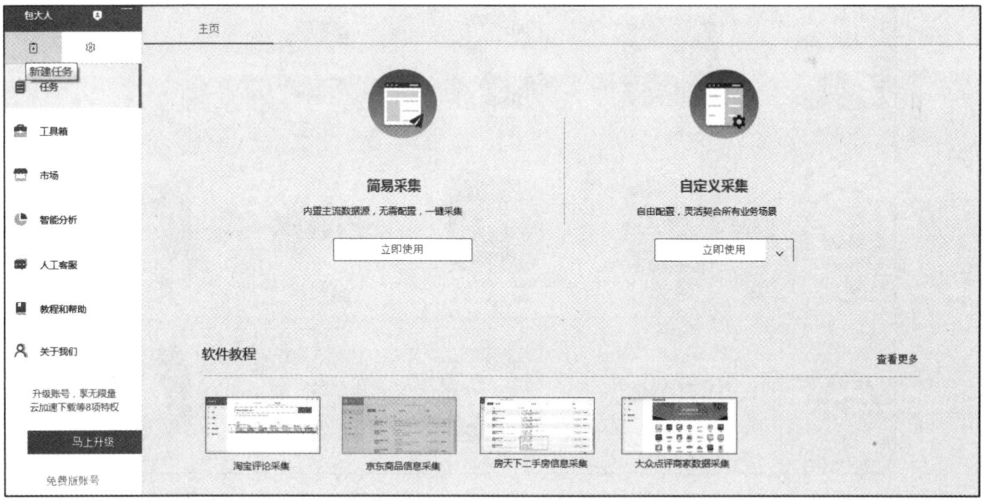

图 6-13　八爪鱼操作示意图 2

“工具箱”选项包括 5 个内置在程序中的工具，每一项都有具体功能介绍。“市场”选项是八爪鱼基于自身平台搭建的数据服务交易平台，我们可以在该平台发布数据求购信息(需有赏金)，“智能分析”选项可链接至微图平台，对采集到的数据进行一键式数据分析并转化为可视化图表(图 6-14)。

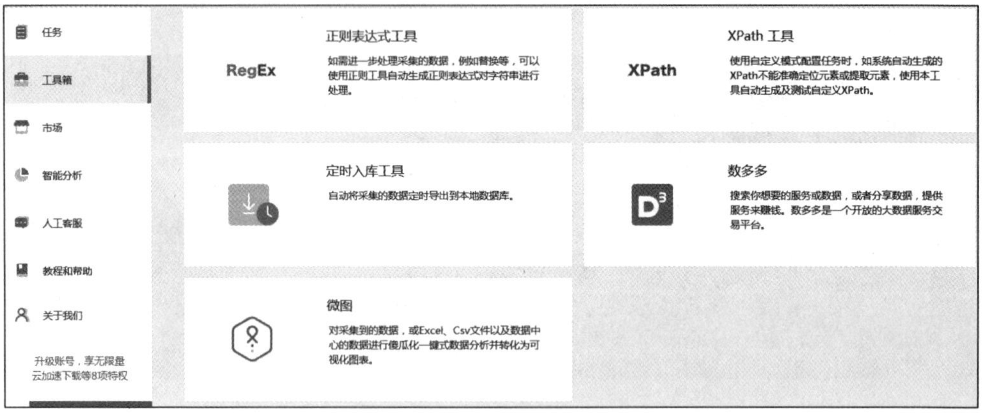

图 6-14　八爪鱼操作示意图 3

三、网络数据抓取简明教程

任务栏的“简易采集”类别之下是程序预设的模块。采集对象包括大众点评、京东、携程、新浪微博等市场占有率较高的网站，每个网站所能采集到的信息有所差别，用户可以根据需求选择其中的一个或多个网站(图 6-15)。

图 6-15　数据网站图标

如果“简易采集”类别下的预设模块无法满足需求，就需要使用“自定义采集”模块，在“自定义采集”模块下，有两种数据采集方式：使用向导模式采集和使用智能模式采集。

使用智能模式采集时，如果输入关键词，将跳转至八爪鱼旗下的数多多数据市场(图 6-16)，在数多多平台上，我们可以在正在出售的数据里寻找所需的数据，如果没有，还可以发布自己的需求和悬赏金额。

图 6-16　八爪鱼数据采集示意图 1

1. 单个页面的数据采集步骤

点击“使用向导模式采集”，将希望抓取的网页内容地址输入，这里以蚂蜂窝(一个旅游服务平台)上最火的一篇华山游记为例，点击“下一步”(图 6-17)。

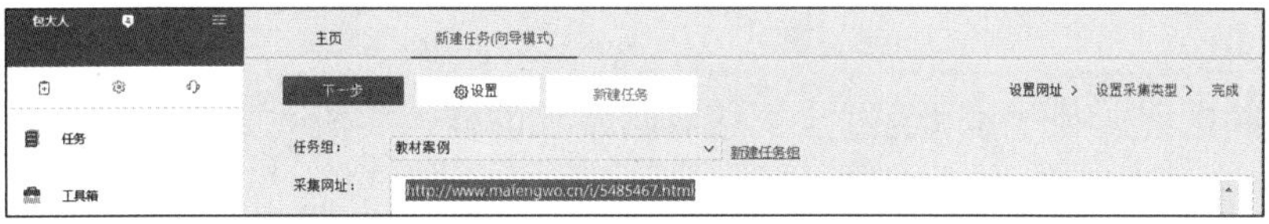

图 6-17　八爪鱼数据采集示意图 2

八爪鱼可采集 3 种网页类型，分别是“列表或表格”“网页列表中每个链接页的详细内容”及“单网页内容”，用户可根据需求自行选择，我们这里选择“单网页内容”，点击“下一步”(图 6-18)。

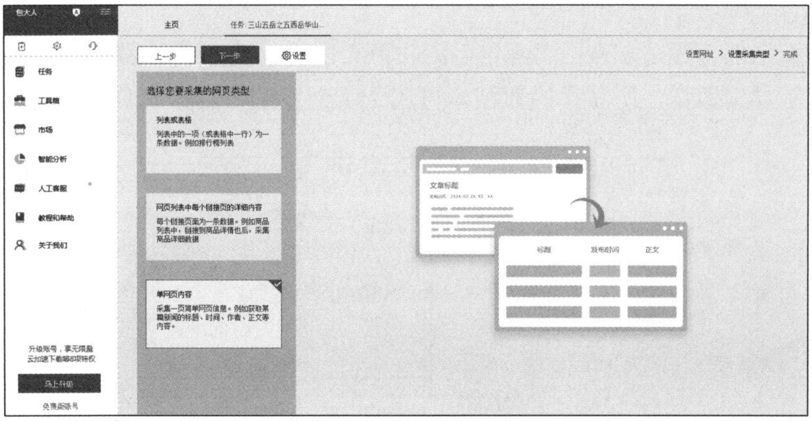

图 6-18　八爪鱼数据采集示意图 3

此时，网页内容的采集工作正式开始，首先，将网页整个内容提取出来，供用户选择自己所需的数据。可以通过点击需要提取的字段提取相关内容(点击后，相应字段将反色显示)。如图 6-19 所示，点击游记标题，在八爪鱼的任务栏里显示标题被采集成功，包括字段名称、提取到的数据、提取类型和删除等内容。如果识别的字段名称有误，还可通过列表对数据进行修正。

图 6-19 八爪鱼数据采集示意图 4

根据不同需要，用户可以通过点击选取网站上的任何字段并采集对应信息，然后点击“下一步”，打开图 6-20 所示界面。

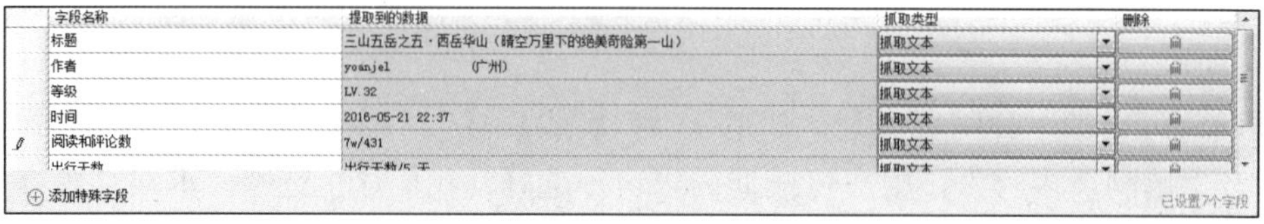

图 6-20 八爪鱼数据采集示意图 5

系统将提示保存成功，点击“确定”后，再点击“启动本地采集”。系统提示采集完成，按照提示导出数据，所获得的数据即可用于下一步的市场分析(图 6-21)。

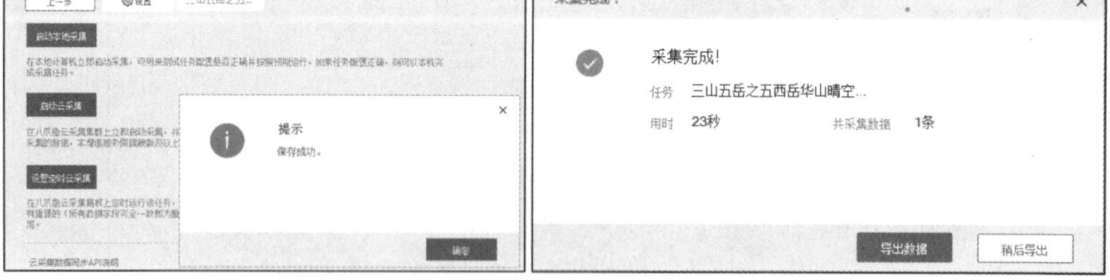

图 6-21 八爪鱼数据采集示意图 6

值得注意的是，软件的右侧会出现一个悬浮窗——操作提示(请选择页面元素)，这个就是用来选择提取要素的观察窗口。所谓提取要素，就是我们所关心的用户身份识别(identification ID)码、发表时间、“顶”的数量、浏览量、评论量、正文等信息(图 6-22)。

图 6-22　八爪鱼数据采集示意图 7

点击“作者 ID”，系统即开始抓取用户的 ID 信息，操作提示的悬浮窗随即发生变化(图 6-23)，选择“采集该链接的文本”，出现“字段 1_文本”(用户 ID)(图 6-24)，再点击“保存并开始采集”→“启动本地采集”，其他类型的数据同理，至此，对单个页面数据的采集完成(图 6-25 和图 6-26)。

图 6-23　八爪鱼数据采集示意图 8

图 6-24　八爪鱼数据采集示意图 9

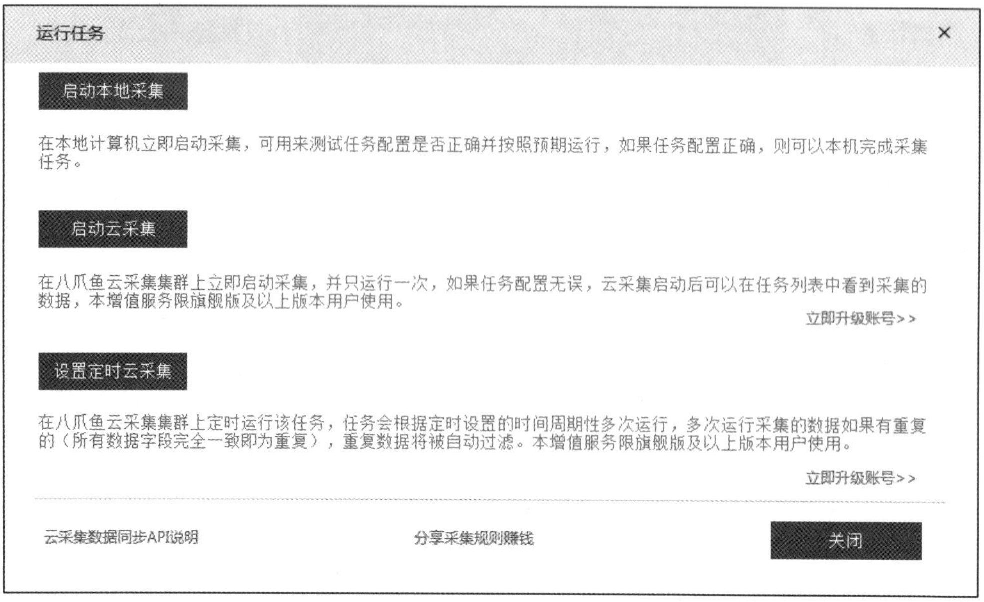

图 6-25　八爪鱼数据采集示意图 10

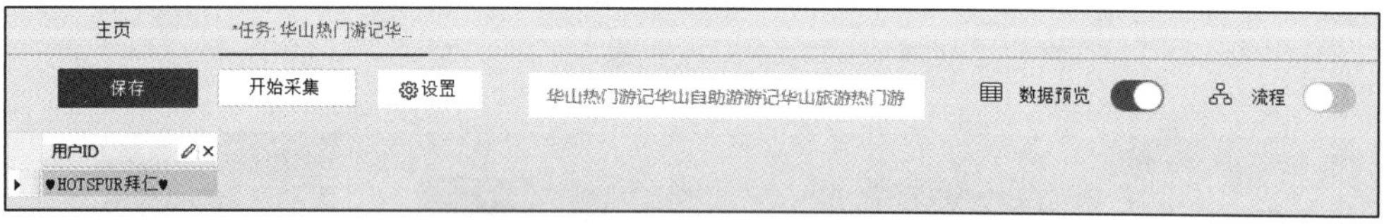

图 6-26　八爪鱼数据采集示意图 11

打开程序上方的“数据预览”，可对数据字段名称进行编辑，方便后期导出的数据识别。

小贴士：鼠标不要在任务框内随意点击，因为系统默认的就是点击的内容，尤其是对于有折叠的内容，一旦鼠标把它点出来，就没有办法在网页中自动收回，会遮盖本来想要抓取的信息，哪怕点击关闭按钮“×”，系统依然默认是在点选抓取对象。

2. 多个页面的数据采集步骤

在“自定义采集”中，采集多个页面内容的操作步骤比单个页面略为烦琐。

小贴士：在八爪鱼 7.2.2 版本中，进入“自定义采集”有两个入口，一个是主页左上角“新增任务”下的“自定义采集”；另一个是在主页上 “自定义采集”中选择“使用向导模式采集”。根据实际应用体验，建议从第一个入口进入(图 6-27)。

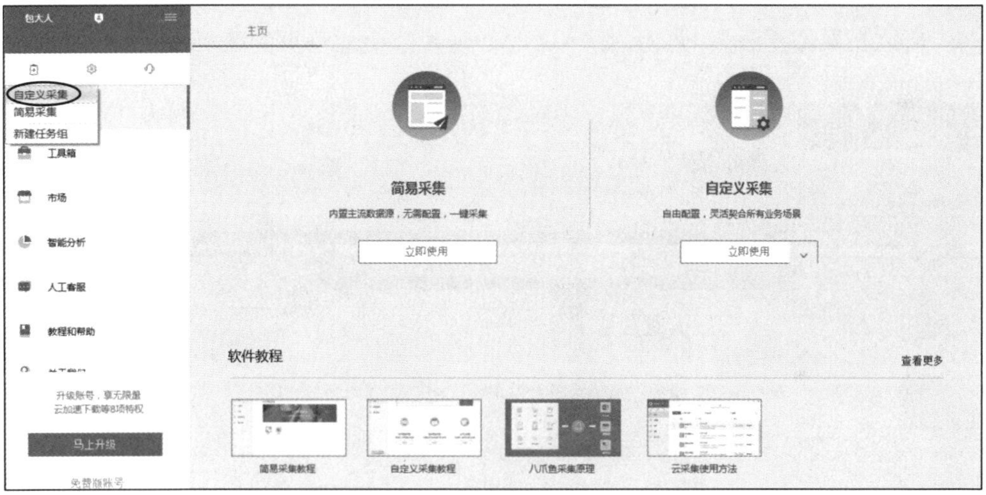

图 6-27　八爪鱼数据采集示意图 12

将目标网页的链接粘贴到八爪鱼的采集网址内(图 6-28)，点击“下一步”，选择“列表或表格”，继续点击“下一步”即可导入目标网页的内容，与采集单个网址的过程类似。

图 6-28　八爪鱼数据采集示意图 13

随后进入制定采集规则界面(图 6-29)，因为需要采集多个页面内的信息，所以先“告诉”八爪鱼“翻页”的方式，将右侧的滚动条拖至最下端，点击“下一页”按钮，“告诉”八爪鱼，从这里开始翻到下一页。

图 6-29　八爪鱼数据采集示意图 14

点击之后，右下角的“操作提示”出现变化。因为希望八爪鱼从“下一页”这里翻到下一页，所以在操作提示中，点击“循环点击下一页”，至此网页的翻页设置完成(图 6-30)。

图 6-30　八爪鱼数据采集示意图 15

在操作提示里①，还有许多其他的选项可用，较为常用的还包括“选中全部”，点击之后，系统将自动识别所有和上次点选的同类的字段，如这里点击了“选中全部”后，系统将选中所有的页码；“采集该链接的文本”是针对本网页带有链接的字段，系统会提取到这个链接的文本，例如我们点击游记的题目“徐公《游太华山记》……”时，由于该题目能够链接游记的文本，所以选择“采集该链接的文本”时将采集这个游记的题目，其他的功能选项也都类似。

选择点击“循环点击下一页”后，页面将跳至第二页，表明翻页设置成功。此时，“操作提示”栏也发生变化，提示“请选择页面元素”，这个操作的目的在于“告诉”八爪鱼要抓取的内容，是由哪个链接(也就是哪个字段)进入的。在这里，可以点击题目进入以了解游记的信息，所以点击游记的题目“华山”，操作提示再次发生变化，此时在操作提示

① 需要提示的是，用户点击任何一个字段，都会出来操作提示，这时就要求操作者告诉“八爪鱼”自己的需求。

栏点击“选中全部”，八爪鱼即会选择这一页相同字段的内容，共 13 篇游记①(图 6-31)。

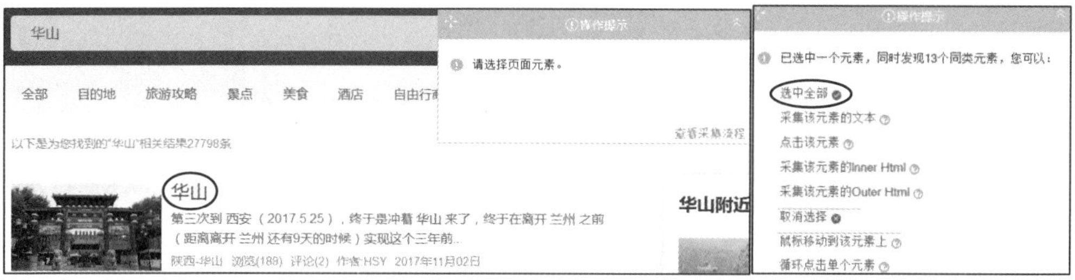

图 6-31　八爪鱼数据采集示意图 16

因为希望采集每一篇游记的正文内容，所以还需要继续操作，点击“循环点击每个元素”，即可进入游记的正文(系统默认的是进入第 2 页第 1 篇游记)(图 6-32)。

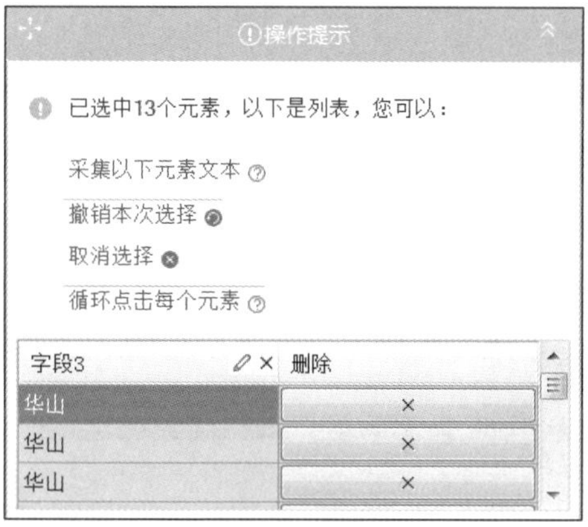

图 6-32　八爪鱼数据采集示意图 17

操作提示显示“已成功设置循环点击”可继续选取元素，请注意，此时可以在游记的正文中选取所需内容，如作者昵称、发表游记的时间、阅读量、评论量及正文内容等(图 6-33)。

图 6-33　八爪鱼数据采集示意图 18

① 本来应是 15 篇，但有 2 篇因为格式不统一，缺少头图，所以蚂蜂窝网站给这 2 篇游记分配的字段与其他 13 篇不一样，造成八爪鱼无法识别。

依次点击所需的字段后，八爪鱼便“知道”采集哪些字段的数据，之后点击“操作提示”中的“采集数据”→“保存并开始采集”，数据采集的设置基本完成(图 6-34)。

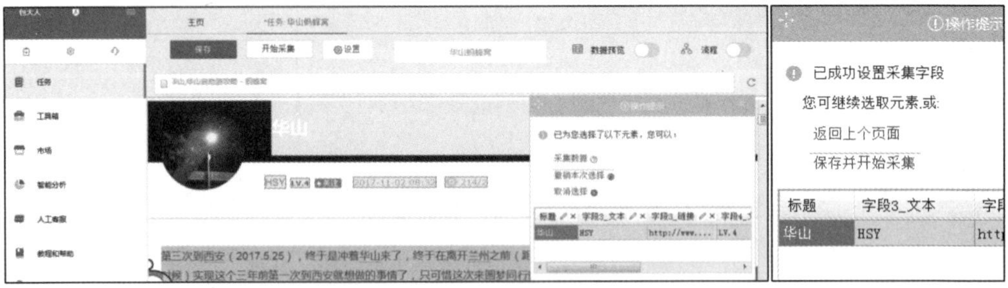

图 6-34　八爪鱼数据采集示意图 19

打开界面上方的“数据预览”，可以预览我们命令八爪鱼抓取的数据。通过点击相应字段上方的铅笔按钮，可修改字段名称(图 6-35)。

图 6-35　八爪鱼数据采集示意图 20

打开页面右上方的“流程”，可以观察八爪鱼采集数据的流程图(图 6-36)，流程图是在程序报错时查找原因的重要工具，因为流程错误很可能导致程序报错。

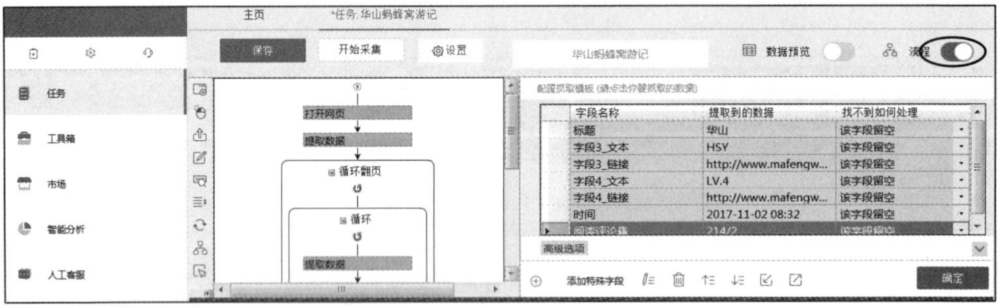

图 6-36　八爪鱼数据采集示意图 21

点击“开始采集”，八爪鱼即开始工作，它会按照设定的规则模仿人点击网页和翻页的过程，在确认规则运行无误后，只需等待就可收割数据了。

八爪鱼把所有数据采集结束后会自动停止，或者当数据量满足要求时，点击右下角的“停止采集”，即可手动结束数据采集(图 6-37)。

图 6-37　八爪鱼数据采集示意图 22

采集的数据个数及种类可在八爪鱼主界面左侧边栏的“任务”栏中查询，在主界面右侧边栏的“更多操作”中，可查看具体采集的数据内容；在右下角的“批量操作”中，有删除、导出任务等功能(图 6-38)。

图 6-38　八爪鱼数据采集示意图 23

第四节 网络数据在旅游市场调查中的典型应用

网络数据是大数据的重要来源，我们每天从连接互联网开始，就一直在生产数据。从消费者的角度看，在使用搜索引擎输入关键字的时候、在打开淘宝搜索商品的时候、在打开社交媒体写下内容的时候，都在不断地生产数据并被后台数据库记录；从商家的角度看，每天发布新的商品信息、推送软文，也都是数据生产的过程。就目前来看，应用于旅游市场调查的主要数据类型有系统记录游客体验的数据，例如博客、游记、攻略、评论等；有实时记录游客体验的社交媒体数据；有反映产品信息的推广营销活动数据等。

一、从游记中发掘游客行为规律

在众多 OTA 网站中，蚂蜂窝的服务偏向于旅游信息分享与互助协作，所以蚂蜂窝的游记也较为详细，游客往往会在游记中记录详细行程，如以下案例可为华山风景区管委会了解游客空间行为模式提供可用的数据资料。

小马同学收集了蚂蜂窝上从 2013 年 4 月 1 日到 2015 年 8 月 1 日 2200 余篇关于华山的游记，其中有 195 条完整的路径信息。经过分析，这些信息中能够反映游客在华山移动轨迹的 9 个关键节点被提取出来，分别是西山门、北峰索道、西峰索道、智取华山路、东峰、西峰、南峰、北峰和中峰。

北峰被游客提及的次数最多，也可以说游览北峰的游客最多，可见北峰为华山景区的重点核心区域，接下来依次为西峰、东峰、南峰和中峰(表 6-6)。

表 6-6 提及各主峰的游记数量

	东峰	西峰	南峰	北峰	中峰
游记数量 / 篇	965	990	888	1042	418

对 195 篇游记数据进行统计分析(表 6-7)发现，游客在华山景区内所达节点数最少为 3 个，最多为 10 个，其中，节点数为 6 个和 7 个的游记数量最多，占总样本量的 73.3%。同时，出现重复节点的路径仅为 8 条，概率很小，则不考虑路径中前两个节点与后两个节点出现重复节点的情况，因此进一步研究中有以下规定：将转移概率小于 20%的事件看做小概率事件，只研究包含 6 个或 7 个节点的游客路径，除前两个节点和后两个节点，其他节点不重复。

表 6-7 游览节点的游记数量

	游览节点数/个							
	3	4	5	6	7	8	9	10
游记数量/篇	4	9	15	70	73	19	4	1

使用马尔可夫链对 195 条路径数据进行分析，最终发现游客在华山的路径可归纳为 6 条，如表 6-8 所示，索道在组织华山旅游活动中发挥着重要作用，同时比较有意思的是，华山 5 座主峰之一的中峰却并不在游客的主要游览路径上。

表 6-8　华山游客空间行为模式

路径	节点个数/个
甲：西山门→北峰→东峰→南峰→西峰→西峰索道	6
乙：西山门→北峰→东峰→南峰→北峰→北峰索道	6
丙：西山门→北峰→东峰→南峰→西峰→北峰→北峰索道	7
丁：西峰索道→西峰→南峰→东峰→北峰→北峰索道	6
戊：北峰索道→北峰→东峰→南峰→西峰→西峰索道	6
己：北峰索道→北峰→东峰→南峰→西峰→北峰→北峰索道	7

二、从评论中发掘资金分配信息

(一)王同学的困惑

王同学今年即将大学毕业，但他并不想去公司从事“朝九晚五”的工作，希望能够借着“双创”春风自己创业，在学校附近开办一家餐厅。王同学说服了家人，家里给他投了 50 万元的启动资金，他觉得这笔资金应该进行最合理的分配。那么该如何分配呢？这就需要知道餐厅经营的各个方面对于招揽客源有多大帮助，这是个很难回答的问题。

(二)从网络点评数据破题

现在大家出去吃饭聚餐，都会先打开点评类的手机软件浏览其他顾客对餐厅的评价。提到点评类的软件，大家首先想到的可能就是大众点评，我们可以通过其他顾客对某家餐厅的评价来决定自己去不去这家餐厅消费，同时当我们自己在某家餐厅消费结束后，也可能会在大众点评上留下评价。那么，对于王同学遇到的这种状况，大众点评的数据能否帮上忙呢？

通过大众点评网截图可以发现(图 6-39)，在大众点评网的餐厅信息里面有几个模块化的关键信息，分别是点击量、点评数量、人均消费、口味、环境和服务，这就是用来消除王同学困惑的数据源，通过分析这些数据，就能够得到这几个方面对于一个餐厅经营的重要程度，进而为分配资金提供依据。

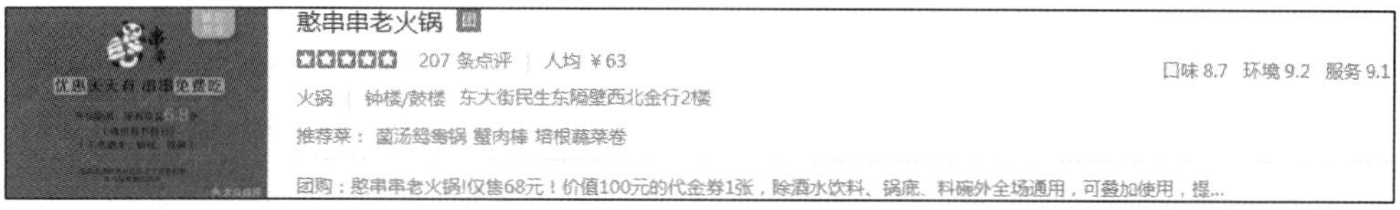

图 6-39　大众点评网截图

王同学的目的：用有限的资金招揽最多的顾客。

因为从这里的数据不可能看到潜在顾客是否会到一家餐厅去消费，因此对于调查的目的要进行转化。餐厅网页的浏览量一定程度能够反映潜在顾客的消费意向，所以最初的目的——用有限的资金招揽最多的顾客就转化为怎样的餐厅才能被更多的潜在顾客点击查看？餐厅口味、环境、服务等因素对餐厅网页的浏览量影响有多大？

首先，我们需要将点评数据摘录下来，包括每一家餐厅网页的浏览量、点评数量、人均消费、口味、环境、服务等数据，整理得到可用于分析的原始数据。

利用回归模型，建立一个以餐厅网页浏览量（*Y*）为因变量，以口味（*a*）、环境（*b*）、服务（*c*）、点评数量（*d*）、星级（*e*）、图片数量（*f*）、人均价格（*g*）为自变量的多变量回归模型，以拟合系数为标准，衡量各变量对餐厅网页浏览量的影响。

$$Y = x_0 + x_1 a + x_2 b + x_3 c + x_4 d + x_5 e + x_6 f + x_7 g + \xi \tag{6-1}$$

式中，x_0 为常数项，ξ 为残差。

经过数据拟合，在 0.01 的严格标准下，除环境外，其他 6 个自变量都通过显著性检验，最终的回归方程为

$$Y = x + 0.304a + 0.058b + 0.102c + 0.381d + 0.182e + 0.194f + 0.175g \tag{6-2}$$

这意味着，餐厅口味和点评数量是对餐厅网页浏览量影响最大的因素，其他按照人均价格、图片数量、星级、服务和环境的顺序依次递减。

所以，依据大众点评网的评论数据，王同学可以合理分配其启动资金。

练 习 题

1. 纸质问卷调查与网络问卷调查的相互补充如何体现？
2. 以你最熟悉的网站，设计可能解决的问题，从中抓取数据并解决提出的问题。

参 考 文 献

庞璐，李君轶，2014. 电子口碑对餐厅在线浏览量影响研究[J]. 旅游学刊，29(1):111-118.

张高军，李君轶，张柳，2011. 华山风景区旅游形象感知研究——基于游客网络日志的文本分析[J]. 旅游科学，25(4):87-94.

张木子，李君轶，张高军，2015. 孰优孰劣：旅游在线调查与田野调查对比分析[J]. 旅游学刊，30(4):95-104.

张珍珍，李君轶，2014. 旅游形象研究中问卷调查和网络文本数据的对比—— 以西安旅游形象感知研究为例[J]. 旅游科学，28(6):73-81.

第七章　抽样方案设计：合适样本的甄选

本 章 概 要

- ➢抽样调查概念
- ➢抽样设计内容及步骤
- ➢主要的抽样方法及应用
- ➢抽样调查中的误差分析

抽样已成为旅游市场调查中的关键技术，抽样调查也是目前公认的科学调查手段。它通过对调查对象整体的细致研究，达到对总体情况的了解或者引导对有关参数估计的目的，而抽样设计就是为抽样调查的实施提供指导性文件。面对旅游市场调查项目，调查组需要做的工作是确定调查方式，其关键在于是选择全面调查还是非全面调查。尽管许多时候需要多种调查方式结合进行，但抽样调查仍是目前市场调查中采用最多的方式。

第一节　抽样调查概述

一、抽样调查的概念

抽样调查是指按照某种原则和程序，从研究总体中抽取部分单位，通过对这一部分单位进行深入调查而得到相关信息，然后运用一定的统计技术和理论，推断调查总体的相关特征，从而了解总体情况的方法。

二、抽样调查的特点

1. 按照随机原则抽选调查对象

按随机原则抽选调查对象是抽样调查的一大特色。同属于非全面调查的典型调查和重点调查，对调查对象的具体选定都不是随机的。而抽样调查按随机原则抽选调查对象，使调查对象的选择建立在较为客观的基础之上。因此，按随机原则抽样既是抽样调查的特色，又是其取得成功的基本保证。

2. 用样本资料推断总体资料

用样本推断总体是抽样调查的一个重要作用，实质上这也是抽样调查的最终目的。用样本资料推断总体资料的重要意义在于，通过对部分对象的调查，以少量的投入，即可取得近似普查的效果，得到所希望了解现象的代表性资料，节约大量的调查费用，这也是抽样调查得以广泛应用的重要原因之一。

3. 调查的时效性强

抽样调查的速度快、周期短、精度高。由于只调查一部分单位的情况，其调查登记及汇总处理的工作量较普查要小得多，所需时间也大大缩短，这为加快调查速度创造了十分有利的条件，调查的时效性也得以加强。同时，在调查对象减少后，工作量也相应减少，调查方可以较严格地挑选和培训调查员，调查和数据处理的质量也比较容易控制，可能取得更准确的结果。所以，抽样调查更能满足统计调查的及时性和准确性要求。

4. 可以计算和控制抽样误差

在抽样推断之前可以计算和控制抽样误差。随着抽样推断理论的不断发展，误差分布理论日趋成熟，与此同时，抽样误差计算和控制的方法也逐步得以完善，而且关于抽样调查误差问题的讨论也扩展到具有广泛意义的非抽样误差的深入研究方面，这是抽样调查的又一特色。

5. 抽样方法灵活、技术性强

各种不同的抽样技术可以适用于不同现象的抽样过程，也可在同一现象的抽样中结合运用，保证获得最好的抽样效果。凡是可以运用全面调查的场合都可以使用抽样调查；凡是不能使用全面调查的场合也能利用抽样调查方法进行调查研究。

当然，抽样调查也有局限，其调查场合是大范围内，调查目的是用样本数据对总体有关变量进行推算，如果调查对象分布于较小区域且个体差异较大或者需要定性研究时，抽样调查的优势就不能得到充分发挥。因此，总体规模越大，实施全面调查难度就越大，抽样调查优势越明显。

三、抽样调查与普查

抽样调查是相对于普查而言的，普查是对要调查总体的每一个个体都进行调查，并从中得出有关总体特征结论的一种调查方法。抽样调查是抽取一定量的样本，测算样本结果，并以样本结果推断总体特征的一种调查方法。其中，总体是指具有某些共同特征，且是所研究问题领域所有个体的集合。样本是指被选出来供研究的总体的子集。

虽然普查比抽样调查的结论更准确，可信度更高，但由于一般研究的涉及面较广，普查需要投入较大的人力、物力和财力，花费时间更长。实际上，抽样调查与普查存在以下关系。

1. 对全面资料进行评估和修正

任何调查都可能存在误差，普查也不例外。由于普查涉及面广、工作量大、参加人员多、汇总传递环节多，调查结果容易出现差错。其差错到底有多大，普查自身也无法回答这一问题。因此，可在普查之后再进行一次抽样调查，利用抽样调查结果对普查结果进行检查和修正，从而提高普查的质量。

2. 抽样调查作为普查的补充

对有关国计民生的重要现象，需要采用普查的方法，了解总体中每个单位的基本情况，如我国的人口普查、土地资源普查等。但每一次普查都需要投入大量财力，不可能经常进行，这时可以在两次普查之间，采用抽样调查的方法对于该种现象的变化情况进行估计。

3. 利用抽样调查做深层次分析

针对普查范围广、接受调查的单位多、调查的项目不能太多的情况，根据研究的需要，可以在普查基础上，针对某个问题，采用抽样调查的方法获取更多详尽资料，进行深层次的分析。普查涉及的单位多、数据量大、整理汇总工作需要的时间长，为了尽快获得总体某些特征的数据，可以采用抽样调查方法提前得到这些主要目标量的估计。

4. 普查为抽样框提供资料

普查或其他全面调查资料(如某些统计报表)可以为抽样调查所需要的抽样框提供资料或者辅助信息，也可以为样本轮换等提供基础资料。

在市场调查工作中，选择普查或抽查的准则为：①样本整体的大小；②调研的费用预算；③调研结果的精确性；④组织和时间的要求。

四、抽样调查类型

为了使抽选的样本具有代表性，必须借助各种抽样方法。根据个体被抽中的概率是否相等，抽样方法主要分为两大类：随机抽样和非随机抽样。随机抽样和非随机抽样根据抽样的形式、特点可进一步加以细分，如表 7-1 所示。

表 7-1 抽样方法的种类

随机抽样	非随机抽样
简单随机抽样、系统抽样、分层随机抽样、整群抽样、多阶段随机抽样	便利抽样、判断抽样、配额抽样、雪球抽样、固定样本组抽样

第二节　抽样设计的步骤与内容

一、抽样设计的概念

所谓抽样设计，就是依据调查目的，在既定的人力、物力、财力等条件下，抽取样本资料之前，预先确定抽样程序和方案，在保证所抽取的样本有充分代表性的前提下，力求取得最经济、有效的结果。

在确定抽样的方案时，一定要注意遵循最佳效果原则，与问卷甄别、数据处理相呼应的原则以及用户认可等原则。

二、抽样设计的步骤

一般来说，抽样设计的主要步骤及内容如下。

1. 确定调查目的及要求

要进行抽样设计，首先就要明确此次调查的目的和要求是什么。调查目的一般包括两个方面：为什么要组织此次调查？此次调查要取得哪些资料？比如“外国游客满意度调查总体方案”的调查目的是：

(1) 了解外国游客在目的地(如西安、北京等)“食、住、行、游、购、娱”等各方面真实的满意程度，从而了解外国游客来华旅游各方面的满意程度，进而对各旅游部门的工作起到指导作用；

(2) 分析不同国籍外国游客的满意度和偏好，为各地吸引特定细分市场游客提供更有针对性的参考意见。

在调查中，重要的是对精度的要求。抽样调查是根据样本的数量特征推断总体的数量特征，所以必然存在抽样误差，抽样的结果常常具有某种不确定性。如果抽取较大的样本或运用精密仪器和工具，这种不确定性可大大降低，但要花费很多的费用和时间。因此，抽样调查前要根据所采取的抽样组织形式、经费和对调查指标准确性程度的要求，规定抽样调查所要达到的精度。另外还包括对调查时间(资料所属时间)、调查期限(调查工作的时限)等的要求。

调查目的和要求对抽样设计起着很重要的作用，它会直接影响抽样方法、抽样单位、抽样框、样本容量等方面的设计。抽样方案设计人员必须与调查主办方共同研究，确定十分明确的调查目的和要求。

2. 定义目标总体

目标总体是指抽样设计者根据调查目的而界定的调查研究对象的集合体。调查目的和范围对定义目标总体具有关键作用。目标总体是对整个研究具有重大意义的群体，明确目标总体是抽样调查的前提和基础。目标总体之所以占有重要地位，是因为由此可以收集到对研究有关键作用的信息。另外，还有一些因素可能也会影响目标总体的界定，如研究的主题、时间等。

3. 确定调查内容与调查表(或问卷)

根据此次调查的目的和要求，确定要调查哪些指标，即确定调查的具体内容，并将这些指标分解成具体项目，由此拟定所需的调查表或者调查问卷。

4. 决定抽样框

目标总体选定后，就需要由抽样框执行了。抽样框是抽样调查前，在可能条件下做出的抽样单位一览表或一览图，即由抽样单位构成的名录。抽样框既可以是一份包含所有抽样单位的名单，也可以是一张地图或其他适当的形式，如 A 级景区列表、餐厅菜单等。但无论是哪种形式，抽样框中的抽样单位必须是有序的，以便于编号。抽样单位是指在抽取样本前将总体依据一定标准分成若干部分，其中的每一部分称为一个抽样单位。各个抽样单位彼此不能交叉，所有抽样单位加总起来构成一个总体。抽样单位由抽样的组织形式决定，如果采用单纯随机抽样形式，抽样单位就是调查对象中的每个个体；如果采用分层抽样形式，抽样单位就是总体中的每个层；如果采用整群抽样形式，抽样单位就是总体中的每个群。

抽样框是组织抽样调查的重要依据，调查者必须对其抱有严谨的态度，认真地收集和编制。抽样框一旦有重复和遗漏，必然会直接影响样本的选取，从而影响整个抽样工作的质量。

抽样框根据其划分标准的不同，可以在不同层面上进行构建，从而呈现不同等级，不同等级的抽样框用于不同等级的抽样。

就目前的市场调查现场执行而言，有 3 种常用的抽样框：地图块、居委会块、居民户。

5. 抽样调查的组织形式和抽样方法的选择

为了控制抽样误差，提高抽样效果，需要根据调查任务及调查对象的具体情况，从各种抽样调查的组织形式及抽样方式中，有针对性地选择，以便使样本能充分地反映总体，并便于组织实施，节约人力、物力和时间。

传统抽样调查的组织形式分为两大类：随机抽样与非随机抽样。随机抽样并不是指随便乱抽样，随机抽样时，样本会依据总体出现的概率而被多抽到或少抽到；非随机抽样是指不按照概率抽取样本，而由抽样者按照某种非随机原则抽取。

6. 确定样本容量

样本规模涉及人力、物力、财力的消耗问题，在抽样调查前要谨慎考虑，根据既定的经费、工作时间及规定的精度，依据抽样理论估计样本容量，要使调查工作既符合质量要求，又耗费最少的人力、物力和财力。

实际情况中，样本容量的确定受调查精度、总体变异程度、总体规模、无应答情况以及经费等的制约。一般情况下，确定样本容量有 5 种方法。

(1)教条式方法：按照“经验”来确定样本，如“凭经验，为保证精确，样本至少应该是总体的 5%”。

(2)约定式方法：按某一约定(市场报告的提供方和使用方都接受)来确定样本容量。

(3)成本基础法：按预算控制所要求的调查成本来反推可接受的样本容量。当估计精度要求不高时，可采用此法。总成本包括固定成本(设计费用、宣传费用等)和可变成本(调查人员的差旅费用、礼品费用等)。

(4)统计分析法：多目标抽样估计或针对不同样本子集进行调查时，通过统计分析计算，获得满足这些子集研究所需要的最小样本量。在进行大规模市场调查时，可考虑采用此法。

(5)置信区间法：按照抽样理论，科学的计算能够确保抽样估计精度的样本容量。大多数具有较高估计精度要求，以及调查费用预算明确的市场调查都可采用此法。

7. 经费核算及方案修订

经费问题贯穿于抽样工作的始终，经费是否充足关系整个调查工作的成败，所以调查前要预先核定抽样调查工作的各个阶段、各项工作的费用，明确规定各个环节、各项工作的经费限额，以保证工作按预定的时间、程序顺利进行，避免因经费不足中途停顿或降低调查质量，造成不必要的损失，延误工作进程。

在调查之前或者设计方案正式形成之前，需要进行试验性调查，以便发现问题并及时对抽样设计进行必要的修订，使抽样设计更合理，可行性更高。

第三节 随机抽样

随机抽样(random sampling)，又称概率抽样，是按随机原则从总体中抽取一定数目的样本单位进行调查，以其结果推断总体的一种调查方式。它对调查总体中每一个样本单位都给予平等的抽取机会(即等概率抽取)，这也是它与非随机抽样调查方式的根本区别。

另外，随机抽样有重复抽样和不重复抽样两种形式，重复抽样指将每次抽取的个体放回总体中再进行下一次抽样，不重复抽样是指被抽中的个体不再放回总体中。在重复抽样中，同一个个体有被多次抽中的可能，这种抽样方法易造成信息重叠而影响估计的效率。在旅游市场调查中，使用较多的是不重复抽样。

一、简单随机抽样

简单随机抽样(simple random sampling)，又称纯随机抽样，就是在总体单位中不进行任何有目的的选择，完全按随机原则抽取样本单位。纯随机抽样是随机抽样中最简单、基本的形式。由于市场调研的总体范围较广，总体内部各单位之间的差异程度较大，一般不直接使用这种方法抽样，而是与其他抽样方法结合使用。简单随机抽样的方法主要有抽签法、掷骰子法、随机数字表法、出生年月法和计算机抽取法。

(1)抽签法类似于“抓阄”，把每个总体单位的号码做成标签，将标签充分混合后，每次抽取一个，标签上的号码即表示样本中的一个单位。抽出的标签不再放回，接着抽取下一个标签，直到抽足所需样本量为止。抽取的标签号码所对应的所有个体构成样本。

(2)随机数字表法，也称为数法，是由 0～9 的数字随机排列的一张表，有两位数或四位数的号码，也可用作三位数或五位数的号码。在一些计算器和电脑中可以找到随机数字表，很多统计计算类的书籍后面也有随机数字表的附录。每次抽样时都可以利用这张表，从而可以大大地简化抽样流程。

使用随机数字表应不受任何限制，随机地从某行某列任意指定一个数字。比如，可以闭上眼睛用笔尖在随机数字表上点一下，然后以被点中这个数字为起点，从左至右或从上往下按顺序读取数字，按照事先的规定去掉不符合要求的数字，直到抽足所需的样本量。

简单随机抽样的优点：在理论上最符合随机原则，直观且操作简单。当总体名单完整时，可直接从中随机抽取样本，由于每个单位入样的概率相同，故计算抽样误差和对总体情况进行推断都比较简单。

简单随机抽样的缺点：①一般完整总体名册不易取得，或取得成本很高，实行困难；②当总体样本单位过多时，几乎不可能对样本逐一编号，抽样作业相对不便；③样本分配往往比较分散，故需耗费较大的人力、财力和物力；④当样本单位差异大时，不能保证简单随机抽样得到的样本在总体中均匀分布，则样本代表性会下降。

简单随机抽样的适用条件：①总体内样本单位不多且集中，有完备名册可以编号；②总体内样本单位差异不太大。

二、系统抽样

系统抽样(systematic sampling)，又称等距抽样或机械抽样，是将总体各单位按一定标志顺序排列，然后在规定的范围内随机抽取起始单位，依固定的顺序和间隔抽取样本单位。排列顺序可以选取与调研项目无关的标志为依据，即按无关标志排队，如按遇到游客的顺序等排列。

系统抽样的抽样过程如下。

(1)将总体单位按某种顺序排列并加以编号。

(2)计算抽样距离(总体单位数/样本数，并取整)。

(3)在第一个区间采用简单随机抽样法抽出一个单位作为起始点，即第一个样本。

(4)抽取所有样本，取得一个样本后，每隔一个抽样间距抽取一个样本，直到样本数足够为止。

例如，要从 1000 位游客中抽取 50 位游客，则抽样区间为 20(即 1000÷50)，假设以 7 为第一个元素，则被抽中的单位分别为 7、27、47、67……

由于只需要确定一个起始样本，整个样本自然就确定了，所以系统抽样比简单随机抽样更简单易行，而且能比较均匀地抽到总体各个部分的个体，样本的代表性比简单随机抽样强，在调查中经常用来代替简单随机抽样。但在单独使用时，同样也面临着像简单随机抽样那样总体大、不便于编号的困难，所以在大规模的旅游市场调查中，常把它与其他抽样方法结合起来使用。另外抽样误差的算法也比较复杂，一般用简单随机抽样的抽样误差来代替而进行总体估计。

三、分层抽样

分层抽样(stratified sampling)，又称类型抽样或分类抽样，就是将总体单位按一定标准(调研对象的属性、特征等)分组，然后在各个类型组中，用纯随机抽样方式或其他抽样方式抽取样本单位，而不是在总体中直接抽取样本单位。

分层抽样必须注意以下问题：①必须有清楚的分层界限，在划分时不致发生混淆；②必须知道各层中的单位数目和比例；③分层的数目不宜太多，否则将失去分层的特征，不便在每层中抽样。

1. 分层抽样过程

分层抽样的过程如下。

(1)确认目标总体，并决定样本数。

(2)确定分层标志，如年龄、性别等。

(3)将总体按照分层标志分成若干个互不重叠的部分，其中每部分称为一层，也就是一个子总体。

(4)在每一层中随机抽取(采用简单随机抽样或系统抽样方法)足够的样本，成为子样本，子样本之和就是总样本。

2. 分层抽样的具体方法

(1)等比例分层抽样。这种抽样法就是按照各层中样本单位的数目占总体单位数目的比例分配各层的样本数量。该方法是在各分层内个体变异数未知的情况下进行的。

例如，对某大学学生旅游消费倾向进行调查，想对全校学生做抽样调查，总体有5000人，欲抽样500人，如表7-2所示。

表7-2 总体与样本抽样 (单位：人)

年级	总体人数	样本人数
一年级	2000	200
二年级	1500	150
三年级	1000	100
四年级	500	50

(2)不等比例分层抽样。这种抽样法又称分层最佳抽样或者牛曼分层抽样。这种抽样法不按各层中样本单位数占总体单位数的比例分配各层样本数，而是根据各层的变异数大小(标准差)来调整各层样本数目。该方法既考虑了各层在总体中所占的比例，又考虑了各

层标准差的差异程度，有利于降低各层的差异，以提高样本的可信程度，故也将不等比例分层抽样称为分层信任程度抽样。

例如，某旅游公司要调查某地高端旅游产品潜在消费用户，这种产品的消费同居民收入水平有关，因此以家庭收入为分层基础。假定该地居民户即总体单位数为 20000 户，已确定调研样本数为 200 户。家庭收入分高、中、低三档，其中高档收入家庭为 2000 户，占总体单位数的 10%；中档收入家庭为 6000 户，占总体单位数的 30%；低档收入家庭为 12000 户，占总体单位数的 60%。现又假定各层样本标准差为：高档收入家庭是 300 元，中档收入家庭是 200 元，低档收入家庭是 50 元。现要求根据不等比例分层抽样法，确定各收入层家庭应抽取的户数。

为了便于观察，列表 7-3 如下。

表 7-3　调研单位数与样本标准差乘积计算表

家庭收入	各层调研单位数（潜在用户数）/户	各层的样本标准差/元	乘积	样本单位数/户
高	2000	300	600000	200×600000÷2400000=50
中	6000	200	1200000	200×1200000÷2400000=100
低	12000	50	600000	200×600000÷2400000=50

如果根据等比例分层抽样的话，那么高档收入家庭的分层样本数为 20 户（200×10%）；中档收入家庭的分层样本数为 60 户（200×30%）；低档收入家庭的分层样本数为 120 户（200×60%）。将前后两种方法抽取的各层样本数做个对比，不难看出，相比于等比例分层抽样法，根据不等比例分层抽样法抽取样本，则高档收入家庭的分层样本数增加了 30 户，中档收入家庭的分层样本数增加了 40 户；低档收入家庭的分层样本数则减少了 70 户。由于购买高端旅游产品同家庭收入水平成正比，所以增加高、中档层的样本数，相应减少低档层的样本数，将有利于提高抽样的准确性。

(3) 最低成本抽样。这种抽样方法又称经济抽样或者德明分层抽样。在各层的调查费用有明显差异且不影响可信度的前提下，调整各层的样本量，使调查费用尽量减少，兼顾各层的差异程度和调查费用。

在分层抽样中，有时可在分层子总体的基础上进一步加以分层，这就是所谓的多层次分层抽样。分层的标准一般是按人口统计学特征，如年龄、性别、收入、文化程度或地区。由于分层抽样充分利用了总体已有的信息，样本的代表性及对总体推断的精确性一般都优于简单随机抽样。

分层抽样的优点：将总体按照某一标志进行分层，可以突出层间差异，使每一层内部各个单位标志值之间的差别缩小，层内分布比较均匀，并且保证各层都有被抽到的机会；在各层随机抽取的样本能较好地代表各层性质，缩小层内抽样误差，提高样本的代表性，确保对总体的估计精度；便于行政管理。

分层抽样的局限性：严格要求抽样之前必须具有完整抽样框，使分层抽样的应用范围受到很大限制。尽管如此，在旅游市场调查中，研究者应尽量使用分层抽样，因为对于抽样框的研究和整理是研究者所能控制的，尤其是这种研究和整理可以减少抽样单位数量，极大地提高市场调查的效率。

四、整群抽样

整群抽样又称分群抽样或聚类抽样，是指将市场调查的总体按一定的标准(如地区、单位)分为若干群，再以随机方式抽取部分群，并对这些抽取出来的群中的单位做全部访问，然后在其中随机抽取部分群体单位进行普查的方法。

整群抽样与分层抽样在形式上有相似之处，但实际上差别很大。

(1)分群与分层的标准不一样。分层是按某一特征，分群则一般是按自然形成的区域、团体等。

(2)分层抽样要求各层之间的差异大，层内个体或单元差异小，而整群抽样则要求群与群之间的差异较小，群内的个体或单元差异大。

(3)分层抽样的样本是由从每个层内抽取的若干单元或个体构成，而整群抽样则是要么整群被抽取，要么整群不被抽取。

分群抽样一般采取两段式抽样法，即先采取纯随机抽样法抽取若干群体，然后对选定的有关群体进行全面调查。

例如，调查某日某旅游城市所接待游客的情况，拟抽取 1000 个样本。假定该市共有 500 个旅行社，每一个旅行社该时段平均接待 100 个游客。这样，就可以接待旅行社为单位，采用纯随机抽样法抽出 10 个旅行社，共接待 1000 人，然后把这 10 个旅行社接待的 1000 人视为样本进行调查。

调查者采取整群抽样的原因主要有两个：①为使调查方便和更有效率，尤其是总体数量相当大的情况下；②抽样框中，每个单位的资料不是很完整且不易得到，或使用其他随机抽样法不是很方便时。

整群抽样的优点包括：①节省成本和时间，确定群体后就可以对许多单位进行调查，其组织起来比较方便；②抽样架构中每个元素的资料不易得到或不完整时，使用此法会较方便。

若各群之间差异较小，群内各单位间的差异较大时，样本代表性好，整群抽样的调查结果准确。所以在大规模的市场调查中，若所调查的群体符合上述特征，可考虑此抽样方法。

整群抽样的缺点包括：①选样不只一次，依调查目的可能要选两次或三次；②群体内的样本单位通常相似，因此估计量的精确度通常较低；③分群的大小差异会影响抽样的正确性。

五、多阶段随机抽样

前四种抽样方法均为一次性直接从总体中抽出样本，称为单阶段抽样。多阶段随机抽样又称多级抽样，是指分两个或两个以上的阶段从总体中抽取样本的一种抽样调查方法，即先抽大的调查单元，在大单元中抽取小的单元，再在小单元中抽取更小的单元。

在许多情况下，特别是在复杂的、大规模的市场调查中，调查单位一般不是一次性直接抽取到的，而是采用多阶段随机抽样法。这种多阶段抽样设计实际上可看作是各种抽样方式结合应用的抽样设计，一次多阶段随机抽样往往使用单阶段抽样的两种或数种，如比较常见的有将整群抽样和分层抽样结合起来使用。

例如，欲实施全省旅游安全问题的调查，采取多阶段随机抽样方法进行。

(1)分层：拟针对的人口为全省居民，按犯罪率高低从各市、县、区依一定比例随机抽出 100 个单位(各市、县、区均有)。

(2)粗分：在这 100 个单位中，以镇、街道为单位，在同一单位中抽取 3 个村(居委会)。

(3)细分：这一阶段以户为单位，随机抽取 5 户作为样本，所以最后样本数为 1500(即 100×3×5)户。

多阶段随机抽样有以下特点：①对抽样单位的抽选不是一步到位的，至少要两步，因此抽样框也可以分阶段准备；②组织调查比较方便灵活，尤其是在总体为那些基本单位数多且分散、编制抽样框比较困难或难以直接抽取所需样本的情况下，就可以利用地理区域或者行政系统进行多阶段随机抽样。

一般来说，与单阶段抽样相比，在样本容量相同的条件下，多阶段随机抽样的样本单位在总体中散布地比单阶段抽样更均匀，能提高抽样判断的准确程度。当然，多阶段随机抽样的步骤比较多，因此在设计抽样调查方案、计算抽样误差以及推断总体上均比较复杂。

第四节　非随机抽样

非随机抽样是从调查对象总体中按调查者个人经历、方便性及主观判断设定的某个标准抽取样本单位的调查方式。这种抽样方式虽然在样本的抽取方法上带有主观性，会对总体推断的可靠程度产生影响，但它简便易行，可及时取得所需的信息资料，在市场调查中也常被采用。

非随机抽样的方法主要有便利抽样、判断抽样、配额抽样、雪球抽样及固定样本组抽样。

一、便利抽样

便利抽样(convenience sampling)，又称为偶遇抽样、任意抽样，是指调查者根据现实情况，以自己方便的形式抽取偶然遇到的人作为对象，或者仅仅选择那些离得最近、最容易找到的人作为对象，所得的样本称为便利样本。常见的街头随访或拦截访问、邮寄式调查、杂志内问卷调查以及网上调查都属于便利抽样。

便利抽样的优点是简便易行，能及时获得所需要的信息，省时省力，节省调研经费，效率很高，并能为非正式的探索性研究提供很好的数据源。其缺点是取得的样本偶然性很大，存在着选择偏差，如调查者的选择偏差、抽样的主观性偏差等，因而样本的代表性较差，调查结果的可信度较低。只有当目标总体各单位间差异不大，即个体同质时，采用便利抽样获取的样本才具有较高的代表性。所以，这种抽样方法一般不能用来推断总体，即便利样本不适合描述性研究和因果关系研究，而比较适合探索性研究。它可以通过调查发现问题，产生想法和假设，对问卷进行测试。实际操作中，便利抽样多用于探索性调查或正式调查前的预调查。

二、判断抽样

判断抽样(judgment sampling)，又称为目的抽样、立意抽样，是指调查者依据主观分析和判断，选择那些适合研究目的的个体作为调查对象的一种抽样方法。判断抽样法适用于调查总体构成单位极不相同、调查单位总数比较少且样本数很小的情况。

判断抽样可以有两种具体做法。一种是由专家判断选择样本，一般采用平均型或多数型的样本为调查单位，通过对典型样本的研究，由专家来判断总体的状态。所谓平均型，是在调查总体中挑选代表平均水平的单位作为样本，以此作为典型样本，再推断总体。所谓多数型，是在调查总体中挑选多数的单位作为样本来推断总体。另一种是利用统计判断选取样本，即利用调研对象(总体)的全面统计资料，按照一定标准，主观选取样本。特别是当调查目的是了解、探索某一现象或事物产生异常的原因时，便需要选择“极端型”的总体单位，以查找问题的根源所在。我们通常所说的重点调查和典型调查都是判断抽样的特例。

判断抽样的样本代表性如何，完全凭调查者本身的知识、经验和判断能力而定。正是由于判断抽样是“有目的”地主观选取一些可以代表总体的个体组成判定样本，所以应用这种抽样组织形式的前提是调查者对目标总体有关特征有较深入的了解。此种抽样比较适合总体组成单位同质性很低且样本数较少的情形。

判断抽样的主要优点在于可以充分发挥调查者的主观能动作用，特别是当调查者对调查总体的情况比较熟悉，调查者的分析判断能力较强、研究方法与技巧十分熟练、研究的经验比较丰富时，采用这种方法往往十分方便。在精确度要求不是很高的情况下，企业为了迅速获得解决日常经营决策问题的客观依据资料时，常常使用此方法。

三、配额抽样

配额抽样(quota sampling)，又称定额抽样、计划抽样，是指将总体中的各单位按照一定标准划分不同群体，将样本数额分配到各群体中，在规定的数额内由调查人员任意抽选样本。

配额抽样实质上是一种分层判断抽样，与分层抽样类似，但在每个层里抽到的样本不是随机的，而是主观选择的，是对判断抽样的程序化限制，使所抽取的样本不至于太偏重某一阶层或地区，从而保证了样本的代表性。按照配额的要求不同，配额抽样可分为独立控制配额抽样和交叉控制配额抽样两种。

1. 独立控制配额抽样

独立控制配额抽样是根据目标总体的不同特性，对具有某个特性的调查样本分别规定单独分配数额，而不规定必须同时具有两种或两种以上特性的样本单位数额。因此，在使用这种方法抽样时有较大的自由去选择总体中的样本。

例如，某市欲在旅游业中进行一项调查，样本的数量定为 50 家，决定采用独立控制配额抽样。现取行业类别、企业规模、企业所在地区 3 项控制特性作为分类标准，样本数额的分配结果如表 7-4 所示。

表 7-4 独立控制样本配额表

行业类别	企业规模	企业所在地区
旅行社 25 家	大型 5 家	甲 10 家
餐饮业 15 家	中型 10 家	乙 20 家
娱乐业 10 家	小型 35 家	丙 12 家
—	—	丁 8 家
合计 50 家	合计 50 家	合计 50 家

在表 7-4 中，对行业类别、企业规模和企业所在地区 3 项控制特性分别规定了样本数额，但其相互之间的交叉关系没有在数额上做出限定。例如，从旅行社抽取 25 个样本时，在规模和所在地区上没有明确要求；又如，5 个大型单位的样本既可较多或全部从旅行社中抽选，也可较少或不从旅行社中抽选，这完全由抽样者机动掌握。当然，最终选定的 50 个样本应满足设计的数额要求。

2. 交叉控制配额抽样

交叉控制配额抽样，即在按各类控制特性分配样本数额时，要考虑各类型之间的交叉关系，采用交叉分配的办法。表 7-5 是以表 7-4 为例，采用交叉控制配额抽样方法所得到的样本配额情况。从表 7-5 中不难看出，交叉控制配额抽样在分配样本数目时，是将各分类控制特性综合在一起安排的，抽样者必须按照规定从总体中抽取样本。

表 7-5 交叉控制样本配额表 （单位：家）

企业规模		旅行社	餐饮业	娱乐业	小计	合计
大型	甲	0	1	0	1	5
	乙	1	0	0	1	
	丙	1	1	0	2	
	丁	0	0	1	1	
中型	甲	2	0	0	2	10
	乙	1	1	2	4	
	丙	1	2	0	3	
	丁	1	0	0	1	

续表

企业规模		旅行社	餐饮业	娱乐业	小计	合计
小型	甲	2	2	3	7	35
	乙	8	3	4	15	
	丙	5	2	0	7	
	丁	3	3	0	6	

配额抽样是非随机抽样技术中使用最频繁的方法，这种方法只要求调查者对总体的结构有明确的了解，能够根据不同的特征标记予以区分，并按照这种整体结构特征提出样本份额，而不需要知道总体的量。调查者只要事先知道总体结构的配额，在这个配额内就可以自己挑选询问对象，若遇到拒答时，可随意另找人替补，不会影响抽样设计。所以若需要快速得到调查结果的话，那么配额抽样是不错的选择。

配额抽样尽管具有费用低、灵活性强、速度快等优点，但是存在定性标志(如人们的态度、观点等)无法分配的问题，另外由于调查者有极大的自由去选择样本个体，这种方法常因调查者的偏好及个人方便性而使样本丧失代表性，从而降低调查的估计准确度。

四、雪球抽样

雪球抽样(snowball sampling)，又称链式抽样、网络抽样或推荐抽样。它是指在对个别符合要求的被调查者调查的基础上，进一步对其他人进行调查，直至满足样本量要求为止。这种抽样方法是以“滚雪球”的方式，通过少量的样本单位逐步获取更多样本单位的信息。

在市场调查中，有时会遇到比较特别的调查对象(如喜欢徒步翻越秦岭的老年人)，这类样本不容易找到，无法建立抽样框，而且没有一个很明确的抽样框可以帮助寻找到他们，找到这些少见总体中的个体所付出代价太高，此时最适合采用雪球抽样。这是因为具有某一特征的人相互有来往，每名受访者都可能推荐另外一些符合条件的受访者。

雪球抽样的具体操作过程分为 3 个步骤。

(1)认定并访问一个或几个具有所需特征的人，依据他们所提供的信息，去寻找其他受访者。

(2)访问第一批受访者提供的第二批受访者，并让他们引荐下一批受访者。

(3)重复第二个步骤，以此类推下去，越找越多，直至满足样本要求。

雪球抽样的主要目的是估计在总体中十分稀有的群体特征，它的主要优点是可以大大地增加接触总体中所需群体的可能性，调查费用少，但样本代表性差，调查质量低。

五、固定样本组抽样

固定样本组就是将选取的样本固定下来，长期进行调查。这种方法的优点在于其调查对象稳定，可以及时、全面地取得各种所需要的信息，费用低、回收率高，这也是它在企业实践中被广泛应用的一个重要原因。旅游中的“扎根理论”就是固定样本组，目前基于

“扎根理论”所做的深入调查也越来越多。但是在实际情况中，固定样本组同时也可能受到一些困扰，比如被调查者是职业受访者，参加调研只是为了获取一定的利益，从而导致所收集信息的可靠性降低。

第五节 抽样设计的其他相关问题

一、确定调查总体需要考虑的因素

1. 地域因素

抽查的地域是指游客活动的范围，可能是一个景区或一个城市。

2. 人口统计因素

考虑调查目标和目标市场，不同群体的观点与反应不同，如 18 岁以下的游客、18~34 岁的游客，或是月收入超过 1 万元的女性，得到的调查结果是不一样的。

3. 旅游产品或旅游服务情况

同质总体通常还根据旅游产品或服务的使用情况来定义，一般用一定时间内游客是否使用和使用频率来描述。例如，在一个月内，你是否会外出旅游？

4. 认知度

对于调查问题的了解程度是必须关注的，如果定义的总体中，多数人群不了解、不关注调查问题，或与调查问题没有任何关系，将会影响调查的结果。

二、样本量

样本量是不是越大越好呢？当然不是，调查是要消耗大量人力、财力和时间的，并且从统计学上讲，当样本量达到一定数量以后，再增加样本量，对于提高调查效果的作用就不大了，反而会增加经费和时间。

那么，是不是随便确定一个样本量就可以呢？当然也不行。样本量受许多因素制约，如调查的性质、总体指标的变异程度、调查精度、样本设计、回答率、项目经费和时间等。一般来说，需要针对不同的情况考虑样本量的问题。

(1) 市场潜力等设计量比较严格的调查所需样本量较大，而产品定价、广告效果等彼此之间差异不是特别大或对量的要求不严格的调查所需样本量较小。

(2) 探索性研究的样本量一般较小，而描述性研究就需要较大的样本量。

(3) 收集有关许多变量的数据，样本量就要大一些，如果需要采用多元统计方法对数据进行复杂的高级分析，样本量就应当更大，如果需要特别详细的分析，如做许多分类等，也需要大量样本。

(4) 相比只限于对总样本的分析，针对子样本的分析所需样本量要大得多。

(5) 总体指标的差异化越大，需要的样本量就越大。

(6) 调研的精度越高，需要的样本量越大。

(7) 随机抽样比非随机抽样所需样本量要少一些。

需要特别说明的是，在确定任何样本量的过程中，都必须考虑被调查样本的子群数。也就是说，当被调查样本子群数比较多的时候，样本量就必须扩大。如一项调查，600个样本量是基本满足要求的，但如果将这些样本量划分为男女各占50%的话，每个子群只有300个样本。如果进一步按年龄细分的话，假设是3个年龄组，那每一个子群只有100个样本，这样的样本量就不能满足设计的要求了。因此按照子群要求设计样本量则是最合理的。

实际调查中，在确定样本量时，还必须考虑时间和经费这两个极为重要的因素。最终样本量的确定需要在精度、费用、时限和可行性等相互冲突的限制条件之间进行协调。

三、选择样本类型

是否按照随机原则抽取样本，是随机抽样与非随机抽样的根本区别。随机抽样按照随机原则抽取样本，对于总体的代表性较高，而且估计量的某种分布是已知的，使得抽样推断具有科学性。非随机抽样根据主观判断或方便原则进行，因此调查容易实施，成本较低，但是样本的代表性受限，抽样推断缺乏客观性。

样本有随机样本和非随机样本两类，大多数的市场调查都属于非随机样本，其原因是：①定义的总体分散，无法具体掌握；②通常只需要大体上的估计资料；③能够以较低的成本取得更大的样本量；④偏差的性质能够被正确估计。

市场调查的组织者通常都愿意牺牲某些可信度与误差度，避免在发展真正的随机样本上花费大量的人力与物力。

四、抽样方法的选择

随机抽样不涉及调查人员的主观判断，抽取的样本可以很好地代表总体，因此采用随机抽样比采用非随机抽样的抽样误差要小，同时还可以在一定范围内控制抽样误差。当然，随机抽样也有缺点：①平等看待所有调查样本，难以体现重点样本；②所需投入的时间、人力和财力相对较多；③只有在严格执行时，其可信度才高。因此，随机抽样在设计和实施时，对相关工作人员的要求更高。

相对于随机抽样而言，非随机抽样更依赖调查人员的经验和主观判断来抽取样本，因此它可以在一定程度上克服随机抽样不能突出重点样本对调查总体影响的不足，在具体操作时所需要的时间、人员和费用投入都相对较少。但非随机抽样的抽样误差较大，所抽取的样本也许不能很好地代表总体，同时不能精确计算抽样误差。

随机抽样和非随机抽样各有优缺点，一旦确定了使用随机抽样或者非随机抽样，调查者就要选择最适合完成调查项目的抽样方法。

在一项市场调查中采用什么样的抽样方法，要综合各种主客观因素来考虑，主要依据调查对象总体的规模和特点、调查的性质、抽样框资料、调查经费以及对调查结果的精确性要求等方面来决定。一般情况下，一项调查很少用单阶段抽样，通常采用多阶段随机抽样方法；抽样框难以获得时，可以采用非随机抽样法；调查费用有限时，选择非随机抽样可以节省经费；对调查结果的精确性要求高，则采用随机抽样法；调查属于预备研究性质的，可采用非随机抽样中的任意抽样和判断抽样法。

不管使用何种抽样方法，调查者在最后报告结果时都要论述抽样方法选择的合理性。所以调查者在选择抽样方法时，要综合考虑各种因素，科学慎重选择，使样本能提供反映调查总体的有用信息。

五、抽样调查中的误差控制

市场调查涉及的人员、环节较多，而且需要受访者配合，即使市场调查计划制定得再周密，执行再严格，也无法保证市场调查收集的数据完全准确，即测定的样本特征值与总体实际的特征值存在差异，这种差异称为总体研究误差。市场调查质量问题本质上是误差问题，它包括两部分：抽样误差和非抽样误差。

抽样误差是在不违背随机原则的情况下必然出现的误差，它是由样本的结构与总体结构的随机差异导致的。可以通过对抽样的严格执行来尽量避免抽样误差，但无法完全避免。抽样误差也是抽样调查固有的代表性误差，其大小受以下因素的影响。

(1) 总体分布状况。一般来说，总体各单位之间差异越大，总体方差越大，抽样误差越大，反之则越小。

(2) 样本量。在其他条件相同的情况下，样本量越大，抽样误差就越小，反之就越大。

(3) 抽样方法。选择的抽样方法不同，抽样误差也不同。一般情况下，重复抽样比不重复抽样误差要大，简单随机抽样比分层、分群抽样误差大。

抽样误差的最大特点是可计算性，虽然无法避免抽样误差，但可以通过抽样程序控制，即根据调查的要求和调查对象的性质，将其缩小到最小或控制在允许的范围内。

非抽样误差是指除抽样误差，由其他原因引起的样本统计量与总体值之间的差异，多产生于市场调查的实施过程中。市场调查的执行阶段是整个市场调查所有环节中最耗费财力、物力和人力的阶段。非抽样误差因其产生的原因复杂且又不易被预测和非随机性等特点而难以控制，成为影响抽样调查结果准确性的重要原因。样本量越大，非抽样误差出现的机会就越多。从产生的具体原因看，非抽样误差主要有抽样框误差、无回答误差、调查人员误差、受访者误差以及由测量工具等造成的误差。因此对非抽样误差的控制应从设计开始到数据采集，直至数据处理，贯穿整个调查过程。

总之，在进行市场调查时，除了精心设计、精心实施之外，要尽量减少误差。基于影响抽样误差的因素，减少抽样误差可从以下 3 个方面着手。

(1) 正确确定样本容量。既然抽样误差与样本量呈反比关系，与总体单位之间的标志变异程度呈正比例关系，那么如果总体中的差异大，则需抽取的样本量应该多一些，反之亦然。还要注意抽取的样本量与调查的成本有关，样本量越大，费用越高，反之亦然。所以确定样本量要综合考虑对抽样误差的允许程度、总体的差异性和经济效益的要求等因素。

(2)准确选择样本类型及抽样方法。选择正确的样本类型，有利于使抽取的样本能真正代表样本的总体，减少误差。抽样方法分为随机抽样和非随机抽样两大类，每一类又分为很多子类。对抽样方法的选择，要根据调查目的和要求，以及调查所面临的主客观、内外部条件进行权衡选择。一般条件下，随机抽样法具有更大的适用性。

(3)加强对抽样调查的组织领导，提高抽样调查工作的质量。要以科学的态度对待抽样，特别是要由专门人才或经过严格培训的人员承担抽样调查工作。抽样方法要适当，工作程序要规范，严格按照所选用抽样方法的要求进行操作，确保抽样结果科学合理。

练 习 题

1. 什么是抽样调查，它分为哪几类，各自有什么特点？
2. 抽样设计应遵循什么程序？
3. 如何应用配额抽样技术进行抽样？
4. 如何运用简单随机抽样技术进行抽样？
5. 如何运用分层抽样技术进行抽样？
6. 分层抽样与配额抽样有什么区别？
7. 什么是等距抽样法？如何计算抽样间隔？
8. 如何运用整群抽样技术进行抽样？
9. 什么是抽样误差？影响误差的因素是什么？

第八章　让数据说真话：数据和资料处理

本章概要

➢旅游市场调查资料分类和分组
➢单变量数据的描述性统计分析
➢多变量数据的深度分析

第一节　旅游市场调查资料分类和分组

市场调查辛苦收集回来的数据必须经过一番整理才能进行后续分析。实践经验告诉我们，原始数据难免会出现虚假、错误、冗余等问题，如果不加以整理，直接把这些数据投入分析，可能会导致错误的结论，使整个调查工作失去意义。因此，要保证市场调查的质量，必须保证数据资料的真实、准确和完整，原始数据必须经过处理才能使用。此过程犹如厨师烹饪，挑选新鲜食材，经过摘菜、削皮，留下来的才是真正要下锅翻炒或蒸煮的食材。

一般情况下，调查资料包括定量资料(如问卷)、定性资料(如访谈文本)、视听资料(如音像拍摄)、实物资料(如土壤采样)等不同类型。本节所涉及的资料整理主要针对定量资料，以调查问卷为例，定量资料的整理一般包括资料审核、问卷编码、数据录入和建库、数据自动清理 4 个步骤(图 8-1)。

一、资料审核

资料审核犹如安全检查，能够有效排除后续可能会影响分析研究的“安全隐患”，这些“安全隐患”主要是指调查问卷中一些不完整答案、明显错误答案、无兴趣答案及开放性问题无序回答等，对这些问题需要查找并区分处理。

1. 不完整答案的审核与处理

不完整答案分为 3 种情况：①大面积的问题无回答，应视为废卷；②个别问题无回答，应作为有效问卷，待后续工作采取补救措施；③相当多的问卷对于同一个问题无回答，仍作为有效问卷。出现“无回答”现象除了被调查者的不配合，调查者还应反思“问卷设计或者调查方式是否有问题”“为什么相当多的被调查者对这一问题采取了‘无回答’方式”“是否需要重新设计问卷或者改进调查方式”。这些反思对后续市场调查工作具有指导意义。

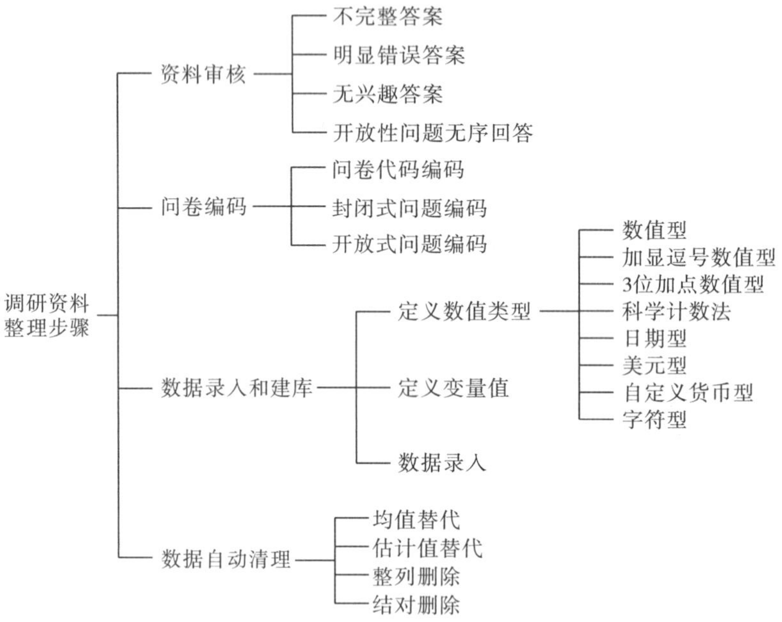

图 8-1 调研资料整理步骤图

2. 明显错误答案的审核与处理

明显错误答案是指那些前后不一致的答案或其他答非所问的答案。这种错误在数据分析阶段很少存在，一旦发现就不好处理。除了根据全卷答案的内在逻辑联系对那些前后不一致的地方进行修正处理外，其他情况按照“不详值”对待。

3. 无兴趣答案的审核与处理

有些被调查者对问题的回答明显反映其对所提问题缺乏兴趣。例如，有人对连续 40 个 5 点利克特量表都选择了“5”的答案，或者有人不按要求回答，在问卷上随笔一勾，一笔带过了若干个问题。如果这种缺乏兴趣的回答仅属个别问卷，应视为废卷；倘若这种答卷有一定数目，且集中出现在同一个问题上，就应该把这些问卷作为一个相对独立的子样本看待，在资料分析时给予适当注意。对于最后判定按“不详值”处理的答案，审核员要用记号笔明确注明“不详值”字样或其代码。

4. 开放性问题无序回答的审核与处理

在回答某一个开放性问题时，被调查者可能因兴趣浓厚而讲起来滔滔不绝，因而可能会将后面出现的另一个问题的答案也给出。这时调查者应该及时记录，避免让被调查者重复回答或留下空白。

另外，问卷资料审核的主要任务是更完整、确切地审查和校正回收上来的全部资料。这一工作要求由那些对调查目的和过程有透彻了解，且具有敏锐洞察力的人来进行。为了保证资料的一致性，最好由专人处理所有材料。若出于时间考虑，也可将该工作进行分工。但是，这个分工必须是每名审核员分配若干份问卷，对每一份问卷从头审到尾，而不是分段把关、流水作业。尽管后者可能有利于提高审核效率，但却不利于贯彻一致性原则。

二、问卷编码

为了将审核完的资料准确地录入计算机进行分析，这就要求把文字资料转化成数码形式的数据。所谓编码，就是将资料信息转化为统一设计的计算机可以识别的代码，以便对资料进行整理和分析。具体来说，编码就是对一个问题的不同答案给出一个计算机能够识别的数字代码的过程。在同一道题目中，每一个编码仅代表一个观点，然后将其以数字形式输入计算机，将不能直接统计计算的文字转变成可直接计算的数字，将大量文字信息压缩成一份数据报告，使信息更为清晰和直观，以便对数据进行分组和后期分析。

问卷编码是问卷调查中不可缺少的流程，同时也是数据整理汇总阶段重要而基础的环节，问卷编码主要包括 3 个方面的内容。

1. 问卷代码编码

问卷代码编码是指对每一份问卷设立一个唯一代码，如进行大学生旅游市场调查，其中一份问卷的代码为“0523010908”，“05”为学校代码，“23”为专业代码，“01”为年级代码，“09”为调查员代码，“08”为问卷顺序号(表示该问卷为调查员在这个年级收到的第 8 份问卷)(表 8-1)。问卷代码编码的目的是在问卷分析中发现异常数据时，可以核对原始问卷，查看数据异常产生的原因，以便对数据进行正确处理。

表 8-1　问卷代码编码含义

05	23	01	09	08
学校代码	专业代码	年级代码	调查员代码	问卷顺序号

2. 封闭式问题编码

一般的封闭式问题已预先编码，即每一项问题所对应的编号即调查对象勾选答案的序号。对于单项选择题与多项选择题，编码方式不一样。

(1) 单项选择题编码。单项选择题编码方式比较简单，常用的编码方法有两种。

①顺序编码法，即用某个标准对问卷信息进行分类，并按照一定的顺序用连续的数字或字母进行编码的方式。比如，调查游客年旅游费用的项目时，把不同消费水平的家庭分为 5 个档次，然后用 1～5 分别代表从低到高的 5 个档次，如表 8-2 所示。

表 8-2　项目顺序编码

调查项目(家庭收入)	对应编码
＜1000 元	1
1000～＜3000 元	2
3000～＜5000 元	3
5000～＜7000 元	4
≥7000 元	5

②分组编码法，即根据调查对象的特点和信息资料分类及其处理的要求，把具有一定位数的代码单元分为若干组，每个组的数字均代表一定意义。所有项目都有着同样的数码个数。例如，对某高校大学生进行一次关于旅游商品购买意向的调查，相关的信息包括性别、类别、月生活费、购买意向 4 项，用分组编码法进行编码，如表 8-3 所示。

表 8-3 分组编码对应表

性别	性别编码	类别	类别编码	月生活费	月生活费编码	购买意向	购买编码
女	1	本科生	1	300～<500 元	1	每次旅游都会买	1
男	2	硕士生	2	500～<700 元	2	看到喜欢的会买	2
		博士生	3	700～<900 元	3	坚决不买	3
		其他	4	900～<1200 元	4		
				≥1200 元	5		

若编码为 2241 就表示为一名男性硕士研究生，每月生活费为 900～<1200 元，并且每次旅游都会买旅游商品。分组编码容易理解记忆，但是如果数位过多，则会造成数据处理和系统维护的困难。

(2) 多项选择题编码。多选题又被称为多重应答，它在本质上属于分类数据，但其数据格式较为特殊，分析时也需要计算一些较为特殊的指标，在 SPSS 中需要专门的模块来分析。由于 SPSS 中一个变量对每一个观测只能取一个值，而在多选题中每道题都有可能有一个以上的答案，因此多选题不能被直接编码，而必须使用几个变量来进行记录。对于原始问卷中的多选题，我们一般采用两种方式来处理：①多选项二分法，多选项二分法是将多选题中的每一个答案设为一个 SPSS 变量，每个选项有 0 或 1 两个取值，分别表示选择了该答案和不选择该答案，多用于选项较少的多选题；②多选项分类法，多选项分类法中，首先应估计多选项问题最多可能出现的答案个数，然后设置相应个数的变量，变量取值为多选项问题中的可选答案。

3. 开放式问题编码

与封闭式问题不同，开放式问题只能在资料收集好之后，再根据被调查者的答复内容来决定类别的指定号码，只适宜采用事后编码。对于开放式问题的事后编码，其所依据的不仅是答案的文字，更重要的是这些文字所能反映出来的被调查者的观点。这项工作可以遵循下述步骤进行。

(1) 列出答案，即将所有答案都一一列出。在大型调查中，这项工作可以作为编码过程的一部分或单独的一个部分完成。

(2) 将所有有意义的答案列成频数分布表。

(3) 确定可以接受的分组数。此时主要是从调查目的出发，考虑分组的标准是否能紧密结合调查目的。

(4) 根据拟定频数分布表中整理出来的答案进行的分组数，将在第 (2) 步频数分布表中整理出来的答案进行合并。在符合调查目的的前提下，保留频数多的答案，然后把频数较少的答案尽可能归并成含义相近的几组。对那些含义相距甚远，或者虽然含义相近但合起来频数仍不够多的答案，最后一并以“其他”来概括，作为一组[①]。

(5) 为所确定的分组选择正式的描述词汇。

(6) 根据分组结果制订编码规则。

(7) 对全部回收问卷的开放式问题答案进行编码。

4. 问卷编码时应该注意的几个问题

在进行编码时应注意 6 个方面的问题。

(1) 使用统一的编码表并对编码表进行测试。这样做易于控制编码，同时也给后期的数据处理、分析带来很多方便。另外，对于确定的编码表，在正式开展调查前，应在小范围内对编码表进行测试，以便对编码表进行修正，并使编码人员充分理解编码表。

(2) 编码的合理性。编码应充分反映调查项目之间的内在逻辑关系，如对本省地市的编码值应该接近，以反映本省地理位置接近这一客观事实，并且在处理和汇总时容易设定条件。同时，在使用数字进行编码时要遵循以下原则：能用自然数，绝不用小数；能用正数，绝不用负数；能用绝对值小的整数，绝不用绝对值大的整数。

(3) 编码的广泛性和概括性。编码的广泛性和概括性包含两方面含义：①每个答案都可以在最终的编码表上找到合适的对应，否则编码表是不完备的；②最终的编码表应全面涵盖问题设计时所要收集的各方面信息，有时候出现频次少但观点特别的回答可能代表某个特定的群体，而包含这类编码也是非常重要的。在确定最终编码表时，可以通过经验判断编码表是否包含了各个角度的回答。

(4) 编码的唯一性和排斥性。不同编码值不能表示相同的内容或有重叠交叉的现象。每个答案只能有唯一的编码条目与之对应，不应出现同一个答案对应两个或两个以上编码条目的情况，否则编码表就不能满足唯一性。例如：如果编码表中出现“5 代表高兴”“8 代表愉快”，那么对于“快乐”这个答案就可以编成 5，也可以编成 8，必须避免这种重叠。

(5) 严格界定回答问题的角度。对于同一个问题，不同的人可能从不同的方面或角度考虑，每个方面又会有多种观点和事实，要避免出现有歧义的问题。如果调查目的需要了解一个问题多个方面属性的话，可以将一个问题分为多个问题，每个问题要求被调查者从一个方面进行回答。

(6) 详略适当。在归纳、确认最终编码时，经常会遇到将一些答案归纳在一起还是将它们分开的情况。对于这样的问题，要根据调查目的和数据分析上的要求确定取舍。因此，要把调查问卷的编码做得科学、合理、规范，设计人员必须对整个调查的目的有详细了解。

三、数据录入和建库

在对问卷资料进行审核和编码以后，就可以进行问卷资料的录入，以建立数据库。通常采用 SPSS 软件来进行数据录入与分析处理。打开 SPSS 软件，首先进入变量视图

---

① 关于“其他”项，一般其占比要在 5%以下。

窗口(variable view)，数据分析进入实质性的编码定义过程，下面以游客人口学特征为例进行说明。

1. 定义数值类型

定义数值类型可以通过点击类型进行设置，设置方式如图 8-2 所示。对话框中列出如下 8 种数据类型。

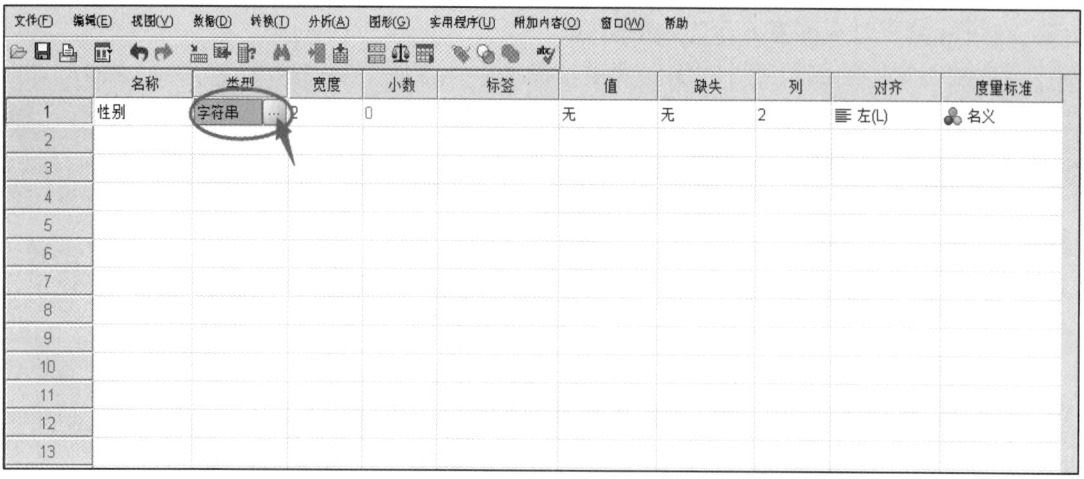

(a)

(b)

(c)

图 8-2　数据录入——数值类型选择

(1) 数值型(numeric)，同时定义数值的宽度，即整数部分+小数点+小数部分的位数，默认为 8 位；定义小数位数，默认为 2 位。

(2) 加显逗号数值型(comma)，即整数部分每 3 位数加一个逗号，其余定义方式同数值型。

(3) 3 位加点数值型(dot)，无论数值大小，均以整数形式显示，每 3 位加一个小点(但不是小数点)，可定义小数位置，但都显示为 0，且小数点用逗号表示。如 1.2345 显示为 12.345,00(实际是 12345E-4)。

(4) 科学计数法(scientific notation)，同时定义数值宽度和小数位数，在数据管理窗口中以指数形式显示。例如，定义数值宽度为 9，小数位数为 2，则 345.678 显示为 3.46E+02。

(5) 日期型(date)，用户可从系统提供的日期显示形式中选择自己需要的。如选择“mm/dd/yy”形式，则 2011 年 2 月 14 日显示为 02/14/11。

(6) 美元型(dollar)，美元型数值变量是在有效数字前添加美元符号的数值型变量，默认长度为 8，小数位数为 2，系统给出了美元型变量的多种表示形式，用户可以根据需要自行选择相应形式，如$58343.622。

(7) 自定义货币型(custom currency)，用户也可以创建 5 种自定义数据显示格式，系统自动将自定义数据显示名称命名为 CCA、CCB、CCC、CCD 和 CCE，这只是 5 种命名，用户可以自行设定这 5 种类型。

(8) 字符串型(string)，用户可定义字符长度，以便输入字符。

2. 定义变量值

通过点击变量值进行定义，定义方式如图 8-3(a)所示。

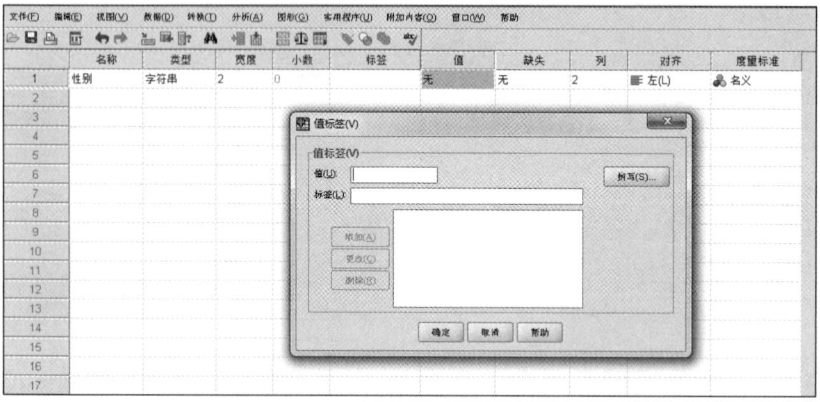

(a)

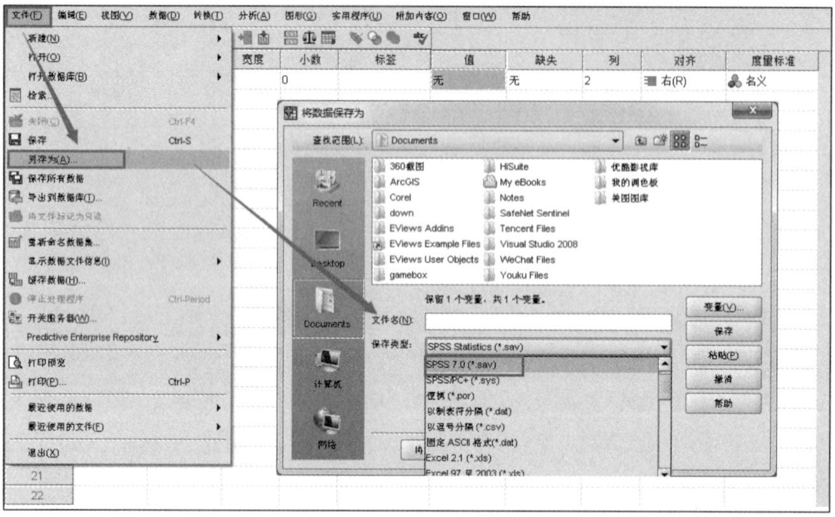

(b)

图 8-3　数据录入——变量值定义和数据保存

3. 数据录入

完成所有变量定义以后，就可以进入数据视图窗口，根据编码把数据录入 SPSS 软件中，然后把数据进行保存，以便后续分析。需要注意的是，SPSS 软件中的数据类型需保存为.sav 文件[图 8-3(b)]。

四、数据自动清理

数据的清理包括检查数据的一致性和处理缺失值。

数据一致性检查是为了找出超出正常范围、逻辑上不合理或者极端的数值。超出正常值域的数据是不能用于分析的，必须进行更正。例如，调查对象在回答有关旅游方式认可程度的问题时，备选答案有 1～5，9 表示缺失值，如果数据中出现 0、6、7 和 8，则应视为超出正常值域。数据一致性的检查可以通过原始问卷来排查，还可以利用 SPSS 中的数据排序来处理。

缺失值是存在明显错误、不合理数据或漏填的数据项。当此类数据超过总量的 10%时，通常用以下方式处理缺失值(图 8-4)。

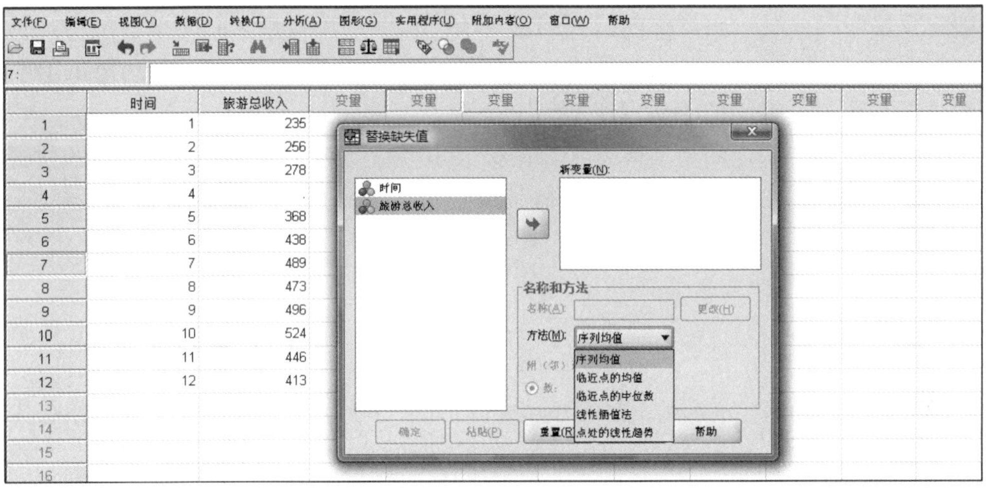

图 8-4　SPSS 中的替换缺失值界面

(1) 均值替代，是指用某个变量取值的均值来代替缺失值。这样做不会改变其他变量，同时诸如相关分析等统计结果也不会受到太大的影响。但是它不一定能代表调查对象对这个问题的回答，实际答案可能高于或者低于此答案。

(2) 估计值替代，用调查对象对其他问题的回答估计或计算出一个值来代替缺失值。

(3) 整列删除，即将有缺失值的样本或问卷删除。这种做法很可能导致小样本情况出现，以致于丢失大量数据而影响样本最终的分析结果。

(4) 结对删除，在结对删除时，调查者不是丢弃有缺失值的所有样本，而是分别在每一步计算中采用有完整答案的问卷。因此，不同分析步骤采用的样本规模也有所不同。这种方法适用于样本规模很大、缺失值很少，以及变量之间没有高度相关的情况。

不同的处理方法可能导致不同的分析结果，所以调查者在选择处理缺失值的方法时需要结合各自的需求情况。

第二节　单变量数据的描述分析

一、数据的集中趋势分析

对调查数据的集中趋势分析是对被调查总体的特征进行准确描述的重要前提。集中趋势是指一组数据向某一中心值靠拢的倾向，分析集中趋势也就是寻找数据一般水平的代表值或中心值。集中趋势常被称为平均，表示一个概率分布的中间值。最常见的集中趋势包括中位数、均值及众数。

1. 中位数

中位数就是一组按大小顺序排列好的数据中最中间的值。如果排列后有奇数个值，则中位数就是最中间的数；如果排列后有偶数个值，则中位数就是中间两个数的平均数。显然，中位数是一个位置代表值，它主要用于测度顺序数据的集中趋势，当然也可用于测度数值型数据的集中趋势，但不适用于测度分类数据。

中位数的计算方法很简单。首先将数据按大小顺序排列，然后确定中位数的位置，找出该数据即可。确定中位数位置的公式是

$$中位数位置=(n+1)/2 \tag{8-1}$$

式中，n 为数据的个数。

例如，某旅游公司对 15 名游客年旅游消费状况进行调查，结果显示他们的年旅游消费分别为：5000 元、800 元、1000 元、1500 元、2500 元、700 元、3000 元、2000 元、6500 元、4300 元、7000 元、3800 元、5600 元、8500 元、10000 元；该旅游公司要分析其中位数，首先就需要将这些数据由小到大排列：700 元、800 元、1000 元、1500 元、2000 元、2500 元、3000 元、3800 元、4300 元、5000 元、5600 元、6500 元、7000 元、8500 元、10000 元，共有 15 个数值，中位数的位置是(15+1) / 2=8，也就是说，中位数就是第 8 位数，即 3800 元。

显然，当数据组有多个数据时，这种方法简单实用，而且不受异常值的影响，即不会受到数据组中极大值或极小值的影响，这也是此方法的优点，所以中位数通常是衡量位置的最好方法。其缺点是没有完全利用数据中所包含的信息。

2. 均值

均值就是用一组数据的和除以数据的个数所得到的数值

$$均值=数据的和/数据的个数 \tag{8-2}$$

例如，10 名游客在旅游目的地停留的时间分别是：3 夜、4 夜、5 夜、6 夜、7 夜、5 夜、7 夜、9 夜、8 夜、6 夜，对其求均值就是

$$(3+4+5+6+7+5+7+9+8+6)/10(夜)=6(夜)$$

显然，均值是根据全部数据计算出来的，它利用了数据的全部信息。但这也表示它会受到极端值影响，所以当数据中有极端值出现时，就不宜选用均值来分析数据的集中趋势。

在实际应用中，根据所掌握数据的不同，均值有不同的计算方法，具体计算方法包括算术平均数、加权平均数、调和平均数、几何平均数等。其中，加权平均数与调和平均数实际上是算术平均数的一种变形；几何平均数则是适用于特殊数据的一种平均数，它主要用于计算比率或速度的平均。所以，算术平均数是运用最广泛的一种均值计算方法，均值有时也叫作算术平均数。

3. 众数

众数就是在一组数据中出现次数最多的值。如果有两个数出现的次数同样多，就有两个众数，叫双众数。有的数据组的众数多于两个，叫多众数。众数主要适用于作为分类数据的集中趋势测度值。确定众数的方法非常简单，一般通过直接观察就可获得。

根据众数可以判断哪一种类型的数据出现得最为频繁。众数是以数据出现的次数反映现象的集中趋势，所以众数是一个位置代表值，它也不受极端值的影响。

二、数据的离散程度分析

数据的集中趋势反映的是各变量值向其中心值聚集的程度，但这只是数据分布的一个特征，若要更全面、深刻地认识事物的特征，掌握数据总体的变动规律，还需要考察数据的离散程度。数据的离散程度就是数据分布呈集中趋势的状态下，同时存在偏离数据分布中心的趋势。由于数据的离散程度反映的是各变量值远离其中心值的程度，因此也称为离中趋势。一般而言，数据的离散程度越大，集中趋势的测度值对该组数据的代表性就越差；反之，离散程度越小，其代表性就越好。

数据的离散程度通常由极差、平均差、方差、标准差和离散系数等来测度。

1. 极差

极差也称全距，是一组数据中最大值与最小值之差，即

$$极差(R)=最大值-最小值 \tag{8-3}$$

极差是粗糙地测度数据离散程度的指标，它只表示两个极端值之间的差额，只受最大值和最小值的影响，而与总体单位数无关，所以一旦因特殊原因出现特别大或特别小的数值，就不能准确反映数据真实的离散程度。

极差的一大优势是计算简单、易于理解。在实际应用中，当数据的分散程度比较稳定时，极差就是可取的一项分析指标。

2. 平均差

平均差又叫平均离差，是各变量值与其平均值离差绝对值的平均数。

由于数据的平均值处于各项变量的中点，正离差与负离差的和正好相等，它们相加的结果为零，所以必须将所有的离差做绝对值处理，才能计算离差的平均数。其计算公式为

$$平均差=\frac{\sum\left|X-\bar{X}\right|}{n} \tag{8-4}$$

式中，$X-\bar{X}$ 为离差；n 为数据个数。

例如，10 名游客在旅游目的地停留的时间分别是：3 夜、4 夜、5 夜、6 夜、7 夜、5 夜、7 夜、9 夜、8 夜、7 夜，平均数为 6.1 夜，则计算其平均差为 1.5。

平均差以平均值为中心，反映了每个数据与平均值的离散程度，因此能全面、准确地反映一组数据的离散状况。平均差越大，说明数据的离散程度越大；反之，则说明数据的

离散程度越小。由于在计算时对离差取了绝对值而给计算带来了不便，所以在实际应用中不如其他的测度值使用广泛。

3. 方差与标准差

方差是一组数据中各变量值与其平均值离差平方的平均数，它是测度数据离散程度的常用方法。方差的计算公式为

$$\sigma^2 = \frac{\sum(X - \bar{X})^2}{n} \tag{8-5}$$

式中，σ^2为方差，$X - \bar{X}$为离差，n为数据个数。

由于方差是由离差的平方所得，所以结果的单位也是平方，这在现实运用中的含义就变得较为复杂，因此在某种意义上，可以把方差看作计算标准差的一个中间步骤。

标准差(S)又叫均方差，是方差的平方根，其计算公式为

$$S = \sqrt{\frac{\sum(X - \bar{X})^2}{n}} \tag{8-6}$$

标准差是离散程度分析时用得最多、最重要的指标。标准差和方差一样，也使用了离差的平方和，两者都反映了每个数据与其平均值相比平均相差的数值，因此能准确地反映数据的离散程度。

例如，某旅游商品公司为拓展其销售渠道，选择了两个旅游商品分销点，分别调查了各点 6 家旅游商品超市的同类产品月平均销售收入，调查结果如下。

分销点 A：130 万元、171 万元、157 万元、160 万元、140 万元、124 万元。

分销点 B：110 万元、125 万元、140 万元、150 万元、172 万元、185 万元。

分销点 A：$S = \sqrt{\frac{\sum(X - \bar{X})^2}{n}} = 16.94$

分销点 B：$S = \sqrt{\frac{\sum(X - \bar{X})^2}{n}} = 25.76$

由于两组数据的平均数都是 147，且计量单位都是万元，所以可将两组数据直接进行比较。由标准差的计算结果可知，分销点 A 的标准差比分销点 B 小，说明分销点 A 的代表性比分销点 B 大，其稳定性也更好。

与平均差相比，方差和标准差都是通过平方消除了离差的正负号，但是当比较的平均数有较大差异或者比较具有不同计量单位的两个总体的分散程度时，则需要进一步计算标准差系数，即离散系数。

标准差的相关数据计算如表 8-4 所示。

表 8-4　标准差的相关数据计算(1)

A 组			B 组		
原始数据	离差	离差平方	原始数据	离差	离差平方
130	−17	289	110	−37	1369
171	24	576	125	−22	484
157	10	100	140	−7	49
160	13	169	150	3	9
140	−7	49	172	25	625
124	−23	529	185	38	1444

4. 离散系数

离散系数是一组数据的标准差相对于平均值的大小(比值)，它是测度数据离散程度的相对指标。在比较平均值不同的数列的标准差时非常有用。由于离散系数通常利用标准差计算，所以也称为标准差系数(V)，其计算公式是

$$V = S / \bar{X} \tag{8-7}$$

离散系数主要用于比较不同总体或样本数据的离散程度，离散系数大说明数据的离散程度就大；反之，说明数据的离散程度小。

例如，有 A、B 两组数据。

A 组：48、85、73、60

B 组：152、127、134、157

标准差的相关数据计算结果如表 8-5 所示。

表 8-5　标准差的相关数据计算(2)

A 组			B 组		
原始数据	离差	离差平方	原始数据	离差	离差平方
48	−18.5	342.25	152	9.5	90.25
85	18.5	342.25	127	−15.5	240.25
73	6.5	42.25	134	−8.5	72.25
60	−6.5	42.25	157	14.5	210.25

计算各组的标准差如下。

A 组：$S = \sqrt{\dfrac{\sum (X - \bar{X})^2}{n}} = 14.11$

B 组：$S = \sqrt{\dfrac{\sum (X - \bar{X})^2}{n}} = 12.38$

由计算结果可见，A 组的标准差大于 B 组，但两组数据的平均数 A 组是 66.5，B 组

是 142.5，具有较大差异，所以两组数据的离散程度不能用标准差直接进行比较，也就不能得出 A 组的代表性小于 B 组的结论，只有用离散系数来比较才具有科学性。

计算各组的离散系数如下。

A 组：$V = S / \bar{X} = 14.11 / 66.5 = 0.21$

B 组：$V = S / \bar{X} = 12.38 / 142.5 = 0.09$

结果显示：A 组的离散系数大于 B 组，说明 A 组的离散程度比 B 组大，其代表性比 B 组小。

第三节　多变量数据的描述分析

一、交叉列表分析的含义与意义

交叉列表分析就是同时将两个或两个以上有一定联系的变量及其变量值，按照一定的顺序交叉排列在一张表中，分析变量之间相关关系的一种数据分析技术。在分析过程中，变量之间的分项必须交叉对应，从而使交叉列表中每个结点的值都能反映不同变量的某一特征。

例如，研究旅游满意度与游客年龄之间的关系。旅游满意度与游客年龄是两个变量，如果将这两个变量的有关数据分别列表就不可能很好地反映它们之间的相关关系。所以，有效的方法是编制交叉列表。如表 8-6 所示，每一个数值都是旅游满意度和对应的游客年龄两个变量的结点。

表 8-6　旅游满意度与游客年龄的关系　　（单位：人）

满意度水平	年龄组					合计
	12～17 岁	18～25 岁	26～40 岁	41～55 岁	≥56 岁	
非常满意	24	11	6	2	1	44
满意	17	9	4	1	0	31
未定	0	0	0	0	1	1
不满意	0	1	3	10	17	31
非常不满意	0	2	4	12	14	32
无意见	1	0	0	0	0	1

由表 8-6 可见，有效调查样本是 140 人，非常满意的 44 人中，有 24 人年龄在 12～17 岁，11 人年龄在 18～25 岁，6 人年龄在 26～40 岁，2 人年龄在 41～55 岁，只有 1 人年龄在 56 岁及以上；相反，在非常不满意的 32 个人中，56 岁及以上有 14 人，41～55 岁有 12 人，而 18～25 岁只有 2 人，12～17 岁没有人非常不满意。表 8-6 基本上反映了旅游满意度与游客年龄之间的相关关系。

交叉列表分析技术在市场营销调查中被广泛应用，其意义主要有 5 点。

(1) 易于理解。交叉列表分析及其结果一目了然，能够很容易地为那些并不具有较深统计知识的经营管理人员理解。

(2) 分析深入全面。通过一系列的交叉列表分析，可以深入分析和认识那些复杂的事物或现象。

(3) 应用广泛。许多市场调查项目的数据处理分析都可以采用交叉列表分析方法。

(4) 结果使用方便。使用交叉列表分析时，清楚明晰的解释能使市场调查结果很快成为经营管理措施的有力依据。

(5) 简单、易于运作。交叉列表分析技术简便易行，一般市场调查人员很容易就能接受。

二、交叉列表分析中变量的选择与确定

在运用交叉列表分析时，变量的选择与确定是关系分析结果正确与否的关键因素之一。如果变量的选择与确定不当，则会产生错误的结论。选择与确定交叉列表中的变量，包括其内容与数量，均应根据市场调查项目的特点而定。

(1) 在基础型的市场调查中，市场调查人员应该把与问题密切相关的因素都选作交叉列表分析的变量。比如，在一项关于旅游企业营销状况的调查中，调查人员应该把影响其企业营销活动的所有因素，诸如旅游产品的品牌、质量、包装、价格、销售渠道、广告传播等都加以考虑。

(2) 在应用型的市场调查中，市场调查人员选择和确定交叉列表分析变量的自由度较大。比如，在开发某一旅游景点时，市场调查人员既可以将交通状况、景观类型、景点级别等作为考虑的变量，也可以将其距中心城市的距离、人口密度等作为考虑的变量。

(3) 在简单的事实收集型市场调查中，需要考虑的变量通常在调查要求中已明确列出，市场调查人员只要按照要求，把各项数据列入已设计好的表格之中即可。比如，某景区要了解不同时段内消费者的数量，以便制定适当的促销策略，交叉列表中的变量无疑就只能是时间和消费者数量两个变量。

应该注意的是：不管市场调查人员在选择和确定交叉列表分析变量时有多大的自由度，都应该在收集资料之前确定好相关的变量因素，并将其以文字的方式确定下来。因为只有如此，才能有针对性地收集资料，以进行相应的交叉列表分析，否则就可能导致资料不全而使交叉列表分析无法实际操作。

三、两变量交叉列表分析

两变量交叉列表分析就是在一张统计表中，只有两个相互对应的变量，调查者通过对这两个变量的有关数据进行分析，发现它们之间相关关系的交叉列表分析技术。如表 8-6 所列出的旅游满意度与游客年龄之间的相关关系就是一个两变量交叉列表。两变量交叉列表分析是最基本的交叉列表分析技术。

例如，对家庭收入与旅游消费相关关系进行的研究，按家庭月收入将家庭分为高收入

家庭(30000 元以上)、中高收入家庭(＞15000～30000 元)、中低收入家庭(6000～15000 元)、低收入家庭(6000 元以下)；将旅游消费情况分为高消费、中等消费、低消费。该项调查的结果用交叉列表法列出，如表 8-7 所示。

表 8-7 家庭收入与旅游消费的关系 (单位：个)

家庭类型	旅游消费水平			合计
	高消费	中等消费	低消费	
高收入家庭	52	38	10	100
中高收入家庭	37	47	16	100
中低收入家庭	7	30	63	100
低收入家庭	0	6	94	100

由表 8-7 可见，在 400 个有效的调查对象中，我们选择 4 种收入水平家庭的各 100 个，其中 100 个高收入家庭在旅游消费中选择高消费的家庭有 52 个，中等消费的家庭有 38 个，而低消费的家庭相对比较少，只有 10 个；在 100 个低收入家庭中，没有选择旅游高消费的，选择中等消费的也仅仅只有 6 个，94 个都选择低消费。

不过，表 8-6 和表 8-7 中两个变量交叉对应的结点使用的都是绝对数，因此其相关关系有时表达得就不是十分明显，只有把各项绝对数转化为相对数，即百分数，才能更清楚地显示其相关关系。

从数学处理上来看，绝对数向百分数的转换既可以按行进行，也可以按列进行。但并非这两种形式的计算都有现实意义。例如，对表 8-6 中的数据进行转换，可以得出按行计算的结果编制的交叉列表(表 8-8)和按列计算的结果编制的交叉列表(表 8-9)。

表 8-8 按旅游满意度计算的游客年龄相对数(%)

满意度水平	年龄组				
	12～17 岁	18～25 岁	26～40 岁	41～55 岁	56 岁及以上
非常满意	55	25	14	4	2
满意	55	29	13	3	0
未定	0	0	0	0	100
不满意	0	3	10	32	55
非常不满意	0	6	12	38	44
无意见	100	0	0	0	0

表 8-9 按游客年龄计算的旅游满意度相对数(%)

满意度水平	年龄组				
	12～17 岁	18～25 岁	26～40 岁	41～55 岁	56 岁及以上
非常满意	57	48	35	8	3
满意	40	39	24	4	0

续表

满意度水平	年龄组				
	12～17 岁	18～25 岁	26～40 岁	41～55 岁	56 岁及以上
未定	0	0	0	0	3
不满意	0	4	18	40	52
非常不满意	0	9	23	48	42
无意见	3	0	0	0	0

由表 8-8 可以看出，不同的年龄组在同一旅游满意度中所占的比例各不相同。感到非常满意的，55%的年龄在 12～17 岁，25%的年龄在 18～25 岁，两者共占 80%的比例。而感到非常不满意的，44%年龄在 56 岁及以上，38%的年龄在 41～55 岁，两者共占 82%的比例。由此可以得出结论：在旅游中，年轻人更容易感到满意，年纪越大越不容易感到满意。

而从表 8-9 则可以看出不同的满意度在同一年龄组中所占的比例各不相同。12～17 岁感到非常满意的占 57%，满意的占 40%，两者共占 97%，比例非常大。而 56 岁及以上的游客，有 42%感到非常不满意，52%感到不满意，两者共占 94%，比例也是相当大。显然，表 8-9 也反映了之前的结论。

因此，在计算百分数时按行还是按列来计算，必须结合实际情况考虑。一般的原则是以自变量为基准计算。当然，在调查实践中有时会遇到因果关系难以确定的情况，这时就要依据调查分析的目的确定计算基准，也可以对两个变量进行交叉计算，并分别得出结论。

四、三变量交叉列表分析

三变量交叉列表分析就是在两变量交叉列表分析的基础上，加入第三个变量以做进一步分析的交叉列表分析技术。

原有两变量交叉列表分析的结果在加入第三个变量之后，可能出现 4 种情况。

1. 更精确地反映原有两个变量之间的联系

例如，以婚姻状况与出游情况之间关系的调查为例。婚姻状况有已婚、未婚两种，出游情况可以分为经常旅游、很少旅游两种，对 200 个路人随机调查，其结果用两变量交叉列表分析得出，如表 8-10 所示。

表 8-10 婚姻状况与旅游情况的关系

婚姻状况	旅游情况		合计/%	被调查人数/人
	经常旅游/%	很少旅游/%		
已婚	37	63	100	104
未婚	75	25	100	96

从表 8-10 中可见，被调查者中经常旅游的有 75%是未婚的，已婚者中只有 37%的人经常旅游，这说明未婚者比已婚者更经常旅游。

现在引入第三个变量：收入。经过调查并将其结果统计后与前两个变量结合起来分析，就得出三变量交叉列表分析结果，如表 8-11 所示。

表 8-11 婚姻状况、收入水平与旅游情况的关系

婚姻状况	收入水平	旅游情况		被调查人数/人
		经常旅游/%	很少旅游/%	
已婚	高	57	43	31
	中	42	58	54
	低	17	83	29
未婚	高	77	23	25
	中	65	35	42
	低	36	64	19

表 8-11 显示，高收入者中 77%的未婚者经常旅游，略高于已婚者；中等收入者中 65%的未婚者经常旅游，也略高于已婚者；而在低收入者中，只有 17%的已婚者经常旅游，未婚者也只有 36%的人经常旅游。第三个变量引入后，原有的两变量之间的关系得到更精确的反映。

2. 显示原有两个变量不相关

尽管用两变量交叉列表分析显示原有的两个变量是相关的，但加入第三个变量后，有可能说明原两变量交叉列表分析所显示的关系是虚假的。

例如，出游情况与性别之间的关系用两变量交叉列表分析，结果如表 8-12 所示。

表 8-12 性别与出游情况之间的关系

性别	出游情况		被调查者人数/人
	经常旅游/%	不常旅游/%	
男	57	43	500
女	69	31	500

表 8-12 显示，在被调查者中，男性中有 57%经常旅游，而女性中有 69%经常旅游，这一结果表明女性比男性更喜欢旅游，性别是影响出游情况的一个因素。

当收入作为第三个变量引入后，经过调查分析，得出三变量交叉列表分析结果，如表 8-13 所示。

表 8-13 性别、收入与出游情况之间的关系

性别	收入水平	旅游情况		被调查人数/人
		经常旅游/%	很少旅游/%	
男	高	58	42	210
	中	41	59	183
	低	27	73	107
女	高	58	42	174
	中	41	59	206
	低	27	73	120

从表 8-13 可以看出，在各收入水平中男性和女性的出游情况是一样的，不同的是各收入水平之间的差异，这就说明原有两个变量不相关，即出游情况和性别无关，而是与收入水平有关。表 8-12 中女性比男性更常旅游，是因为被调查者中女性的收入水平比男性高。

3. 显示原先被隐含的联系

原两变量交叉列表分析结果显示两个变量是不相关的，但加入第三个变量之后，分析显示原来的两个变量之间存在着某种相关关系。

例如，某项关于消费者年龄与出国旅游愿望之间关系的调查，将消费者年龄以 50 岁为界限分为两类，通过调查得出年龄与出国旅游愿望之间关系的两变量交叉列表分析如表 8-14 所示。

表 8-14 年龄与出国旅游愿望的关系

年龄	出国旅游愿望		被调查者人数/人
	有/%	没有/%	
≤50 岁	50	50	1000
>50 岁	50	50	1000

表 8-14 显示，人们的出国旅游愿望是不受年龄影响的，二者之间没有什么相关关系。

但当引入一个新的变量“性别”后，调查得出年龄、性别与出国旅游愿望三变量的交叉列表分析，如表 8-15 所示。

表 8-15 年龄、性别与出国旅游愿望的关系

年龄	性别	出国旅游愿望		被调查者人数/人
		有/%	没有/%	
≤50 岁	男	65	35	600
	女	40	60	400
>50 岁	男	35	65	600
	女	60	40	400

表 8-15 显示，在男性调查对象中，≤50 岁的人 65%有出国旅游的愿望，而≤50 岁的女性只有 40%有出国旅游的愿望，>50 岁的女性却有 60%有出国旅游的愿望。由此可见，在加入性别这一变量之后，原先所显示的年龄与出国旅游愿望之间无关的结论发生了变化，它明确反映出二者之间存在着隐含的关系。

4. 不改变原先反映出来的联系

如果第三个变量的加入没有改变原先两变量交叉列表分析的结果，就说明新的变量不对原先两变量之间的联系产生影响。

例如，某项关于收入水平与是否经常旅游之间关系的调查。选择调查样本为 800 个家庭，家庭收入水平按照某一标准分为高收入家庭和低收入家庭两种，则通过调查得出收入水平与外出旅游之间关系的两变量交叉列表分析如表 8-16 所示。

表 8-16 收入水平与经常外出旅游的关系

家庭收入水平	经常外出旅游		被调查家庭数/个
	是/%	不是/%	
高	40	60	400
低	4	96	400

表 8-16 显示，高收入水平的家庭经常外出旅游的比例是 40%，而低收入家庭只有 4%，可见家庭收入水平对外出旅游有着明显的影响。

当将家庭规模作为第三个变量引入后，通过调查分析，得出家庭规模、收入水平与经常外出旅游的三变量交叉列表，如表 8-17 所示。

表 8-17 家庭规模、收入水平与经常外出旅游之间的关系

家庭收入水平	家庭规模	经常外出旅游		被调查者人数/人
		是/%	不是/%	
高	大	40	60	200
	小	40	60	200
低	大	4	96	200
	小	4	96	200

表 8-17 显示，新的变量的引入对原有两变量之间的关系没有产生任何影响。游客是否经常外出旅游仍然只受收入水平的影响，而与家庭规模没有什么直接联系。

第四节　多变量数据的深度分析

一、方差分析

Z检验和T检验可用于只涉及两个样本平均数时的假设检验，当有3个或3个以上样本时，利用这两种方法缺乏效率。若需要检验两个或两个以上独立样本平均数的差异，方差分析是一种适合的统计工具。它可用来检验两个平均数的差异，更主要的是可用于对3个或3个以上独立群体平均数差异的假设检验。

方差分析(analysis of variance，ANOVA)，又称变异数分析或F检验，是一种应用广泛的变量分析方法。在方差分析中，当涉及的因素只有一个时，称为单因素方差分析；当涉及的因素为两个或两个以上时，称为多因素方差分析。

1. 方差分析的假定

在进行方差分析时，需要有3个假定。

(1)对每个总体，因变量服从正态分布。

(2)因变量的方差对所有总体都相同。

(3)观察值是独立的，变异具有可加性。

在此3个假定的基础上，方差分析可用于检验K组总体均值的相等性。

2. 方差分析的有关计算公式

$$SS_t = SS_w + SS_b \tag{8-8}$$

$$SS_t = \sum_{j=1}^{k}\sum_{i=1}^{n}(X_{ij} - \bar{X}_i)^2 \tag{8-9}$$

$$SS_w = \sum_{j=1}^{k}\sum_{i=1}^{n}(X_{ij} - \bar{X}_j)^2 \tag{8-10}$$

$$SS_b = n \cdot \sum_{j=1}^{k}(\bar{X}_j - \bar{X}_i)^2 \tag{8-11}$$

$$df_b = k - 1 \tag{8-12}$$

$$df_w = k(n-1) \tag{8-13}$$

$$df_t = nk - 1 \tag{8-14}$$

$$F_{统计值} = \frac{SS_b / (k-1)}{SS_w / [k(n-1)]} \tag{8-15}$$

式中，X_{ij}为样本观察值［第j组(实验处理)的第i个数据］；$\bar{X}_i$为总的样本均值；$\bar{X}_j$为某一实验处理下的平均数；SS_t为总离差平方和，是实验的总误差，反映数据波动的程度；SS_w为组内离差平方和，是样本值与样本均值之间的差异，是由随机误差引起的，又称误差平方和；SS_b为组间离差平方和，反映了每组均值与总的均值之间的离差；df_b为组间自由度；df_w为组内自由度；df_t为总自由度。

3. 单因素方差分析

单因素方差分析经常被用来分析实验结果，下面通过例子加以说明。

例如，某旅游产品开发公司在一次新旅游商品的调查中，检验3种不同的旅游商品包装(实验处理，$k=3$)对新旅游商品销售量的影响。从某城市的旅游商店中随机选取3组样本，每组样本各有5个旅游商店。将3组样本分别随机地配以3种不同包装的新商品进行销售，有关资料如表8-18所示。要求根据试验结果检验包装对新商品的销售量是否有显著影响，显著性水平$\alpha=0.05$。

表8-18 不同旅游商品包装的实验数据 (单位：包)

	A包装	B包装	C包装
商店1	12	18	10
商店2	15	14	11
商店3	9	10	10
商店4	11	13	13
商店5	17	8	21

解：(1)建立原假设和备择假设。

H_0：包装对该商品销售量无显著影响。H_1：包装对该商品销售量有显著影响。

(2)使用SPSS计算SS_t、SS_w和SS_b。首先录入数据，以变量1表示样本数据，以变量2表示组别，可设1=A包装，2=B包装，3=C包装，比如商店1的A包装可录入为：变量1=12，变量2=1，具体如图8-5所示。

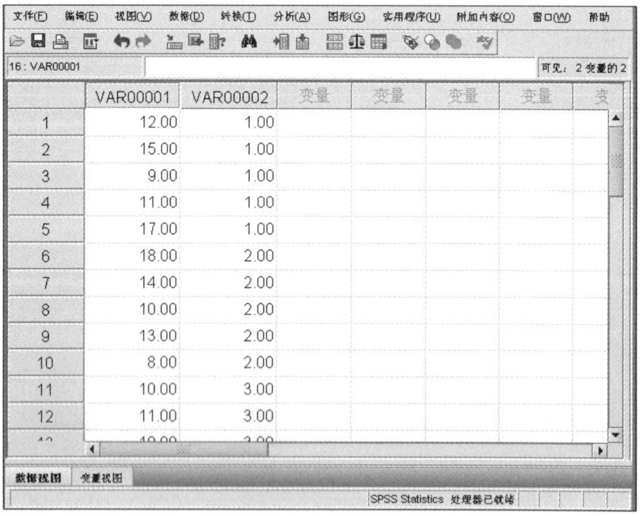

图8-5 方差分析——数据录入界面

然后进行数据分析，依次选择“分析”“比较均值”“单因素 ANOVA”，如图 8-6 所示。

图 8-6　方差分析——选择分析工具

ANOVA 弹出对话框如图 8-7 所示，将变量 1 选入因变量列表，变量 2 选入因子列表。

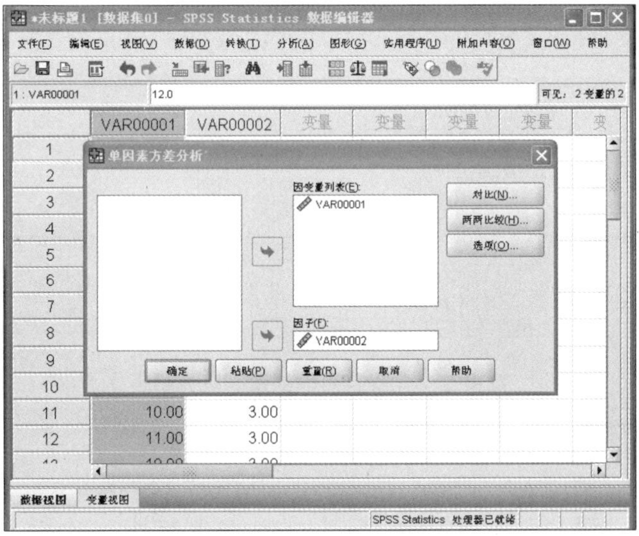

图 8-7　方差分析——选择变量进入右侧的分析列表

最后单击“确定”，提交执行。

输出的结果如表 8-19 所示。该结果显示 F=0.013，远远小于临界值（F_α），所以接受原假设，认为包装对该商品销售量没有显著影响。

表 8-19 方差分析结果

	平方和	df	均方	F	显著性
组间	0.400	2	0.200	0.013	0.987
组内	186.000	12	15.500	—	—
总数	186.400	14	—	—	—

4. 多因素方差分析

单因素方差分析只考察了一个变量的影响。但在旅游市场调查中，可能同时会有多个因素影响旅游产品质量、数量与销量等。例如，消费者对某旅游商品的购买欲会随着价格水平和销售渠道的不同而变化；广告水平不同和价格差异都会影响产品的销售等。要解决多个影响因素的问题，就需要使用多因素方差分析。多因素方差分析还可以检验因素间的交互作用。下面简单介绍无交互影响的双因素方差分析和有交互影响的双因素方差分析。

(1)无交互影响的双因素方差分析。如果某一试验结果受到 A 和 B 两个因素的影响，这两个因素分别可取 K 和 M 个水平，则双因素方差分析实际上就是要比较因素 A 的 K 个水平的均值之间是否存在显著差异，因素 B 的 M 个水平的均值之间是否存在显著差异。假定试验的结果如表 8-20 所示(在假定两个因素无交互影响的情形下，通常采用不重复试验)。

表 8-20 无交互影响的双因素分析试验观察值

		因素 B 的水平				
		1	2	…	m	总计
因素 A 的水平	1	X_{11}	X_{12}	…	X_{1m}	A_1
	2	X_{21}	X_{22}	…	X_{2m}	A_2
	…	…	…	…	…	…
	k	X_{k1}	X_{k2}	…	X_{km}	A_K
总计		B_1	B_2	…	B_m	—

无交互影响的双因素方差分析结果如表 8-21 所示。

表 8-21 无交互影响的双因素分析表

方差来源	离差平方和	自由度	均方差	统计检验量
因素 A	$SS_A = m - \sum_{i=1}^{k}(\overline{A}_i - \overline{X})^2$	$k-1$	$MS_A = SS_A / (k-1)$	$F_A = MS_A / MS_E$
因素 B	$SS_B = K - \sum_{j=1}^{m}(\overline{B}_j - \overline{X})^2$	$m-1$	$MS_B = SS_B / (m-1)$	$F_B = MS_B / MS_E$
误差 E	$SS_E = \sum_{i=1}^{k}\sum_{j=1}^{m}(X_{ij} - \overline{A}_i - \overline{B}_j - \overline{X})^2$	$(k-1)\times(m-1)$	$MS_E = SS_E / [(k-1)(m-1)]$	—
总方差	$SS_T = SS_A + SS_B + SS_E$	$km-1$	—	—

在显著性水平 α 下，如果 $F > F_{\alpha}$，则拒绝原假设，认为差异显著。

(2)有交互影响的双因素方差分析。假设两个因素 A 和 B，因素 A 有 a 个水平，因素 B 有 b 个水平，对每一个水平 AB 重复了 n 次试验。X_{ijk} 为在因素 A 的第 i 个水平，因素 B 的第 j 个水平下进行第 k 次试验时的观察值(i=1,2,…,a；j=1,2,…,b；k=1,2,…,n)。有交互影响的双因素方差分析结果如表 8-22 所示。

表 8-22　有交互影响的双因素分析表

方差来源	离差平方和	自由度	均方差	统计检验量
因素 A	SS_A	$a-1$	$MS_A = SS_A/(a-1)$	$F_A = MS_A/MS_E$
因素 B	SS_B	$b-1$	$MS_B = SS_B/(b-1)$	$F_B = MS_B/MS_E$
交互作用	SS_{AB}	$(a-1)\times(b-1)$	$MS_{AB} = \dfrac{SS_{AB}}{(a-1)(b-1)}$	$F_{AB} = MS_{AB}/MS_E$
误差 E	SS_E	$ab(n-1)$	$MS_E = SS_E/[ab(n-1)]$	—
总方差	SS_T	$abn-1$	—	—

其中：

$$SS_A = \text{bng}\sum_{i=1}^{a}(\overline{A}_i - \overline{X})^2 \tag{8-16}$$

$$SS_B = \text{nag}\sum_{j=1}^{b}(\overline{B}_j - \overline{X})^2 \tag{8-17}$$

$$SS_{AB} = n\sum_{i=1}^{a}\sum_{j=1}^{b}\left[\overline{(AB)_{ij}} - \overline{A_i} - \overline{B_j} + \overline{X}\right]^2,\quad SS_E = \sum_{i=1}^{a}\sum_{j=1}^{b}\sum_{k=1}^{n}\left[X_{ijk} - \overline{(A\times B)_{ij}}\right]^2 \tag{8-18}$$

在显著性水平 α 下，如果 $F > F_{\alpha}$，则拒绝原假设，认为差异显著。

二、相关分析

相关分析(correlation analysis)是研究事物或现象之间是否有关系以及关系密切程度的一种数据分析方法，比如广告宣传与旅游产品销量之间的关系。如果两个现象有规律地相互联系，则称它们是相关的。相关关系有以下三种情况。

(1)正相关——当一个变量增加时，另一个也增加。

(2)负相关——当一个变量增加时，另一个则减少。

(3)不相关——两个变量之间没有规律性关系。

统计关系分为线性相关关系和非线性相关关系，线性相关又可分为正线性相关和负线性相关。两个因素之间的相关关系称为单相关，即只涉及一个自变量和一个因变量，两个或两个以上因素的相关关系称为复相关，或多元相关，即涉及两个或两个以上的自变量和因变量。在实际工作中，如果存在多个自变量，可抓住其中主要的自变量，研究其相关关系，而保持另一些因素不变，这时复相关转化为偏相关。

要想精确地度量变量之间的相关程度，还要使用相关系数。相关系数是在直线相关条件下，表明两个现象之间相关关系的方向和密切程度的综合性指标，一般用符号 r 表示。不同类型的变量应该采用不同的相关系数指标和计算方法，但它们的取值范围和含义都是相同的。相关系数 r 的取值为-1～+1。$r>0$ 表示两变量存在正的线性相关关系，$r<0$ 表示两变量存在负的线性相关关系，$r=1$ 表示两变量存在完全正相关，$r=-1$ 表示两变量存在完全负相关，$r=0$ 表示两变量不存在线性相关关系。$|r|$ 越大，表示两变量的相关程度越高。$|r|>0.8$ 表示两变量有较强的线性相关关系，$|r|<0.3$ 表示两变量的线性相关关系较弱。

由于存在抽样的随机性和样本数量较少等问题，通常样本相关系数不能直接用来说明其来源的总体是否具有显著相关性，我们需要使用假设检验的方法来判断样本来源总体的相关是显著的或是不显著的。基本步骤如下。

(1)零假设：两总体线性不相关。

(2)选择检验统计量，不同类型的变量数据用不同的相关系数。

(3)计算检验统计量的观测值和对应的概率 P。

(4)判断：如果统计量的概率 P 小于给定的显著水平 α，则拒绝零假设，认为两变量之间存在显著的线性相关；反之，若统计量的概率 P 大于给定的显著水平 α，则不能拒绝零假设，可以认为两变量的相关性不显著。

1. 计量数据的相关分析：皮尔逊(Pearson)积矩相关

相关分析是用来衡量一个因变量和另一个变量变化联系的程度。在二元变量回归分析中，可以用判定系数 R^2 讨论变量 X 与 Y 之间的线性关系；同时，计量数据的线性相关分析使用皮尔逊(Pearson)积矩法，用 R 表示。R^2 与 R 之间的关系为

$$R=\pm\sqrt{R^2} \tag{8-19}$$

R 的取值为：$-1\leqslant R\leqslant +1$，其中 $R=+1$ 表示完全正相关；$R=-1$ 表示完全负相关；R 的取值越逼近±1，X 和 Y 相联系的程度就越强。如果 $R=0$，则 X 和 Y 之间没有联系。

如果不研究回归方程，R 可以根据如下公式直接计算

$$R=\frac{n\sum XY-\left(\sum X\right)\left(\sum Y\right)}{\sqrt{\left[n\sum X^2-\left(\sum X\right)^2\right]\left[n\sum Y^2-\left(\sum Y\right)^2\right]}} \tag{8-20}$$

小贴士：在利用 R 研究两个变量的相关关系时，请注意区别“虚假相关”和“无意义相关”。两个变量之间相关的唯一原因是这两个变量都受到同一因素的影响，一旦控制住这个共同因素，那么这两个变量间的相关性将不再明显，这种情况我们称之为虚假相关。比如身高和个人学历间的关系(均受到年龄的影响)。有时，尽管两个因素间存在高度相关性，但它们之间的关系却无任何意义。比如，A 国的总人口数量与 B 国的国内生产总值(gross domestic product，GDP)之间高度相关。

2. 顺序量表的相关分析：斯皮尔曼(Spearman)等级相关

在类别量表和顺序量表中，因素之间也可能存在相关性。如某旅游企业一直从10所大学的旅游学院招聘新员工，该企业想知道这10所大学的全国排名与他们各自的毕业生工作业绩是否存在相关关系。又如，一家旅游广告代理商想了解一家旅游公司服务质量等级是否与其市场份额相关。对于这些研究案例，常常采用等级相关系数来衡量它们之间的关系紧密程度。这里介绍运用最为普遍的等级相关系数——斯皮尔曼相关系数(简称斯氏级序相关系数)(R_s)，公式表示为

$$R_s = 1 - \frac{6\sum_{i=1}^{n} d_i^2}{n^3 - n} \tag{8-21}$$

式中，d_i为各对数据的等级差别；n为样本的数据总数。

R_s的取值为：$-1 \leqslant R_s \leqslant +1$。如果$d_i=0$，那么$R_s=1$，即两个变量的等级是等价的；如果$R_s=0$，则意味着两个变量彼此不相关。

如果样本量已知，样本量小于100可采用t分布；样本量较大可采用Z分布来检验级序相关数值的原假设。

关于用SPSS计算相关系数并进行检验的具体操作步骤，以下面例子进行说明。

一家广告代理商想了解某旅游纪念品质量等级是否与其市场份额相关。该代理商通过对该纪念品购买者的小规模实验研究，获得10家公司的质量等级。由于10家公司的市场份额数据是估计出来的，该代理商认为这些数据并不十分精确，他们根据相对市场份额将10家公司分级，数据如表8-23所示。

表8-23　产品质量等级与市场份额等级

公司	质量等级	市场份额
A	6	7
B	7	6
C	4	3
D	1	2
E	3	4
F	12	10
G	11	12
H	8	8
I	9	5
J	2	1

使用SPSS进行分析，首先录入数据，如图8-8所示。

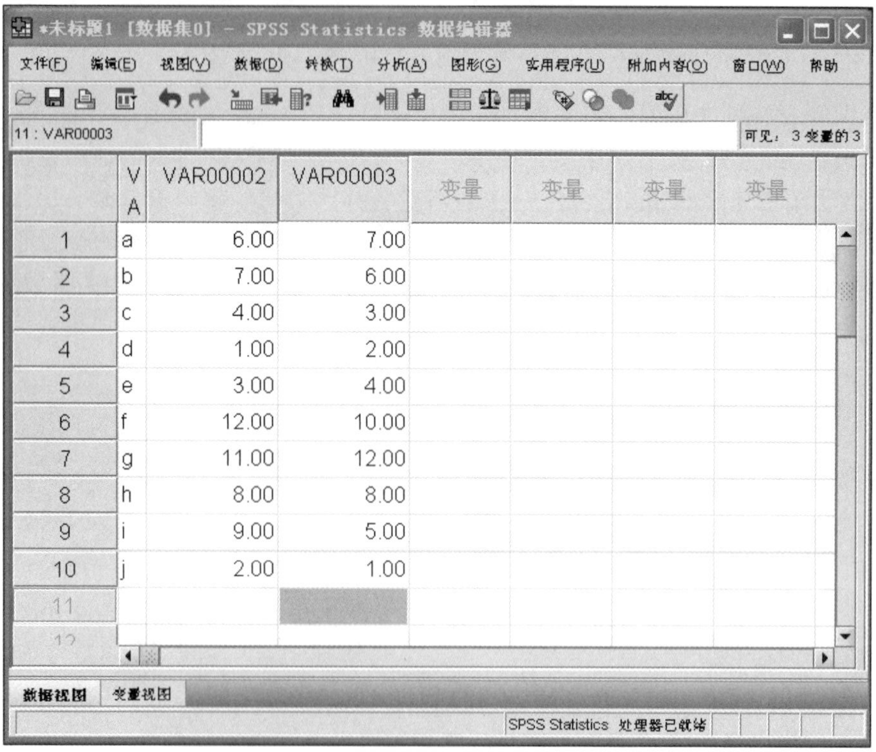

图 8-8　相关分析——数据录入窗口

然后进行数据分析，依次选择“分析”“相关”“双变量”，如图 8-9 所示。

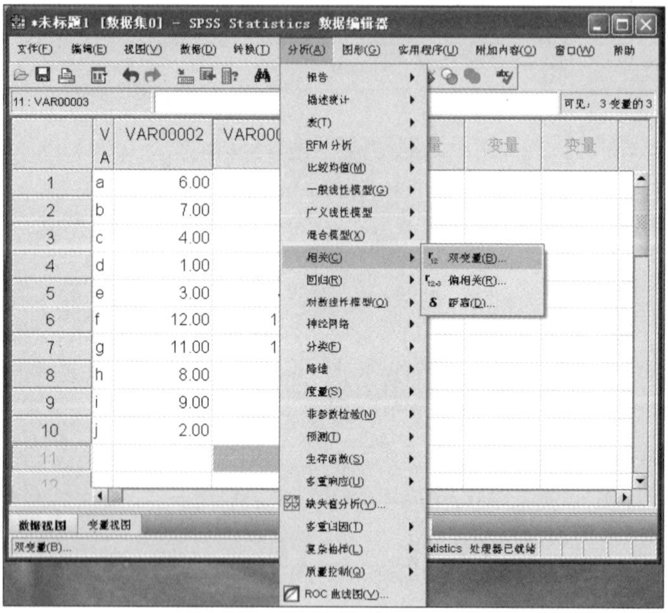

图 8-9　相关分析——选择分析工具

“双变量”对话框如图 8-10 所示，将变量 2、3 选入变量框，同时勾选“Pearson”“双侧检验”（即选择输出相关系数检验的双尾概率 P）及“标记显著性相关”（即分析结果中除了显示统计检验的概率 P，还输出星号标记，以表明变量间的相关性是否显著，不选中则不显示星号标记）。

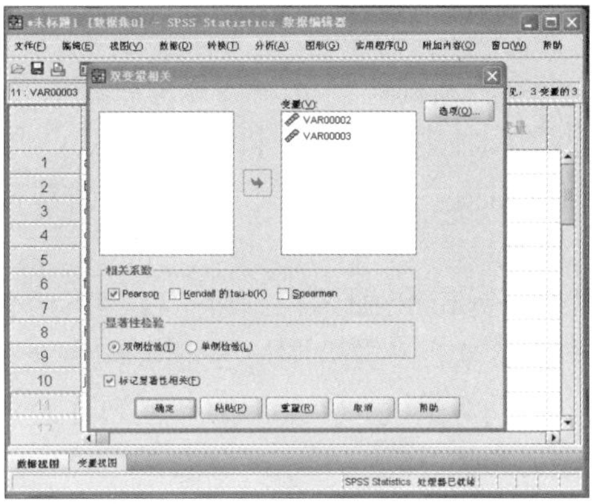

图 8-10　相关分析——选择变量进入右侧分析列表

最后，单击“确定”，输出结果，如表 8-24 和图 8-11 所示。

表 8-24　相关分析结果

	统计量	VAR00002	VAR00003
VAR00002	Pearson 相关性	1	0.900**
	显著性（双侧）	—	0.000
	N	10	10
VAR00003	Pearson 相关性	0.900**	1
	显著性（双侧）	0.000	—
	N	10	10

注：**表示在 0.01 水平（双侧）上显著相关。

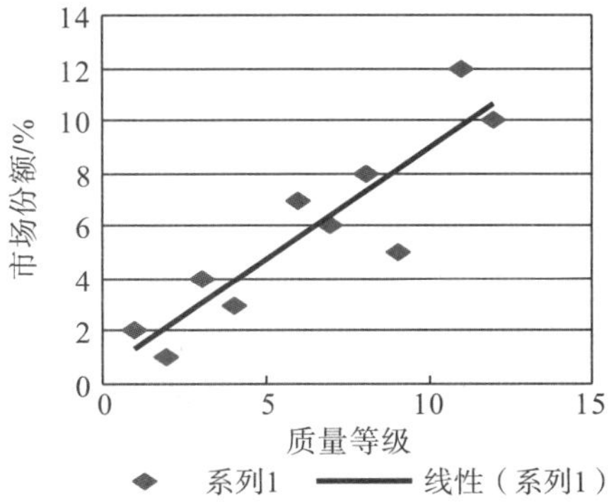

图 8-11　相关分析——散点图

结果表明，该产品质量等级与市场份额的相关系数为 0.900，假设检验的双尾概率 P 为 0.000，小于通常默认的给定显著性水平 0.05，所以我们可以拒绝原假设，认为该产品的质量等级与其市场份额之间有显著的线性相关关系，并且相关系数为正，表示正相关。

三、聚类分析

聚类分析(cluster analysis)，又称群分析、类分析或归类分析，是指依据某种准则对个体(样本或变量)进行分类的一种多元统计分析方法。其目的是把物体或人分成很多相对独立且较为固定的组，在每一组内，成员彼此之间在某方面具有极大的相似性，而在组与组之间却具有极大的差异性。

聚类分析分为 Q 型聚类分析和 R 型聚类分析。Q 型聚类分析是对样本进行分类，R 型聚类分析是对变量进行分类。实践中遇到较多的聚类问题是 Q 型聚类问题。例如，根据人们阅读刊物和参加业余活动等情况，将人们的兴趣划分为几类；根据学生成绩和办事效果等把学生的理解能力分为几类。

1. 聚类分析在市场调查中的应用

在市场调查中，聚类分析可用于以下分析。

(1) 市场细分。例如，可以根据游客购买某旅游产品的不同目的把游客分类，这样每个类别的游客在购买目的方面是相似的。

(2) 了解购买行为。聚类分析可以把购买者分类，这样有助于分别研究消费者的购买行为。

(3) 开发新产品。对产品与品牌进行聚类分析，把它们分为不同类别的竞争对手。同一类别的品牌比其他类别的品牌更具有竞争性。公司可以通过比较现有竞争对手，发现新产品的潜在机遇。

(4) 选择实验性市场。通过把不同城市分类，选择具有可比性的城市，检验不同的营销策略效果。

(5) 简化数据。聚类分析可以作为简化数据的工具，它所建立的分类数据或子类数据比个体数据更易于管理与操作。许多多元分析都是针对个类数据而非个体数据。例如，要描述消费者对产品使用行为的不同，可能要先把消费者分类，再通过多元判别，分析比较不同类之间的差别。

2. 聚类分析的基本步骤

聚类分析的基本步骤如图 8-12 所示。

(1) 确定问题，选取变量。首先确定待研究的市场问题和待分类的对象；随后选取分类所应依据的变量。一般说来，选择的变量应能够描述对象在所研究问题方面的相似性。变量的选择应建立在以往的研究、理论与假设基础之上，有时还要结合研究者的经验和直觉。通常，这些变量应该具有以下特点：①与聚类分析的目标密切相关；②反映要分类对象的特征；③不同研究对象上的值具有明显差异；④变量之间不应该高度相关。在选择变量时，要注意克服和避免“加入尽可能多的变量”这种错误倾向，并不是加入的变量越多，得到的结果越客观。有时加入一两个不合适的变量可能使得分类结果大相径庭。所以，聚类分析只须根据那些在研究对象上有显著差别的变量进行分类。

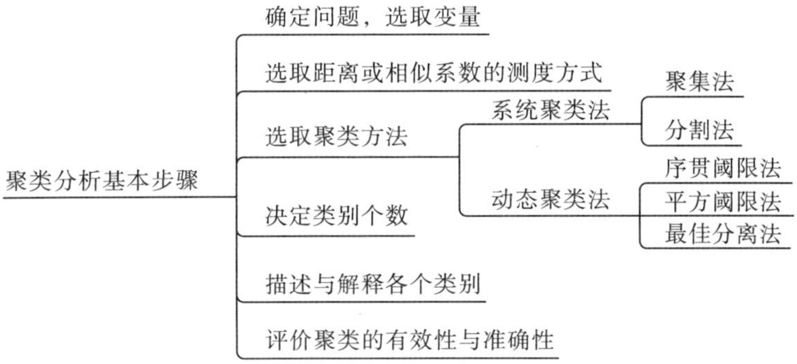

图 8-12　聚类分析基本步骤

(2) 选取距离或相似系数的测度方式。采用“距离”和“相似系数”等指标定量地描述研究对象之间联系的紧密程度，可以得到比较合理的分类。一般来说，在对样本(或个体)聚类时采用距离统计量，而对变量聚类时多采用相似系数统计量。假定研究对象均用所谓的“点”来表示，在聚类分析中，一般的规则是将“距离”较小的点或“相似系数”较大的点归为同一类，将“距离”较大的点或“相似系数”较小的点归为不同的类。

分别用 X 和 Y 表示 s 空间中的两个点，如果是对变量聚类，那么 X 和 Y 分别表示两个变量，其维数 s 就是样本量 n；如果是对样本聚类，则 X 和 Y 分别表示两个个体(样本点)，维数 s 就是聚类变量的个数 k。

常用的距离指标有欧氏距离(Euclidean distance)、欧氏距离的平方(squared Euclidean distance)、曼哈顿距离(Manhattan distance)等几种。目前，使用最多的是欧式距离的平方，即两个样本变量之差的平方和。用公式表示为

$$D(X,Y)=\sum(X_i-Y_i)^2 \tag{8-22}$$

(3) 选取聚类方法。选定了变量、确定了距离之后，下一步就是选取聚类方法。聚类方法分为系统聚类法和动态聚类法。系统聚类法也称为谱系聚类法或层次聚类法，是一种聚类过程可以用谱系结构(hierarchy structure)或树形结构(treelike structure)来描绘的方法，具体又可以分为聚集法(agglomerative clustering)和分割法(divisive clustering)两种。市场调查中主要运用聚集法。

聚集法是先将所有的研究对象(样本或变量)各自算作一类，将最“靠近”(距离最小或相似系数最大)的首先聚类；再将这个类和其他类中最“靠近”的结合，这样继续合并，直至所有的对象都合并为一类为止。分割法和聚集法的过程相反，首先把所有的研究对象归为一类，然后把最不相似的分为两类，逐步各增加一类，直到每个对象都自成一类为止。

聚集法又可分为 3 种方法，即平均连接法、离差平方和法和重心法。其中，平均连接法(average linkage)和离差平方和法(ward’s method)是效果最好的方法。平均连接法将两

个类之间的距离定义为所有分别来自两类中的元素对之间距离的平均值，并依此类间距选择最“靠近”的类来合并。它有两种形式，一种是组间连接法(between-group linkage)，另一种是组内连接法(within-group linkage)。离差平方和法的基本思想是，如果分类正确，同一类内元素的离差平方和应该较小，不同类之间元素的离差平方和应该较大。但是，离差平方和法要求元素之间的距离必须采用平方欧氏距离，它倾向于把元素数量少的类聚到一起，发现规模和形状大致相同的类。

动态聚类法也叫非谱系聚类法、逐步聚类法、K-均值聚类法、快速聚类法。它可分成序贯阈限法、平方阈限法和最佳分离法3种。

选择聚类方法时，一般所选的方法与所选的距离是有关的。例如，选用欧氏距离的平方时，一般就对应地选择离差平方和法；使用动态聚类法时也常常选用欧氏距离的平方。小样本的情况下，系统聚类法较为常用。大样本的情况下，动态聚类法较为常用，因为该类方法的速度比系统聚类法快。但是，动态聚类法也有两个明显的缺点：需要事先规定类别的个数，而且中心的选择带有随意性。为了综合两类方法的优点，建议两种方法“串联”使用，即利用系统聚类法(例如平均连接法或离差平方和法)先得到一个分类的初始解；然后将所得到的类别数和聚类中心采用动态聚类法(如最佳分离法)，再进一步分析，以找到较理想的结果。

(4)决定类别个数。对于类别个数的确定，并没有硬性的规定，但一般从4个方面来考虑合适的类别个数：①根据相关的理论或实践的需要来决定类别个数；②在系统聚类法中，类别的个数可以根据聚集过程或从树形图中所显示的合并距离来确定；③在动态聚类法中，类别的个数可以根据合计的类内变差与类间变差的比值随类别个数的变化来确定；④类别数的确定要看所分的类别是否具有实际意义。

(5)描述与解释各个类别。检验各类在各变量上的均值(可以借助判别分析)，为各个类别命名。有时也可以使用并没有参加聚类的变量对类别进行解释，可以通过方差分析与判别分析确定这些变量在不同类间是否显著不同。

(6)评价聚类的有效性与准确性。在接受聚类结果之前，必须对其有效性与准确性进行检验。下面的程序可以对聚类结果的质量予以检验：①使用不同的距离测度或不同的聚类方法对同样的数据进行聚类分析，通过比较结果来观察其稳定性；②把数据随机分为两份，分别进行聚类分析，比较其结果；③随机地删除一些变量，依据缩减的变量集进行聚类，然后将结果与依据完全变量集进行聚类的结果相比较；④在动态聚类中，聚类方法依赖于数据集中实例的次序，用不同的实例次序进行多次的聚类，直至聚类方法稳定为止。

下面举例说明如何使用SPSS进行聚类分析。

例如，以某地9个旅游景点的得分状况为例(满分10分)，如表8-25所示。

表8-25 某地9个旅游景点的得分表

旅游景点	水域面积得分	自然风光得分	建筑设施得分	人文活动得分
1	2	8	4	2
2	7	3	5	4
3	4	10	2	3

续表

旅游景点	水域面积得分	自然风光得分	建筑设施得分	人文活动得分
4	3	3	9	5
5	6	4	5	3
6	2	9	3	1
7	8	4	3	2
8	1	3	8	7
9	2	6	6	9

首先录入数据，如图 8-13 所示。

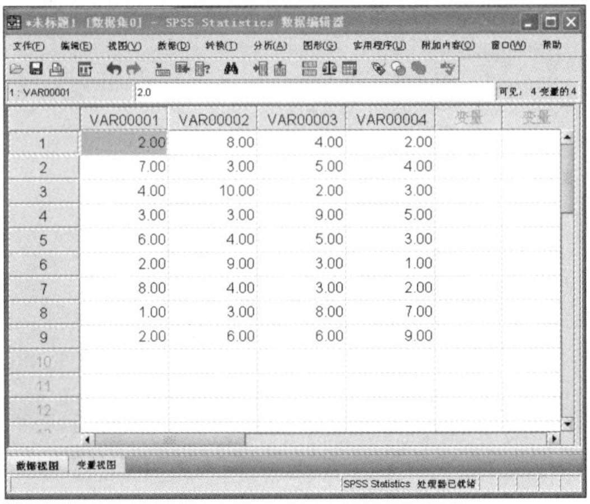

图 8-13 聚类分析——数据录入窗口

然后进行数据分析，依次选择“分析”“分类”“K-均值聚类”，如图 8-14 所示。

图 8-14 聚类分析——选择分析工具

如图 8-15 所示，将变量 1、2、3、4 选入变量框，同时填写聚类数。

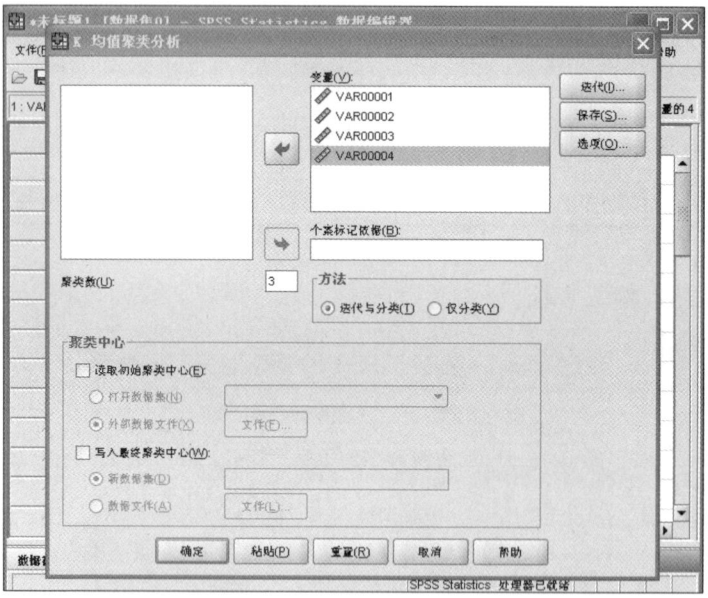

图 8-15 聚类分析——选择变量进入右侧分析列表

单击“保存”，弹出选择框。若选择“聚类成员”，则将每一个受测者所属的类别以一个新的变量加以储存；若选择“与聚类中心的距离”，则将每一资料点距离所属类别的中心点的距离以一个新的变量加以储存，如图 8-16 所示。

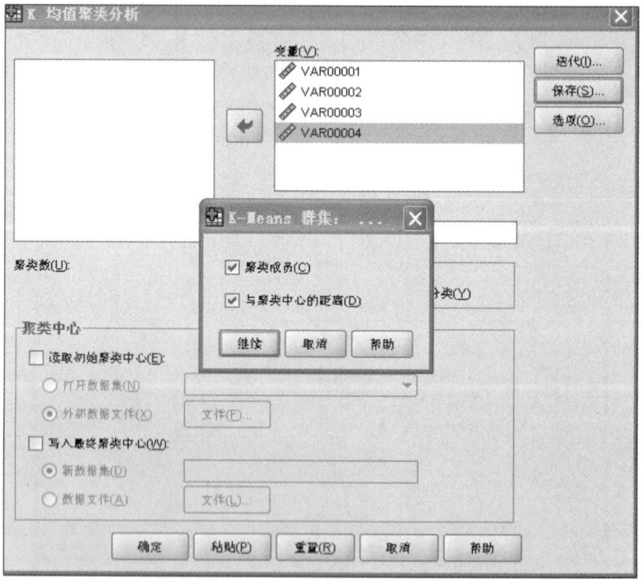

图 8-16 聚类分析保存对话框

最后，单击“确定”，输出结果(图 8-17)。

图 8-17　聚类分析结果

由于设定分类数为 3，所以系统会给出 3 个最初的聚类中心点(表 8-26)，经过重复迭代运算后可以得到最终的聚类中心点(表 8-27)，从图 8-17 中可以清楚地看到这 9 个旅游景点被分成了 3 类：第一类包括 4 号景点、8 号景点和 9 号景点；第二类包括 2 号景点、5 号景点和 7 号景点；第三类包括 1 号景点、3 号景点和 6 号景点。

表 8-26　初始聚类中心表

	聚类		
	1	2	3
VAR00001	1.00	8.00	2.00
VAR00002	3.00	4.00	9.00
VAR00003	8.00	3.00	3.00
VAR00004	7.00	2.00	1.00

表 8-27　最终聚类中心表

	聚类		
	1	2	3
VAR00001	2.00	7.00	2.67
VAR00002	4.00	3.67	9.00
VAR00003	7.67	4.33	3.00
VAR00004	7.00	3.00	2.00

四、判别分析

判别分析(discriminant analysis)是Fisher于1936年提出的。判别分析是判别样本所属类型的一种多元统计分析方法，就是在已知研究对象分为若干类型(组别)并已经取得各种类型的一批已知样本的观测数据基础上，根据某些准则建立起尽可能把属于不同类型的数据区分开的判别函数，然后用它们来判别未知类型的样本应该属于哪一类。本节介绍多元判别分析。

1. 判别分析的假设条件和一般模型

判别分析的基本要求和假设条件如下。

(1)分组类型在两种以上，且组间样本在判别值上差别较明显。

(2)组内样本数不得少于两个，且样本数比变量数至少多两个。

(3)所确定的判别变量不能是其他判别变量的线性组合。

(4)各组样本的协方差矩阵相等。

(5)各判别变量之间具有多元正态分布。

判别分析的一般模型(也称判别函数)为

$$Z = b_1 X_1 + b_2 X_2 + \cdots + b_n X_n \tag{8-23}$$

式中，Z为判别分数；b_n为判别系数或判别权数；X_n为自变量(也称预测变量或独立变量)。

2. 判别分析在市场调查中的适用范围

判别分析可以解答旅游市场调查中的许多问题，比如判断一个旅游景点的等级等。

3. 判别分析的基本步骤

判别分析的基本步骤如图8-18所示。

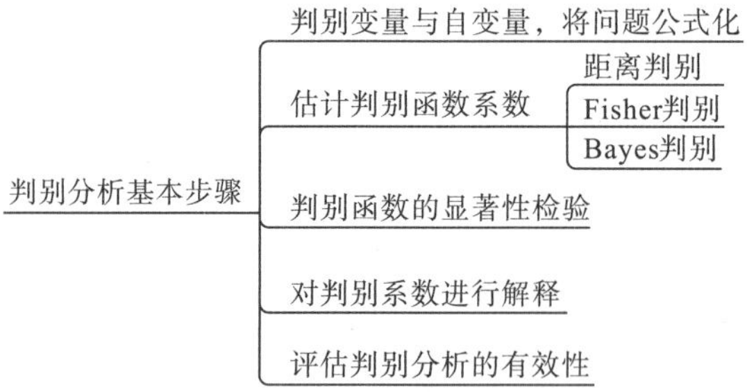

图8-18　判别分析的基本步骤

(1)判别变量与自变量，将问题公式化。首先要明确研究目的、判别变量与自变量。判别变量必须是分层变量，如果因变量是定距或定比变量，可以通过分层将其转换成分类变量。然后，把样本分为两部分，其中一部分称为分析样本(或称估计样本)，用于估计判别函数；另一部分称为验证样本(或称持有样本)，用来检验判别函数的有效性。通常，分析样本和验证样本的分布与总样本的分布应该是一致的。例如，总样本中包含 60%的忠诚顾客和 40%的非忠诚顾客，则分析样本与验证样本中也都应该有 60%的忠诚顾客和 40%的非忠诚顾客。

如果样本容量足够大，可以把样本平分为两部分。先由一部分做分析样本，另一部分做验证样本；然后互换角色，再分析一次，这种方法称为双重交互确认。此外，还可以重复多次判别分析，当然每一次样本的划分都不相同。这样经过多次实验，可以验证判别分析的有效性。

(2) 估计判别函数系数。分析样本确定之后就可以估计判别函数系数。根据判别准则的不同，判别方法有多种，这里仅介绍常用的距离判别、Fisher 判别和 Bayes 判别。①距离判别。首先根据已知分类的数据，分别计算各类的重心，即分组均值。判别准则是对于任何观测值，若它与第 i 次的重心距离最近，就认为它来自第 i 类。②Fisher 判别。其思想是投影，将 K 组 p 维数据投影到某个方向，使它们的投影组与组之间尽可能分开。它借助方差分析的思想来构造判别函数 $Y = c_1x_1 + c_2x_2 + \cdots + c_px_p$，其中判别系数确定的准则是使组间离差最大，组内离差最小。③Bayes 判别。假定研究者对研究对象已有一定认识，并已知各总体的先验分布。判别规则是新样本属于该总体的条件概率最大，有时也使用把新样本归于该总体错判的损失最小规则。

(3) 判别函数的显著性检验。如果估计的判别函数不具有统计上的显著性，也就是各组的判别函数的均值差异不显著，那么其结论也是没有意义的。可以建立假设，则原假设为：在总体中，所有组中的全部判别函数的均值相等。假如原假设被拒绝，则表明判别函数具有统计上的显著性，研究人员就可以对结果进行解释。在 SPSS 统计分析软件中，这种检验基于威尔克(Wilk)分布的 λ，根据 χ^2 变换，可以估计显著性水平。

(4) 对判别系数进行解释。对某一自变量而言，其系数值依赖于判别函数中其他自变量的系数值。判别系数的符号可任意表示，但必须说明哪些变量使判别函数值增大，哪些变量使判别函数值减小，而且这些变量应与特定的组相联系。

假如自变量间存在多重共线性，则判别分析中自变量的相对重要性便没有明确的衡量尺度。在自变量间不存在多重共线性的情况下，一种办法是通过比较标准化的判别函数系数绝对值，确定各个变量的相对重要性。通常，与系数绝对值较小的变量相比，系数绝对值较大的变量有着更大的判别能力。另一种办法是，通过检查结构相关矩阵来比较变量的相对重要性。这种方法也称为典型载荷法或判别载荷法。每个变量和判别函数之间的单相关系数代表变量和函数的同方差。

(5) 评估判别分析的有效性。如前所述，数据被随机分为分析样本和验证样本两部分，利用分析样本估计判别系数后，通过验证样本回代的准确率来判断其有效性。

用验证样本中自变量的值乘以通过分析样本估计出的判别式权重，就可获取验证样本中各实例的判别式得分，然后依据判别式得分和恰当的决策规则，就可将各实例划归到不同组中。根据分类矩阵对角线元素的总数和实例的总数，就能够确定击中比率，即实例被正确分类的百分比。

将根据判别分析获得的击中比率与根据机会分类获得的击中比率进行对比是有益的。当组的规模(大小)相等时，机会分类的击中比率为 $1/n$(n 为组的个数)。问题是，根据判别分析获得的击中比率比根据机会分类获得的击中比率高出多少，人们才可以接受分类结果。对此，目前尚未有统一的标准。但许多人认为，当根据判别分析获得的击中比率比根据机会分类获得的击中比率高出 25% 以上时，分类结果合理。

大多数判别分析方法都是依据分析样本来估计分类矩阵，因为这些判别分析法利用了数据中的机遇差异，因而分类结果总是好于依据持有样本而获得的分类结果。

五、因子分析

因子分析(factor analysis)是市场调查中的一种重要的数据分析技术。它是把多个变量转化为少数几个综合变量的多元分析方法，其目的是用有限个不可观测的隐变量来解释原始变量之间的关系。

在市场调查中，因子分析一般用于以下情况：①识别内在因子，用这些内在因子来表示一系列因子之间的相互关系，可以通过对一系列生活方式的句子进行评分的方法来衡量游客的心理状况，之后对这些评分进行因子分析，找出构成游客心理状况的主要因素；②以少数几个互不相关的新变量来取代原有的一系列存在相互关系的变量，供后续的多元变量分析使用(如回归或判别分析)，在识别出心理因子之后，这些因子可以用来解释忠诚游客与非忠诚游客之间的差别；③识别重要的变量，与因子相关度越高的变量越重要。

1. 因子分析的类型与基本模型

因子分析可以分为 R 型因子分析和 Q 型因子分析。R 型因子分析研究指标(变量)之间的相互关系，通过对变量的相关系数矩阵内部结构的研究，找出控制所有变量的公因子。Q 型因子分析研究样本之间的相互关系，通过对样本的相似系数矩阵内部结构的研究，找出控制所有样本的公因子。两者都是将观测变量(样本)分类，把相关性较高的变量(样本)分在同一类，每一类变量(样本)代表一个因子，以反映问题的一个维度。

因子分析需要建立数学模型。假如变量是标准化的，则因子分析模型可表示为

$$X_i = A_{i1}F_1 + A_{i2}F_2 + \cdots + A_{ij}F_j + V_iU_i \tag{8-24}$$

式中，X_i 表示第 i 个标准化的变量；A_{ij} 表示第 i 个变量在第 j 个公因子上的标准化的多重回归系数；F_i 表示第 i 个公因子；V_i 表示变量 i 在特殊因子之上的标准化的回归系数；U_i 表示变量 i 的特殊因子。

公因子可以表示为观测变量的线性组合：

$$F_i = w_{i1} + w_{i2} + \cdots + w_{ik}X_{ik} \tag{8-25}$$

式中，F_i 表示第 i 个因子的估计值；w_i 表示权重或因子得分系数；k 表示变量个数。

2. 因子分析的基本步骤

因子分析的基本步骤如图 8-19 所示。

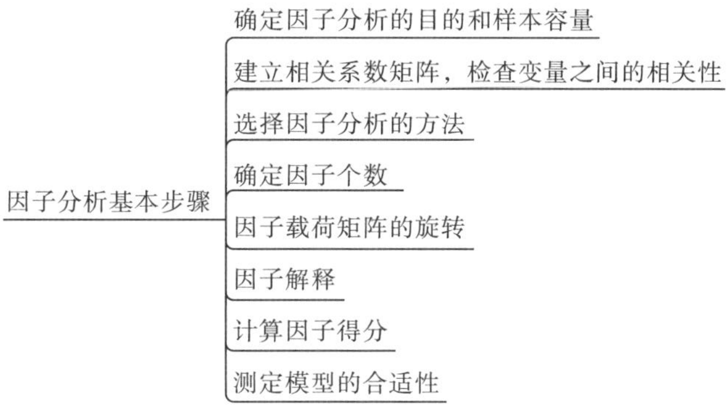

图 8-19　因子分析的基本步骤

(1) 确定因子分析的目的和样本容量。首先要明确研究目的，必须在前期研究、相关理论与研究者判断的基础之上，选择参与因子分析的变量，而且这些变量必须是定距或定比变量。同时，要保证一定的样本容量，一般样本容量至少应是变量个数的 4～5 倍以上。

(2) 建立相关系数矩阵，检查变量之间的相关性。因子分析建立在变量间的相关矩阵基础上的，通过检验相关矩阵，能够获得有价值的信息。如果变量之间的相关系数都很小，不宜采用因子分析。我们期望变量间高度相关，这样它们才会与相同的因子强相关。

标准的统计资料对于检验因子分析模型的适用性是有效的。Bartlett’s 球状检验能够用来检验原假设，即在总体中变量不相关，或总体相关矩阵是一个恒等式矩阵。在恒等式矩阵中，所有的对角线元素为 1，所有的非对角线元素为 0。Bartlett’s 球状检验统计量以相关矩阵判别式的 χ^2 变换为基础。若检验统计量的数值大，则意味着拒绝原假设；倘若原假设不能被拒绝，那么因子分析的适用性就会受到质疑。

另一个有用的统计量是 Kaise-Meyer-Olkin (KMO) 统计量，它是衡量提供的样本是否符合恰当的标准。KMO 统计量的数值小，说明变量两两之间的相关性不能被其他变量解释，因子分析技术可能不适用。

(3) 选择因子分析的方法。抽取公因子的方法较多，主要有主成分分析法、主轴因子法等。在主成分分析法中，需考虑数据总方差，相关矩阵的对角线元素是单位元素，总方差被代入因子矩阵。如果研究的主要任务是确定因子的最少个数，运用主成分分析法，被确定的因子能够解释在以后的多元分析中所使用数据的最大方差，因而称为主成分。不同于主成分分析法，主轴因子法重在解释变量的相关性，确定内部结构，而对于变量方差的解释相对不太重视，所以当研究的目的重在确定结构，而对变量方差的情况不太关心时可以使用主轴因子法。主成分分析和因子分析是两种把变量维数降低以便于描述、理解和分析的方法，除上述两种常用的公因子提取方法外，还有极大似然法、最小二乘法等方法。当主要任务是寻找潜在因子，并对这些因子进行解释的时候，更加倾向于使用因子分析，而如果想把现有的变量变成少数几个新的变量（新变量几乎带有原来所有变量的信息）来进入后续的分析时，则可以使用主成分分析法。

据研究，在样本容量很大，变量数也较大(>30)，并且所有变量都没有低共同度的情况下(>0.4)，不同方法的结果都大致相同。如果样本含量超过1500个，则极大似然法给出的因子载荷估计最精确。

(4)确定因子个数。在因子分析中，要确定最后宜保留的因子个数。许多方法可用来决定抽取因子的数量。实际应用中，人们借助一些准则来确定因子的个数，常用的有两种：①特征值准则。保留特征值大于1的主成分，放弃特征值小于1的主成分。因为每个变量的方差为1，该准则认为每个保留下来的因子至少应该能解释一个变量的方差，否则达不到精简的目的。②碎石检验准则。按照因子被提取的顺序，画出因子特征值随因子个数变化的散点图，根据图的形状来判断因子的个数。

(5)因子载荷矩阵的旋转。因子载荷指每一因子得分与其对应的各原始变量间的相互关系。因子载荷不仅反映变量是如何由因子线性表示的，而且反映因子和变量之间的相关程度。

尽管初始因子载荷矩阵也反映因子与观测变量之间的关系，但是由于它所形成的因子与很多变量相关，很难对因子做出解释。因此，需要对因子载荷矩阵进行旋转，在不影响共同度和解释的方差比例条件下，使某些变量在某个因子上的载荷较高，而在其他因子上的载荷则显著地降低，从而易于解释每个因子所代表的实际意义。因子旋转方法很多，最常用的是“方差最大正交旋转”，即通过正交变换，使各个因子负荷的方差达到最大，同时保持了因子之间的不相关性。

(6)因子解释。通过识别在同一个因子上有大载荷的变量，有助于对因子进行解释。

(7)计算因子得分。在对因子进行解释之后，如有必要，还需计算因子得分。通常，用与标准化的变量相结合的权重或因子得分系数来求因子得分系数矩阵。许多计算机程序可以计算出因子得分，但只有在主成分分析中，才可能计算出确切的因子得分。而且，在主成分分析中，因子得分是不相关的。在公因子分析中，可获得因子得分的估计值，但不能保证因子间不相关。

(8)测定模型的合适性。因子分析的一个潜在基本假设是，变量间被观测的相关系数可归因于公因子。因此，根据估计的变量和因子之间的相关系数，就能推断或复制变量间的相关系数。通过检查被观测的相关系数(已在输入的相关矩阵中给出)和复相关系数(根据因子矩阵估计得到)之间的差异，就能够测定模型的合适性，这种差异也称为残差。假如有许多大的残差，该因子分析模型就不适合对所给数据进行分析，模型必须重新予以考虑。

阅读材料：谈谈定量项目问卷的编码要求及原则①

定量项目是采用问卷形式来实现数据收集的，大量的回收问卷需要进行整理、汇总。

① 资料来源：http://www.3see.com/librarg/librargs/2004/11/15/173.html

问卷设计鲜有完全采用封闭题的，所以问卷编码成为不可缺少的流程，编码也是数据整理汇总阶段重要而基本的环节。编码就是通过给每个信息/观点一个数字代码，在同一道题目中，每个码仅代表一个观点，然后将其以数字形式输入电脑，将不能直接统计计算的文字转换成可直接计算的数字，将大量文字信息压缩成一份数据报告，使信息更清晰和直观。

问卷编码跟研究者、后期的录入软件都有一定的关联，因此也需要研究员、编码员、数据分析人员之间的良好配合。研究员在问卷编码中起着主导作用，并且应该在项目编码执行前，将完整的项目编码任务书发送给数据部和编码组。现将问卷编码中一些基础要求简述如下。

一、编码表的结构

编码表结构如图 8-20 所示。

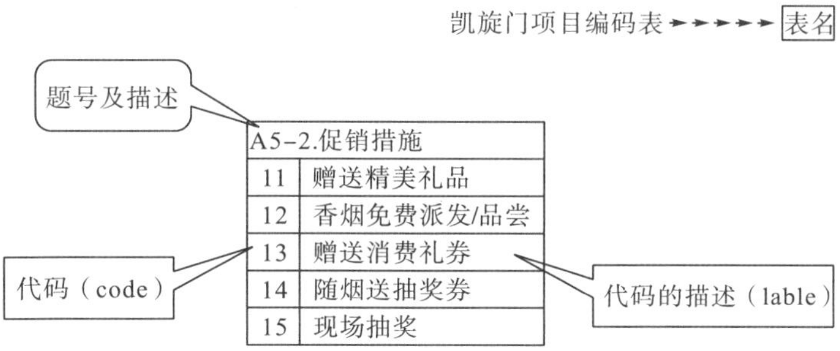

图 8-20　编码结构

二、不同题型的编码方法

编码主要针对的是问卷中的开放题和半开放题(半封闭题)，不同的题型有不同的编码方法。开放式调查问卷是指对问题的回答不提供任何具体的答案，而由被调查者自由回答的调查问卷。开放题的优点是可以使调查得到比较符合被调查者实际情况的答案，缺点是有时意见比较分散，难以综合。封闭题提供若干个固定答案，供调查者从中选择。封闭题的优点是便于综合，缺点是有时答案不能覆盖所有情况。因此，使用封闭题时必须把答案给全。所谓半开放题是指通常给出主要部分答案，而将未给出的答案用“其他”一栏表示，或留以空格，由被调查者自行填写。

(一)开放题

根据是否适宜编码、是否需要抄码，开放题可分为三种情况。

(1)有些广告(画面)回忆、心理描述等开放题不适宜编码：一是回答极为分散，会导致该题目的码特别多，通常情况下这种码表已经失去了编码的意义；二是含义复杂，难以汇总，而且浪费人力。这类题宜选择在 Excel 中按题目与问卷编号交叉抄录文字的方式。

例 1：如表 8-28 所示。

表 8-28　例 1

问卷号	F9.请用一句话来描述你曾经历过的最美好的事情
1101	让所有的朋友、亲人开心
1102	童年的无忧无虑
1103	被幸福围绕
1104	舒服的感觉
1105	拥有最难忘的友情
1106	找到了属于自己的方向
1107	爱了一个值得爱的人
1108	跟六个女生一起吵架
1109	第一次拉女孩的手

(2) 一些如品牌、型号、城市的开放题，因回答清晰，不必抄码，可直接进行编码。

例 2：如表 8-29 所示。

表 8-29　例 2

序号	Q12.你喜爱的三个旅游景点
1	长城
2	秦始皇帝陵博物院
3	故宫博物院
4	黄山
5	泰山
6	都江堰

(3) 一些如口味、满意度、促销等方面的题，应该提供编码表，编码表的来源有两种。

①原有码表再应用，包括两部分(一是标准码表，二是项目与以往的项目进行对比时，提供既往码表)。

例 3：如表 8-30 所示。

表 8-30　例 3

序号	D2.意见和建议
1	价格低/价格便宜
2	价格高
3	价格最好定在 5～6 元
4	降低价格至 5 元左右

续表

序号	D2.意见和建议
5	价格降低至 7～9 元
6	降低价格至 10 元左右
7	价格合理
8	价格大众化
9	价位多/全

②制定新编码表。

抄码：在确定码表前，通常将一定比例的问卷文字题内容抄录下来，然后提供给研究员制定码表，研究部门应在项目执行前确定抄码的问卷数量或比例。＜500 个样本抄样本总量的 40%(但至少抄 100 份问卷)；500～＜2000 个样本抄 30%；2000～＜10000 个样本抄 20%；≥10000 个样本抄 10%；也可根据具体情况进行调整。抄码时应该注意每个城市或问卷类别都要选取适量样本，还应考虑研究目的、配额等，或者根据项目及题项要求灵活确定。

初步建立编码表就是将所抄列的清单变成标准格式的过程，这一过程主要由该项目的研究员完成，最终码表由主要负责项目的研究员审定，必要时需给客户确认。

制定编码表和研究目的有很大关系，所以不能完全局限于回收的问卷内容，研究员须综合考虑多方面的情况。根据研究目的合并相同的答案；接近的码放在彼此接近的位置；正、反两种对应的答案尽量使用相对应的代码；“其他”/“无”/“没有”/“不知道”这样的答案通常放在编码表末位。

码表的编码督导需与研究员及数据部人员商定码表的结构及一些相关的逻辑性问题。对问卷出现的一些笔误或被调查者回答错误的答案，在确认的情况下进行修正；对不确定的信息需进行查证；对于一些关键性问题无法查证时，将问卷进行作废处理。

测试编码表需要在小范围内进行(30～50份)，以便码表得到修正，并使编码员充分地理解码表。测试中，在编码表归入“其他”的码需抄写出具体内容，并注明问卷号。

(二)半开放题(半封闭题)

(1)半开放题原则上在原有编码的基础上追加编码即可，不必抄码，原因是半开放题的编码设计已经含有研究员的一些码表思路，因此遵循研究员的思路继续往下编码即可。

(2)不建议在 Excel 中进行半开放题汉字录入，这样处理会给后期的数据处理带来很多麻烦。

三、编码的进行

编码就是根据编码表对问卷中的答案进行翻译的过程，包括开放题、半开放题(半封闭题)。

(1)编码员遴选：需选择有责任心、做事认真、有耐心、理解能力强的人。

（2）编码员培训。

①研究员、编码督导在完成编码沟通后，应共同对全体编码人员进行项目培训，使其了解项目调查的目的、术语及专业内容，目的是使编码员充分理解码表。全体编码人员还应了解与项目有关的背景资料，如广告测试片内容、产品名称及简介、概念卡内容、产品特点等。

②对编码员进行分组、实行题目责任制，尽量避免一个项目中途换编码员，以保证编码工作的一致性。

③编码员统一用红色笔将码号写在相应题目的空白处。

（3）编码原则如表 8-31 所示。

表 8-31 编码原则

出现情况	编码办法	进一步处理办法
（1）完整答案	■根据编码表编码	—
（2）笔误和错别字，但不影响内容的判别	■根据编码表编码	—
（3）不完整的答案，经过追问依旧没有给出完整答案的	■根据编码表，对表达出来的含义编码	—
（4）笼统答案，被追问后得到详细解释	■只对解释的答案进行编码	—
（5）意见不清楚或者答非所问、不合逻辑的答案	■不编码，但需记录问卷号、题号，编码员及时向编码督导反映	■编码督导需要和研究员、访问督导及时联系；确认处理办法 ■不确定的信息需进行查证；在确认的情况下需进行修正；对于一些关键性问题无法查证时需要作废 ■访问部需检查访问员是否在操作或者理解上有错误，访问员是否存在作弊行为
（6）在同一题中，有正反两个方面不同意见（如既有喜欢的意见，又有不喜欢的意见），完整答案同时存在	■需要对不同意见分别进行编码	—
（7）内容重复叙述或出现多个同义词	■只能当一个码来编：同一题中每个码只能用一次，包括“其他”码	—
（8）当一个意见在编码表上找不到合适的码时	■编码员不得私自加新码 ■编码员应向编码督导询问处理办法 ■编码督导根据该码出现情况，所抄列答案频次小于 3%的放入“其他”码 ■在编码表归入“其他”码需抄写出具体内容及问卷号	■在编码督导发现所抄列答案频次大于 3%的“其他”码时，需要与研究员协商解决（加入新码或编入“其他”） ■加码后需及时通知编码员及数据处理人员
（9）半开放题“其他”的处理	■确认写在“其他”位置的内容是否已出现在问卷所列出的选项中，若已有，则改回选项 ■若已按码表编完了码则应把问卷上“其他”的码号删除	—

（4）编码过程中的质量控制。

①编码员所编的前 20 份问卷需由编码督导进行 100%检查，以免后期编码工作出现失误；编码督导要随时抽查，发现问题及时解决。

②对于操作时间较长的项目，应分时间段地进行编码质量审查，每天复查比例可在 2%～10%。

(5)编码工作总结报告。

①编码结束后，编码督导应将最终的编码表给研究部及数据部各一份。

②编码督导汇总编码运作情况，包括各编码员的出错率、编码费用、所花时间比例、编码过程中出现的问题及解决方法等。

四、编码注意事项

(1)使用统一码表：无论是开放题还是半开放题，如果几道问题选项或答案内容相同、相近、类似，将这几道题目采用统一的码表，一是容易控制编码，二是给后期的数据处理、分析带来很多方便。在前期问卷设计时，对此就要有所考虑。

A4.请问，您通常在什么地方购买自用旅游纪念品？(复选)

B3.请问，您通常在什么地方购买用于商务场合摆放的旅游纪念品？(复选)

C4.请问，您通常在什么地方购买用于送礼的旅游纪念品？(复选)

对 A4、B3、C4 采用统一的码表，如表 8-32 所示。

表 8-32　对 A4、B3、C4 采用统一的码表

A4、B3、C4 旅游纪念品购买地点	
1	国营大型专卖店/连锁店
2	国营小型专卖店/连锁店
3	私营大中型零售店
4	小型私营零售店
5	大型商场/百货店
6	大中型超市/卖场
7	小超市/便利店
8	烟杂店/食杂店/士多店/小卖部
9	食品店/水果店/茶叶店
10	宾馆购物场所

(2)特定码的使用：通常将所有题目的“无/没有”统一编码为“98”；“不知道/不清楚”统一编码为“99”；项目本身另有要求的除外。

练　习　题

1. 编码时要注意什么问题？
2. 描述性统计分析的作用是什么？

3. 相关分析是研究两个变量之间的什么关系?
4. 如何选择聚类方法?
5. 在旅游年鉴上找自己感兴趣的数据，试用 SPSS 软件对其进行分析。

第九章　预测未来：旅游市场预测基本理论

本 章 概 要

➢旅游市场预测的含义、分类和程序
➢旅游市场预测的基本原理
➢旅游市场预测的内容和方法
➢旅游市场预测误差的分析

第一节　旅游市场预测概述

一、旅游市场预测的含义

市场预测就是运用科学的方法，对影响市场供求变化的各种因素进行调查分析，进而预测市场的发展趋势、市场的供求变化规律等，为经营决策提供可靠的依据。预测为决策服务，是为了提高管理的科学水平，减少决策的盲目性。通过预测，可以把握经济发展或未来市场变化的有关动态，减少不确定性，降低决策风险，使决策目标得以顺利实现。

旅游市场预测，是指在旅游市场调查和分析的基础上，以调查、统计资料和市场信息为依据，运用预测理论与方法，研究旅游市场发展的规律，分析旅游市场现象之间的联系及作用机制，揭示各类市场现象未来发展的可能途径和变化程度，预测旅游市场变化趋势，并做出估计与测算的过程，如旅游市场客源流向、流量预测、旅游企业的市场营销预测、游客人均消费预测、旅游企业产品的价格和利润预测等。

二、旅游市场预测的作用

实践证明，开展市场预测及预测的准确性对旅游目的地发展和旅游企业经营影响极大。旅游市场预测的作用体现在 4 个方面。

(1) 旅游市场预测是旅游企业搞好经营的前提，是科学制定发展战略和营销决策的依据。

(2) 旅游市场预测可促使旅游企业产品更新换代，任何一种产品都有生命周期，通过预测，我们可以知道产品目前处于哪个阶段，便于企业采取相应的措施。

(3) 旅游市场预测有利于提高旅游企业的竞争力，市场动态决定旅游企业的生存和发展，而市场又瞬息万变，只有通过必要的市场预测，掌握旅游市场需求的变化、竞争者的状况及发展趋势，才能不断增加销量，提高市场占有率。

(4) 旅游市场预测可以减少旅游企业经营的盲目性，减少经营风险，市场在蕴含巨大机会的同时，又具有极大的不确定性，企业可以根据历史信息资料预测产品供给和需求发展的趋势，降低市场不确定性带来的风险。

三、旅游市场预测的种类

随着国民经济的发展和社会购买力的提高，旅游市场需求不断增长，人们对旅游产品的质量也提出了更高的要求。为了充分发挥旅游市场信息的反馈作用，使旅游营销活动适应市场需要，旅游市场预测工作必须做到经常化和多样化。因此，要想使旅游市场预测及时反映市场发展变化的实际，就必须进行多种类型的预测。

旅游市场预测包括供给量和需求量的预测。但不论是旅游市场供给还是需求，又都是具体的一定地区和时间的旅游需求。根据需要，旅游市场预测可以按照时空属性进行划分。

1. 按时间层次划分

按时间层次划分即根据预测期进行划分，可分为长期预测、中期预测、短期预测。

(1) 长期预测，指对五年以上旅游市场发展前景的预测，是战略性预测，也是制定长期规划的依据，多适用于市场需求较稳定的旅游产品。

(2) 中期预测，指对一年以上、五年以下的旅游市场发展前景的预测，是制定中期计划的依据。

(3) 短期预测，指对一年以下的旅游市场发展变化的预测，是经营决策的依据，适用于市场需求变化快的旅游产品，使旅游企业及时调整营销战略，迅速适应市场需求的变化。

2. 按预测的空间范围划分

旅游市场预测按空间范围可分为国际旅游市场预测、国内旅游市场预测、区域旅游市场预测和本地旅游市场预测。

(1) 国际旅游市场预测，是以世界范围内旅游市场的发展动态和趋势为对象的预测。

(2) 国内旅游市场预测，是对全国旅游市场需求的发展变化及其趋势的预测，目的是指导目的地和企业的发展方向，调节供需关系。

(3) 区域旅游市场预测，是对某区域的旅游市场需求及发展前景的预测，如对珠三角地区的旅游需求预测，以便为该区提供适销对路的旅游产品和进行有针对性的营销。

(4) 本地旅游市场预测，是对本地的旅游市场需求及其发展趋势的预测，以便更好地提供本地旅游产品，组织合适的旅游活动和促销，满足市场需求。

3. 按预测的性质划分

旅游市场预测按性质可分为定性预测、定量预测以及定性与定量预测相结合 3 种类型。

(1)定性预测，指通过对市场的调查研究，了解实际情况，凭自己的实践经验、理论水平和业务水平，对市场发展前景的性质、方向和程度做出预测。

(2)定量预测，指根据历史和现实的统计数据和市场信息，运用统计方法和数学模型，对市场未来发展的规模、水平、速度和比例关系进行分析测定。

4. 按预测的对象划分

旅游市场预测按预测的对象可分为客源地市场预测、目的地市场预测和出境游市场预测 3 种。

四、旅游市场预测的程序

要使预测结果有应用价值，在进行市场预测的时候必须严格按照市场预测的科学步骤，有计划、有目的地进行。一项正式的旅游市场预测通常包括 4 个阶段：准备阶段、实施阶段、预测结果的验证及提交预测报告。整个预测过程大致有以下步骤：明确预测目标，收集、处理及分析相关资料，选择预测方法，建立预测模型，做出预测，预测结果分析和评价，提交预测报告(图 9-1)。

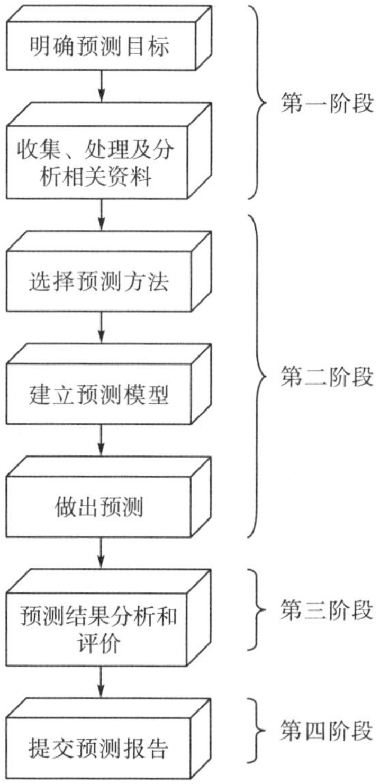

图 9-1　市场预测程序基本框架

1. 明确预测目标

明确预测目标是开展市场预测工作的第一步。预测目标明确，预测工作才能做到有的放矢。①明确预测的目的和要求，包括预测对象、空间范围和时间要求等；②开展目标分析，运用系统观点，逐步把握目标和外部环境之间的依存关系，这样有益于辨明预测目标的主要变化特征和影响因素；③在基本掌握预测目标变化机理的基础上，搜集资料，选择合适的预测方法；④通过目标分析，明确预测目标及研究的相关内容，为资料搜集、预测的方法选择指明方向。

2. 收集、处理及分析相关资料

进行市场预测必须充分研习所有资料。在市场预测中可以利用各种调查方式获取第一手资料，也可以利用各种渠道获取第二手资料，或者二者结合。预测所需资料包括预测对象相关历史和现实资料，影响预测对象发展的各种因素的历史和现实资料。之后，对搜集的资料进行综合分析，并经过判断、推理、概括，使感性认识上升为理性认识，由现象深入本质。

在搜集资料的过程中一定要注意全面性、适用性和可靠性。资料搜集不全面、不系统，会严重降低预测质量。但也不可漫无目的地搜集资料，那样不仅费时费力，而且会因资料过多，缺乏重点，给预测工作带来麻烦，降低预测质量。为此，要认真辨别资料的真实程度和可用程度，剔除不真实资料，减少预测误差。

3. 选择预测方法

在实际预测活动中，如果只要求预测旅游市场的发展趋势，定性预测即可满足需求。如果要求预测一个具体数据，就必须要用定量预测方法。如果预测目标用于战略决策，一般采用适合中、长期的预测方法；如果预测目标用于旅游企业策略性决策，一般采用近、短期的预测方法。

另外，在选择预测方法时要考虑现有的条件和基础，必须建立在切实可行的基础上。总之，预测方法的选择取决于人们对预测对象发展过程规律的认识，认识得越深刻，则选择的预测方法越能反映目标的真实性，预测质量也就越高。现在通常采用多种预测方法相结合的方式，通过各种方法的相互补充来提高市场预测的精度。

4. 建立预测模型

一般来讲，定性预测时可以采用经验判断法、德尔菲法等，定量预测时则需建立数学模型。在建立预测模型时要注意模型的简单化，需要强调的是，预测精度与模型的复杂程度并不成正比，并且简单的模型更容易被理解和接受。在应用模型时要对其进行必要的检验，如果不够合理，必须及时修正。

5. 做出预测

做出预测是在选择预测方法、建立预测模型的基础上，利用已经获得的资料，根据对未来的了解分析，推测(或计算)预测目标的可能水平和发展趋势，进而做出分析与评估，最终得出预测结果。

6. 预测结果分析和评价

得到预测结果以后要对预测结果的准确性和可靠程度给出评价。分析预测结果一般通过分析误差实现，分析的目的不在于消除误差，因为预测误差不可避免，其目的在于减少误差，提高预测精度。

7. 提交预测报告

提交预测报告是市场预测工作的最后一步。预测报告的主要内容需要概括预测研究的主要活动过程，也就是对步骤1～6的说明，表述应尽量使用直观、易懂的数据和图表。

第二节　旅游市场预测原理

一、基本原理

任何客观存在的事物都有其活动规律，所谓规律，是事物之间的内在必然联系，是事物发展的必然趋势。规律是客观的，不以人的意志为转移。旅游市场也有规律，并且这些规律是可以被发现、认识和掌握的。只要掌握了客体的发展变化规律，就能对未来发展变化做出正确分析、预见、估计和判断，预测结果就是可信的。

(一) 连续性原理

一切事物的发展都符合规律的连续性，现在的情况由过去发展而来，是过去情况的延续，未来的情况由过去和现在发展而来，是现在的延续。如果没有足够强大的外部力量可以改变预测对象的运动规律的话，那么预测对象未来的发展就会延续原来的发展状态，遵循既有的规律；如果具有足够大的外部影响因素，预测对象的惯性被破坏，则可以通过分析外部影响因素的性质、变化方向及强度，对其进行预测。

(二) 因果性原理

原因和结果是揭示客观世界中普遍联系着的事物所具有的先后相继、彼此制约关系的一对范畴。因果关系作为客观现象之间引起与被引起的关系，是客观存在的，并不以主观意志为转移。因此，作为原因的某一现象发生，作为结果的另一现象必然出现，不同的客观对象之间只要存在因果关系，便可从已知的原因推断出未知的结果。客观事物之间联系的多样性决定了因果联系的复杂性，在预测中运用因果性原理，要通过科学的分析，找出经济现象之间的因果联系，由因推果，预测市场的必然趋势。

(三)统计性原理

预测事物的发展变化不能仅仅依据几次观察结果或少量的数据，因为这样所得到的结果往往具有随机性和偶然性，而多次的观察或大量的数据也无法直接得出其内在规律。但是，建立在概率论基础上的数理统计原理和方法，可以把这一切用统计表或图文的形式表现出来，方便预测者观察和分析，也就是使预测对象的内在规律呈现出来，这也是定量预测方法和预测公式的基础。统计性原理就是从偶然性中揭示必然性所遵循的统计规律。预测者对历史数据进行分析，每一个历史数据虽然都具有偶然性，但通过统计理论的科学分析，可找出其必然性，也就是预测对象的规律，最终运用这种规律来推断预测对象未来的发展趋势。

(四)供需平衡性原理

旅游市场预测也是基于供需平衡的基本原理，就现阶段而言，旅游供需矛盾主要依靠价值规律的作用进行调节，通过价格机制达到市场均衡。在旅游市场上，当某种产品供不应求时，该旅游产品的价格就会上升，从而抑制需求量，而供给量同时也会增长，直到供求大体相当为止，反之亦然。

旅游供需存在着多种矛盾，如数量矛盾、结构矛盾、质量矛盾等。数量矛盾是指旅游接待能力与同时期旅游购买能力的矛盾；结构矛盾是指旅游供求在构成上的矛盾，主要表现在旅游供给的内容、档次、方式等与旅游需求不相适应；质量矛盾则主要表现为游客对旅游产品的期望与实际的旅游供给之间的差距。

1. 旅游供给影响因素

旅游供给是指一定时期内旅游目的地和旅游企业在各种可能的价格下愿意并能够向市场提供的旅游产品的数量，具体包括旅游业经营者向游客提供的旅游资源、旅游设施和旅游服务等。

(1)旅游生产要素的价格。旅游生产要素的价格直接影响旅游产品成本，尤其对旅游产品这样一个包含食、住、行、游、购、娱等多要素在内的产品来说，各种要素价格的变化必然影响供给的变化。通常，在旅游产品价格不变的情况下，若生产要素的价格提高，就会导致产品成本增加，减少企业利润，供给量也随之减少；反之，要素价格降低，则会刺激供给量增加。

(2)人力资源。旅游目的地或旅游企业的从业人数影响旅游服务的供给规模。通常，旅游从业人数越多，可服务的游客就越多。而服务人员素质影响旅游供给的质量和目的地对游客的吸引力，服务人员素质越高，游客对旅游目的地的满意度越高，越容易形成良好的口碑，从而越具有吸引力。

(3)社会经济发展水平。旅游资源的开发，需要雄厚的经济实力做后盾。在国际旅游高度发展的大趋势下，很多国家都大力开发旅游业、扩充旅游规模。发达国家经济实力雄厚，科技水平高，具有扩大旅游供给的物质基础和现代化手段，只需较小的投入就可生产出较多、较好的旅游产品。发展中国家发展水平低，基础设施薄弱，生产手段落后，若要开发旅游资源，扩建旅游设施，增加供给量，必须投入大量的人力、财力和物力，不但生产周期长，产品的质量也较差。如果旅游基础设施的质与量无法保证，就会严重影响旅游供给。

(4) 旅游环境容量。环境容量包括自然和社会环境容量，它决定旅游供给的规模和限度，如果不顾旅游地的自然条件和社会状况，超量接待游客，不仅会造成自然环境的破坏和污染，而且会引起当地居民的不满，甚至会引发社会问题，同时还会导致旅游产品质量下降，影响旅游产品的市场吸引力。

(5) 旅游经济方针和政策。政府对旅游业发展的支持力度会直接影响该地区的旅游供给。特别是有关旅游发展的战略与规划，扶持和鼓励旅游发展的各种税收、信贷和投资政策等，直接影响旅游供给的数量、质量、规模和结构。例如，税收政策和税率直接影响旅游供给量，政府如果降低旅游企业的税率或者减免旅游商品的进口关税，就会提高企业利润，促进旅游供给量的增加；相反，政府如果提高税率或进口关税就会导致旅游供给量的减少。再如投资政策的影响，旅游业的发展需要大量的资金，政府往往通过财政补贴或低息贷款等方式加大旅游业的投资力度，以此来刺激旅游供给量的增加。各国旅游业发展的历程表明，政府采用补贴、贷款等方式加大旅游企业的投资力度，对旅游供给量的增加具有相当大的作用。

(6) 旅游生产者、经营者的心理预期。除上述客观因素外，旅游生产者、经营者的心理预期对旅游供给也有一定影响，如果旅游生产者、经营者对旅游业前景看好，就会增加旅游供给，如果对旅游业前景看淡，就会减少供给。当然，旅游生产者、经营者的心理预期等主观因素归根结底也受客观条件影响。

2. 旅游需求影响因素

旅游需求是指在一定时期内人们愿意并能够以一定货币购买旅游产品的数量。简言之，就是游客对旅游产品的需求。旅游需求除了受旅游动机、可自由支配收入、闲暇时间和可达性的直接影响，还在政治、经济、文化、法律、自然、社会等各种因素的影响下形成一种复杂的社会经济现象。

(1) 人口因素。人口是影响旅游需求的基本因素之一。人口的数量、素质、分布及构成对旅游需求产生着重要的影响，如总人口、人口增长速度、城乡分布、人口密度、年龄结构、性别结构、家庭结构等，这些因素均影响不同的旅游需求规模和结构。

(2) 闲暇时间。闲暇时间指人们扣除工作时间、睡眠时间、其他基本需求满足之外剩余的时间。换句话说，闲暇时间是指个人不受其他条件限制，完全根据自己的意愿去利用或消磨的时间。国家法定节假日时，居民闲暇时间较多，其旅游需求相对较大。

(3) 旅游资源因素。旅游资源是一个国家或地区的自然风貌和社会发展的重要体现，表明该国或地区自然、社会、历史、文化及民族的特色，会对生活在其他国家或地区的人产生吸引力。

(4) 距离和交通因素。旅游需求与客源地和目的地之间的距离成反比。距离越远，所需要的时间越长，交通费用越多。但随着大型民航客机、高速列车等现代化交通运输工具的产生，人们出行更加便捷，可达性大大提高，特别是远程旅游和国际旅游，游客在旅游活动中，空间移动更加舒适、方便和安全，这有效地刺激了人们的旅游需求，也促进了旅游业不断发展。

(5)经济因素。没有丰富的物质基础和良好的经济条件，旅游需求便不可能产生。因此，国民经济发展水平、人民生活水平、旅游产品价格、外汇汇率等都直接或间接地影响旅游需求的规模及结构。根据国际经验，当一个国家的人均GDP处于800～1000美元时，居民将普遍产生国内旅游动机。

(6)社会文化因素。不同国家具有不同的文化背景，其价值观、风俗习惯、语言文字、宗教信仰、美学和艺术等方面都存在差异，也会影响其对旅游产品的需求。

(7)政治法律因素。政治稳定、法律法规完善是激发与促使旅游需求不断增加的重要因素。旅游接待国政治稳定、治安良好，对该国的旅游产品需求就多；反之，需求量就少。旅游目的地有关法律、法规及执行情况，也对旅游需求产生直接或间接的影响。

(8)突发事件和重大事件的影响。一些突发事件或重大事件对旅游需求的影响也是非常重要的，如2003年的严重急性呼吸综合征(severe acute respiratory syndrome，SARS)事件，导致我国入境游客人数减少了22.38%，2001年中国申奥成功，提高了中国在世界的知名度，吸引了世界众多游客的目光，促进了中国入境旅游事业的发展。

二、旅游市场预测的基本要素

旅游市场预测从确定预测目标、收集整理资料、选定合适方法，到对预测对象的发展变化进行分析、对未来的发展变化态势和前景做出判断，构成一个完整的预测过程。这个过程包括4个基本要素，即理论要素、数据要素、方法要素和判断要素。

1. 理论要素

任何一种预测都需要相关理论做指导，市场预测是一种经济分析过程，在质和量的分析过程中尤其受到经济理论的影响。发端于经济发达国家的一些宏观经济预测理论和方法，常常以西方经济学的主要理论为依据，如凯恩斯经济学的国民收入理论、后凯恩斯主义的经济发展理论等。微观经济预测以微观经济理论为依据，如新古典学派的厂商理论、供求理论以及生产函数理论等。除经济理论，微观经济预测还受到心理学、社会学等理论的指导。

2. 数据要素

市场预测必须大量收集社会经济发展的历史统计数据和当前市场的发展动态。无论是定性预测，还是定量预测，都是以大量的数据信息为基础。

3. 方法要素

市场预测的质量不仅与所使用的数据信息有关，而且同选用什么样的方法密切相关。预测既是科学，又是艺术，预测方法是科学的，但选用哪种方法却是一种艺术。为保证预测过程及预测结论的科学性，必须掌握科学的预测手段和预测方法。

4. 判断要素

预测信息的选用、预测方法的选择、预测结果的推断、预测值的合理性和可靠性评价等，都需要运用判断要素，没有准确的判断，就没有准确的预测结果。

第三节　旅游市场预测内容和方法

一、旅游市场预测内容

1. 旅游市场环境预测

旅游业是一个高度敏感的行业，受环境因素影响较大，因此需要采用市场预测的方式分析环境变化所带来的机会和威胁，分析企业的优势与劣势，预测国际、国内和地区的旅游市场发展态势。

2. 旅游市场需求预测

旅游市场需求预测是指对特定时空内的市场需求量、需求水平、需求结构、需求变动因素进行的预测。一般来说，市场性质和层次不同，市场需求预测的内容和方法也有所不同。旅游市场需求预测包括 3 个方面。

(1) 市场潜力预测。对某项旅游产品在市场上的最大销售潜力的预测。

(2) 销售预测。对今后一定时期内最接近的销售水平的预测。

(3) 市场需求饱和预测。预测从现在起，需要多少年，某项旅游产品在特定市场达到饱和需求量。

3. 旅游市场供给预测

旅游市场供给预测是指对特定时空内的市场供应量、供应水平、供应结构、供应变动因素等进行分析预测，包括供给能力预测和旅游业发展能力预测等。

二、旅游市场预测方法

旅游市场预测的方法很多，按预测方法的性质可分为定性预测法、定量预测法和组合预测法。

1. 定性预测法

定性预测法是预测者根据自己挖掘的实际信息，结合专业知识、实践经验，对未来市场发展的性质、方向和程度进行预测分析和推断的方法。这种方法依赖预测者的经验、业务水平及分析判断能力，适用于难以定量的预测。定性预测法主要有德尔菲法、头脑风暴法、主观概率法、经验判断法、类推法、因素分析法、简单推算法等。对于旅游市场而言，常用的有经营管理人员意见调查预测法、销售人员意见调查预测法、旅游交易会和博览会调查预测法、旅游消费者购买意向调查预测法、德尔菲法等。

定性预测法的主要优点是：具有一定的综合性和科学性；所需的数据少、时间快、费用少、简便易行；能考虑到无法定量的因素。但是，定性预测法易产生主观片面性，经验判断具有一定的局限性，且难以估计预测结果的误差。

2. 定量预测法

定量预测法是根据准确、及时、全面的调查统计资料，运用统计方法和数学模型，对旅游市场未来发展的速度、规模、水平的测定。定量预测法主要包括时间序列预测法和因果预测法两类。

(1)时间序列预测法。时间序列预测法是根据事物发展的惯性规律和连续性原理，将预测目标的历史数据按照时间的顺序排列为时间序数，然后分析其随时间变化的趋势，找出时间序列变动规律，外推预测目标的未来值。常用的有移动平均法、指数平滑法、趋势延伸法、季节指数法等。

时间序列预测法的主要优点是，只要利用历史统计资料，就能进行预测，简便易行，节约费用。但也存在一定的缺点，它只关注预测目标与时间的关系，而忽视其他因素的影响，有一定局限性。

例如，某旅游企业当年接待了 20000 人，想预测明年 12 月份的旅游接待人数。长期发展趋势表明，该企业接待人数的年增长率为 5%，即明年的旅游接待人数为 21000 人。预计明年的业务可能不景气，总接待量只会达到期望接待量的 90%，即明年的可能接待人数为 18900 人，每月平均接待人数为 1575 人，而 12 月份是旅游淡季，该月接待人数低于月平均数，其季节指数为 0.6，因此 12 月份该企业接待游客人数为 945 人。

(2)因果预测法。因果预测法依据的是事物的相关性原理，从事物发展变化的因果关系出发，通过研究自变量与因变量之间的相关关系，建立表达两者关系的数学模型，通过输入自变量数据，预测因变量的发展趋势。根据自变量与因变量之间关系拟合的直线或曲线称为回归直线或曲线，表现这条直线或曲线的数学公式叫回归方程。常用的有回归分析预测法、计量经济模型预测法、多元统计分析预测技术、投入产出法等。

因果预测法的优点是，能够从现象之间的因果关系出发，由因推果，预测结果有根据，可靠性比较强，预测精度较高。但因果预测法也有局限性，主要表现在模型估计与检验的工作量大，模型所描述的经济结构关系不能完全等同于未来的经济结构关系，故模型的应变性较差。

3. 组合预测法

组合预测法是在由各种预测方法得到结果的基础上，再经过等权组合或者不等权组合，求出最终预测结果。组合预测法有五种情况：①多种定性预测法的组合；②多种时间序列预测法的组合；③多种因果预测法的组合；④时间序列预测法与因果预测法的组合；⑤定性预测法、时间序列预测法、因果预测法的组合。实践研究证明，组合预测能极大地提高预测的精度。

第四节　旅游市场预测误差

一、预测误差的含义及产生原因

1. 什么是预测误差

预测误差是指预测的理论估计值同历史观察期的实际发生值之间的差异。理论估计值是将建立的预测模型用于对观察期的预测目标值做出的推算。由于预测期内的旅游行为尚未发生，无法通过理论估计值同预测期内的实际值做比较来判断预测误差，故而只能用理论估计值与观察期内的历史数据做比较，近似地描述预测误差。可见，所谓预测误差实际上是预测模型的理论误差，而不是市场预测值在预测期内应验的误差。预测误差是衡量预测精度的重要指标，它可为选择合适的预测方法和调整预测模型提供重要依据，同时也是分析预测结果、编制预测报告的重要依据。预测误差与预测的准确程度成反比，预测误差小，预测的精确度高，反之则精度低。

2. 预测误差的产生原因

(1) 随机因素的影响。任何预测都不会是十全十美的，都会受偶然因素的影响。目前，学界对于偶然突发性因素影响导致的趋势偏离，已提出了初步的解决办法，但仍难以做出精确估计。

(2) 预测者对预测对象及其所处环境认识的局限性。预测对象未来发展趋势的影响因素十分复杂，预测者对其不可能、也没必要完全把握。另外，市场供需关系等诸多规律性的显示有一个过程，当这种规律性未充分显示，或未能充分显示在人们认识之前，人们也很难遵循这种规律性准确地预测未来市场。

(3) 预测资料的影响。预测所用调查资料的准确程度直接影响市场预测结果的精确度。影响调查资料失真的原因很多，主要原因有 4 个。

①观测失真。统计表格设计不准确，表达不严密，都会导致数据不准或不全。

②抽样失真。多数情况下，调查对象的确定采用抽样方法。但抽样过程中，受各种主客观因素影响，调查资料将会失真。

③计算误差。出现计算误差的情况有两种，一是对搜集的统计数据归口计算产生的误差；二是统计资料加工处理时对数据尾数取舍产生的误差。

④时滞误差。在搜集调查资料时，许多指标要求在时间上一一对应，但实践中很难完全做到。随时可能出现的时滞也是误差产生的重要原因。

(4) 预测模型的非精确性。预测模型只将主要的影响因素确定为变量，忽略了若干次要变量，这意味着建模无法十分精确地反映预测对象系统的真实情况，而只能近似反映。另外，各变量的关系也难以确定，通常以加权的方式来数量化，但仍不准确。

(5) 预测方法的局限性。从预测方法选择的影响因素分析，不难理解，预测方法的选择是件很细致的工作，预测方法不同可能导致对同一目标的预测结果产生巨大偏离。每一种预测方法都有各自的特点和局限性，所包含的信息量和信息价值也不同。

二、预测误差的分类与测定

1. 绝对误差(absolute error)

绝对误差(e)可定义为预测理论估计值($\hat{y}$)同历史观察期内同一时点的实际值(y)之间的偏差，可用下式表达：

$$e = y - \hat{y} \tag{9-1}$$

2. 相对误差(relative error)

相对误差(E)是指用百分数表示的相对于历史观察期内实际值的误差量，表达式为

$$E = \frac{y - \hat{y}}{y} \times 100\% = \frac{e}{y} \times 100\% \tag{9-2}$$

3. 平均绝对误差(mean absolute error，MAE)

平均绝对误差是各期误差绝对值的算术平均数，用以表明各期实际观察值与各期预测值(或理论值)的平均误差水平，其计算公式为

$$\text{MAE} = \frac{1}{n}\sum_{i=1}^{n}\left|e_i\right| = \frac{\sum_{i=1}^{n}\left|y_i - \hat{y}_i\right|}{n} \tag{9-3}$$

式中，e_i代表第 i 期的误差；n 代表历史时期数；y_i代表第 i 期历史观察值；$\hat{y}_i$代表第 i 期预测模型计算值。

4. 标准误差或根均方误差(root mean square error，RMSE)

RMSE 用以表明各期实际观察值与各期预测值(或理论值)的平均误差水平，其计算公式为

$$\text{RMSE} = \sqrt{\frac{1}{n}\sum_{i=1}^{n}e_i^2} = \sqrt{\frac{\sum(y - \hat{y})^2}{n}} \tag{9-4}$$

5. 综合相对误差

综合相对误差是标准误差与各期实际观察值的平均数($\overline{y}$)对比而得到的比率，综合相对误差越小，预测的精确度越高，计算公式为

$$\text{综合相对误差} = \text{RMSE}/\overline{y} \times 100\% \tag{9-5}$$

三、提高预测精度的途径

预测误差的存在不影响预测结果的科学性，但应努力减少误差，提高预测精度。提高预测精度，有以下途径可循。

1. 重视数据资料的处理

通过各种途径收集的数据资料，有些是可靠的，有些则不然。我们要对资料去粗取精、去伪存真，科学、可靠的数据才能用来进行分析预测。

2. 重视定性与定量预测方法的组合应用

任何方法都有局限性，定性分析与定量分析具有很好的互补性，在分析预测时如能把这两类方法结合起来应用会提高预测的精度。

3. 重视对突发事件和重大事件的影响分析

外界环境因素突变对预测目标的影响往往表现为预测目标的变化出现转折点，从而使预测产生较大误差。因此，预测人员要充分关注突发事件，使预测更加准确。

练　习　题

1. 如何理解旅游市场预测？
2. 简述旅游市场预测的类别。
3. 简述旅游市场预测的步骤。
4. 简述旅游市场预测的原理。
5. 简述旅游市场预测的方法，分析不同方法的优缺点。

第十章　预测未来：时间序列预测的应用

本章概要

➢时间序列的预测模式
➢传统时间序列预测的类型及应用
➢现代时间序列预测的类型及应用

第一节　时间序列概述

时间序列是变量依一定的时间间隔而形成的一系列连续变量值，由于时间序列能够反映某个指标在时间上的动态变化过程，所以又称为动态数列。在旅游市场中有大量的统计数据都是按照年、季、月或日统计的，随着时间推移，形成长时间统计数据的时间序列。时间序列预测目前广泛应用于旅游市场的分析和预测之中，时间序列预测就是估算和研究某一时间序列在旅游市场的长期变动过程中所存在的统计规律性，如长期变动趋势、季节性变动规律和周期变动规律，利用统计规律进行旅游市场分析预测的方法。

时间序列预测主要用于探索和描述现象随时间发展变化的数量规律性。时间序列预测通常分传统时间序列预测与现代时间序列预测两种。传统时间序列预测研究各种时间序列因素分解以及长期趋势、季节变动、循环变动三要素；现代时间序列预测则主要研究自回归(auto regressive，AR)模型、滑动平均(moving average，MA)模型和自回归滑动平均(auto regressive moving-average，ARMA)模型。

时间序列预测包括 3 个方面的内容。

(1)通过计算水平指标和速度指标，分析旅游市场的发展过程并进行动态分析。

(2)运用时间序列，揭示旅游市场发展变化的规律性，并预测现象的未来发展趋势。

(3)时间序列可以对旅游市场现象之间的相互作用程度及其动态演变过程进行揭示。

一、时间序列数据的精度

在预测前，有关预测指标，如对指标的时间、完整性等方面的要求，要在创建模型之前确定下来，应注意 3 个方面。

1. 数据的合理性

通过图表可以看出需要的时间序列程序是否合理，如通过图表中一系列因素升降或者增减过程，分析程序是否合理。大多数旅游需求基本上随季节变化波动。根据需求的变化，不同季节里游客数量也会发生变化。一些热带地区旅游目的地有两个季节，部分北方地区和南方地区有春、夏、秋、冬四季。如果时间序列没有呈现这样的规律，则应该从收集或数据录入等方面寻找误差。

2. 数据的精密性

如果我们描绘的预测变量位数很少（一位或两位数），那么就会限制对这一时间序列内变量的认识。一般的选择就是使序列尽量能精确到四位数，允许在序列中表示自己的变化，保持最大的舍入误差在 0.5%以内，使误差对结果的影响在最低范围内。

3. 数据来源的可靠性

旅游需求的数据可以从旅游管理或者统计部门获得，也可以从企业及其他机构的报告、文件中获得，如实际售票数和运载乘客量可以提供交通方面的数据；旅游景区及其他吸引物可以提供对旅游预测有效的数据；宾馆等住宿场所可以提供入住客人的数量和停留时间等数据。数据录入的准确性和完整性必须得到保证。

旅游需求数据还可以通过问卷调查获取，除此之外，常用的收集数据的方法还有观察法，如通过计算机动车的数量和平均每辆车乘客的数量，预测旅游业的发展。需要注意的是，在调查中观察员疲劳等原因会造成测量误差，这些都可能影响数据的可靠性和精确性。

二、时间序列预测的类型

1. 点预测

点预测主要是确定最好且唯一的预测数值，这给出时间序列未来发展趋势一个简单、直接的结果，但也会产生非零的预测误差，其不确定程度表现为点预测值的置信区间。

2. 区间预测

区间预测主要是确定未来预测值的一个区间，即期望序列的实际值能以某一概率落入该区间范围内。区间的长度表明了预测不确定性的程度，区间的中点或中值点为点预测值。

3. 密度预测

密度预测即确定未来预测值的一个完整的概率分布。通过密度预测可建立任意置信水平的区间预测，但需要额外的假设，计算方法也比较复杂。

三、时间序列的基本变动趋势

一般认为，一个时间序列包含 4 种变动因素：长期趋势变动、季节性变动、周期性变动和不规则变动。换言之，时间序列通常是上述 4 种变动因素综合作用的结果。

1. 长期趋势变动

长期趋势变动是指变量值在一个长时期内增或减的趋势。长期趋势变动可能是直线型趋势变动，也可能是曲线型趋势变动。在分析时间序列趋势的时候必须要考虑观察值，并要判定观测长期尺度的水平。例如，表 10-1 是西安市 1999～2009 年旅游经济指标发展状况。由表 10-1 可以看出，构成时间数列包含两个基本要素：现象所属的时间及与时间所对应的指标值。通过分析表 10-1，可推测西安国内旅游发展情况，并进行简单的预测，同时可以发现变量值的增减。

表 10-1　西安市近 10 年旅游发展状况

年份	国内游客人数/万人次	国内游客旅游收入/亿元	入境游客人数/万人次	创汇/亿美元	旅游总收入/亿元
1999	1205	64	55.4	2.25	83
2000	1502	83	65	2.7	105
2001	1685	90	67.2	2.9	113
2002	1910	105	74.1	3.2	131
2003	1614	94	33.7	1.46	106
2004	2084	127	65	3.3	154
2005	2346	145	77.6	4.09	178.5
2006	2652	167	86.7	4.67	204.3
2007	3018	195	100	5.43	237.2
2008	3169	215	63	3.59	243.5
2009	3862	266	67.3	3.9	297.4

2. 季节性变动

季节性变动是指变量的时间序列值因受到季节变化影响而产生的变动。季节变动是一种每年重复出现的在一年内的季节性周期变动，即每年随着季节替换时间序列值呈周期变化。例如，西安接待游客的数量会出现明显的季节性变动特征，每年的 4～6 月和 9～10 月游客数量大量增加，为旅游旺季，而每年的 11 月～次年 2 月则处于低谷。对季节变动的主要研究内容包括测定季节变动的起伏情况，寻找季节变动的规律，进行季节变动的预测。

3. 周期性变动

周期性变动又称循环变动，它是指变量的时间序列值相隔数年后所呈现的周期变动。在一个时间序列中，循环变动的周期长短不一，变动的幅度可大可小。周期性变动不像季节性变动那样明显，要求统计资料的时间较长。

4. 不规则变动

不规则变动是指变量的时间序列值受突发事件、偶然因素或不明原因引起的非趋势性、非季节性、非周期性的随机变动。不规则变动有两种类型：一类是随机变动，数据在不同方向上变动，这一类不规则变动可以用概率模型来分析；另一类是由于偶然出现的且具有强烈影响的突发事件引起的变动，比如地震、极端天气灾害、洪水等。例如表 10-1 中，2003 年西安接待游客数量锐减就是受 SARS 影响，2008 年入境游客数量减少则是受全球金融危机的影响。分析不规则变动通常很困难，但不规则变动在一段时间内相互作用，归于消失，因此可不必考虑其影响。

一个时间序列通常包含上述 4 种变动因素，但不是所有的时间序列都包含这 4 种变动因素。例如，年份统计表数据就不存在季节性变动因素，而按季节统计的数据不一定就存在循环变动因素。在某些时间序列中，季节变动和循环变动可能同时存在，亦可能不同时存在。

四、时间序列预测的模型

一个时间序列通常包括上述 4 种或其中几种变动因素，因此分析时间序列的基本思路就是将其中的变动因素一一分解出来，测定其中的变动规律，然后再综合研究其变动对时间序列变动的影响。

采用何种方法分析和测定时间序列中各因素的变动规律或变动特征取决于对 4 种变动因素之间相互关系的假设。一般可对时间序列各变动因素关系做两种不同的假设，即加法关系假设或乘法关系假设，由此形成相应的加法模型或乘法模型。

1. 加法模型

加法模型假设时间序列中 4 个变动因素之间相互独立且其数值可依次相加，即

$$Y_t = T_t + S_t + C_t + I_t \quad (t = 1, 2, \cdots, n) \tag{10-1}$$

式中，Y_t 表示变量在时间 t 的取值；T_t 表示变量在时间 t 的长期趋势值；S_t、C_t 和 I_t 分别表示季节性变动、周期性变动和不规则变动与长期趋势值的离差。

显然，加法模型假设季节因素、周期因素和不规则因素的变动均围绕长期趋势值上下波动，它们可表现为正值或负值，以此测定其在长期趋势值的基础上增加或减少若干个单位，并且反映其各自对时间序列值的影响和作用。

2. 乘法模型

乘法模型假设时间序列中 4 个变动因素之间为相乘关系，即变量的时间序列值是各因素的连乘积，即

$$Y_t = T_t \times S_t \times C_t \times I_t \quad (t = 1, 2, \cdots, n) \tag{10-2}$$

显然，乘法模型也假设季节因素、周期因素和不规则因素的变动围绕长期趋势值上下波动，但这种波动表现为一个大于 1 或小于 1 的系数或百分比，以此测定其在 t 时间长期

趋势值的基础上增加或减少的相对程度，并且反映其各自对时间序列值的影响和作用。

在对时间序列进行古典分析时，加法模型和乘法模型都可以选择，但相比较来说，加法模型的客观性和真实性较乘法模型要弱一些。此外，乘法模型在进行数学运算时也显得更为简捷和方便，所以实际应用中乘法模型使用比较多。

五、时间序列预测的分析步骤

(1)确定时间序列的变动因素和变动类型。一个时间序列包含 4 种变动因素，变动类型包括规则变动和不规则变动。同时，针对相应的变动类型收集相关数据，数据质量要精确可靠。根据研究的数据和变动因素来确定研究模式。

(2)计算调整月(季)指数，以测定季节变动因素的影响程度。

(3)调整时间序列的原始指标值，以消除季节变动因素的影响。

(4)根据调整后时间序列的指标值(简称调整值)拟合长期趋势模型。

(5)计算趋势比率或周期余数比率，以度量周期波动幅度和周期长度。

(6)预测统计指标。

第二节　传统时间序列法

一、移动平均法

移动平均法是指逐期移动时间序列，计算一系列扩大时间间隔后的序时平均数，其核心是扩大时间间隔，计算序时平均数，最终形成一个新时间序列的方法。由于序时平均数有抽象数量差异的作用，所以经过移动平均后得到的新序列相比原时间序列来说，由其他因素引起的变动影响被削弱了，对原序列起到修匀的作用，从而可更清晰地呈现变动趋势。

(1)时间间隔的选取应根据现象的特点和资料决定。一般来说，如果现象发展的资料呈现一定的周期性，应以周期的长度作为移动间隔的长度；如果是季节资料，应采用 4 项移动平均；如果是月份资料，应采用 12 项移动平均，只有这样才能削弱周期或季节影响。

(2)新数列中每一数值应有与之对应的时间。如果进行的是奇数项移动平均，计算的序时平均数应放在中间时期所对应的位置上，边移动边平均，每一项序时平均数都有与之对应的时间；如果进行的是偶数项移动平均(如 4 项或 12 项)，序时平均数同样也应放在中间时期对应的位置上，由于时间间隔为偶数，序时平均数所对应的时期应介于两个时间之间，对不能构成序时平均数的，要对相邻的序时平均数再进行一次平均。移动平均后得到的时间序列值又称趋势值。

(3)移动平均法公式。设某一时间序列为 $y_1,y_2,\cdots,y_t$，则 $t+1$ 时刻的预测值为

$$\hat{y}_{t+1}=\frac{1}{n}\sum_{j=0}^{n-1}y_{t-j}=\frac{y_t+y_{t-1}+\cdots+y_{t-n+1}}{n}=\hat{y}_t+\frac{1}{n}(y_t-y_{t-n}) \tag{10-3}$$

式中，$\hat{y}_t$ 为 t 点的移动平均值；n 称为移动时距。

移动平均法有两个显著特点：①在较长观察期内，时间序列的变动方向和程度不尽相同，呈现起伏波动趋势，在受随机因素的影响比较明显时，移动平均法能在消除不规则变动的同时，又对其波动有所反映，这突出了移动平均法在反映数据变动方面的敏感性；②移动平均法使用的观察值较少，其主要原因是，随着数据移动，对远期的观察值需求减少，这也表明移动平均法可长期对同一问题进行连续研究，且无论延续多长时间，所保留的观察值是不必增加的，只需要保留跨越期的观察值就可以了。

移动平均法的准确性主要取决于跨越期选择是否合理。确定跨越期，既要结合时间序列本身的特点，又要根据研究问题的需要进行具体分析。如果时间序列的波动主要不是由随机因素引起的，而是由现象本身的变化引起，就需要预测值充分且准确地表现这种波动，就要把跨越期取得短些。如果时间序列观察值的波动主要由随机因素引起，则可以把跨越期取长一些。

移动平均法适合既有趋势变动又有波动的时间序列，也适合有波动的季节变动现象，其主要作用是消除随机因素引起的不规则变动对市场现象时间序列的影响。

例 1：某地 2008～2017 年旅游接待人次的时间序列如表 10-2 所示，对其计算 3 年、4 年、5 年的移动平均，结果如表 10-2 所示。

表 10-2　移动平均数计算表

年份	旅游人次/万人次	3 年移动平均	4 年移动平均		5 年移动平均
			一次平均	二次平均	
2008	2568	—	—	—	—
2009	2780	2778.33	2840.00	—	—
2010	2987	2930.67	3070.25	2955.13	2968.00
2011	3025	3167.00	3349.00	3209.63	3235.20
2012	3489	3469.67	3608.75	3478.88	3484.40
2013	3895	3803.33	3973.25	3791.00	3783.60
2014	4026	4134.67	4325.25	4149.25	4158.00
2015	4483	4468.67	4632.50	4478.88	4485.00
2016	4897	4834.67	—	—	—
2017	5124	—	—	—	—

通过以上例题可以发现：①移动平均项数越多，平均的结果越平滑；②新数列的项数比原数列要少。

通过依序逐期推移计算所得的一系列序时平均数，称为移动平均数序列，其消除了时间序列的波动程度，结果比较均匀。因此，移动平均法又被称为修匀方法。上例中，三项和四项移动平均数就是采用这种方法。值得注意的是，在计算偶数项移动平均数时，因移动平均数界于两个时期之间，还应计算修正平均数，它是相邻两个移动平均数的简单算术平均数。

移动平均数逐期推移计算平均数，当移动步长与季节周期一致时，基本上可消除月份或季度变动的影响，因此可代表时间序列的长期趋势值。但是，移动平均数有一定的局限性：①循环周期的间隔时间往往不相等，造成移动平均数的移动步长与循环周期不一致，在这种情况下，移动平均数难以消除循环变动因素的影响，因此其反映长期趋势值仍有不足；②以移动平均数为长期趋势值时，其序列的首尾无移动平均数，因此无长期趋势值，造成预测信息的不完整。

二、趋势线法

在研究旅游市场时，长期趋势变动是时间序列一种重要的变动规律，它存在于许多市场现象之中。在市场预测法中，趋势延伸预测法是专门用来研究市场现象趋势变动规律的方法。

趋势线法是以直线模型研究市场现象趋势变动的方法。如若市场现象时间序列具有长期变动趋势，而且呈现直线变化规律，即直线上升或者下降趋势，那么可以配合直线方程，用趋势线法进行预测。判断时间序列趋势变动是否是直线趋势，可以用时间序列图形判断，也可以用时间序列环比增长量判断。若时间序列环比增长量接近于一个常数或差异不大，即可用直线趋势法。

趋势线法是选择合适的趋势线，并利用回归分析的方法建立趋势方程来拟合时间序列的方法。线性趋势方程的一般公式为

$$\hat{y}=a+bt \tag{10-4}$$

式中，$\hat{y}$ 表示时间序列 y 的长期趋势值；t 为时间标号；a、b 为待定参数。

在直线趋势法方程中，关键是确定直线中的参数 a 和 b，建立直线预测模型。然后应用预测模型确定时间变化量 t，对市场现象做出预测。

两个待定参数可以通过最小二乘法求出。根据最小二乘原理，对时间序列配合一条趋势线，使之满足：$\sum\left(y-\hat{y}\right)^2=\min$。由此条件，我们可以推导出 a、b 的计算公式为

$$\sum(y-\hat{y})^2=\min$$

$$\sum(y-\hat{y})^2=\sum(y-a-bt)^2$$

$$\frac{\partial\sum(y-a-bt)^2}{\partial a}=-2\sum(y-a-bt)=0$$

$$\frac{\partial\sum(y-a-bt)^2}{\partial b}=-2\sum(y-a-bt)t=0$$

$$\sum y=na+b\sum t$$

$$\sum ty=a\sum t+b\sum t^2$$

解得

$$b=\frac{n\sum ty-\sum t\sum y}{n\sum t^2-(\sum t)^2} \tag{10-5}$$

$$a=\overline{y}-b\overline{t}$$

例 2：利用表 10-2 的数据，建立时间序列的直线趋势方程。

将这些数据在 Excel 中做折线图，在图上用左键点一下曲线，然后点击右键，如图 10-1 所示。

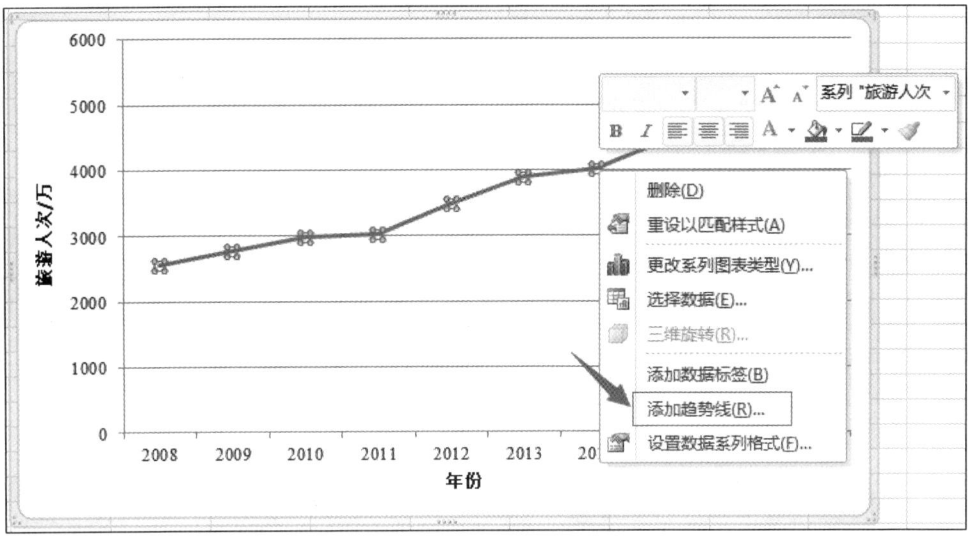

图 10-1 添加趋势线图

然后用左键点击“添加趋势线(R)”，则会弹出如图 10-2 所示的“设置趋势线格式”窗口。选择“线性(L)”，勾选“显示公式(E)”和“显示 R 平方值(B)”选项后，就会得出趋势线方程 y=295.22x+2103.7，x 表示时间序号，R^2 表示其相关性，其值越大，表示拟合越好。利用方程可以得到预测值(表 10-3)。

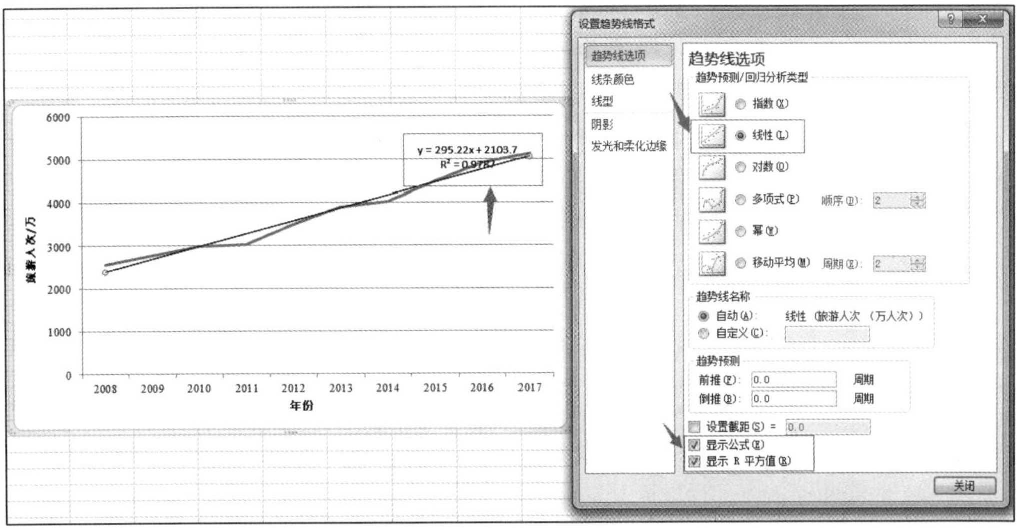

图 10-2 添加趋势线图

表 10-3 趋势外推计算表

年份	时间序号(x)	实际旅游人次(y)/万人次	预测值($\hat{y}$)
2008	1	2568	2398.92
2009	2	2780	2694.14
2010	3	2987	2989.36
2011	4	3025	3284.58
2012	5	3489	3579.80
2013	6	3895	3875.02
2014	7	4026	4170.24
2015	8	4483	4465.46
2016	9	4897	4760.68
2017	10	5124	5055.90

趋势线法分析步骤如下。

(1)用散点图观察现象的变化规律：分析其是上升还是下降趋势。

(2)建立直线趋势预测模型：主要是求出直线方程式中的 a 和 b，以直线方程作为预测模型。求 a 和 b 可用最小二乘法。

(3)对预测模型进行误差检验：应用最小二乘法建立的模型，因其误差最小。

(4)根据模型预测结果。

三、季节变动分析

季节变动是指现象在一定时期内形成的有规律的周期性变动，这种变动各年强度大体相同且重复出现。测定季节变动的目的在于了解现象季节变动的规律。

季节变动的测定主要是计算一系列季节指数，又称季节比率，其设计思想是：以总平均水平为对照物，用各季节的平均数与之比较，用以反映季节变动程度。季节指数是各季(月)平均数与全时期总平均数的比率，它由一系列数值组成，个数由资料的时间间隔决定，且季节指数之和也与所掌握的资料有关。例如，掌握资料为月份资料，则有 12 个季节指数，季节指数之和为 1200%，如为季度资料，则有 4 个季节指数，季节指数之和为 400%。

采用季节指数法进行预测应该满足以下条件：所建立的趋势线模型能够正确反映产生长期趋势的一切因素的影响；研究的因素在预测期将以同样的方式继续发挥作用；预测期的季节性变动和过去仍相同；预测期的其他变动对模型影响不大。否则，难以得到满意的预测结果。

下面我们从时间序列是否包含长期趋势方面来介绍测定季节变动的方法。

1. 不包含长期趋势的时间序列——按季(月)平均法

若时间序列中不包含长期趋势和循环变动，则直接利用原序列进行同期平均和总平均，消除不规则变动，计算出季节指数，常用按季(月)平均法。基本步骤如下。

(1) 收集各月或者各季的统计资料作为观察值(数据不少于三年)。

(2) 计算同月(或同季)的平均数。

(3) 计算全部数据的总月(总季)平均数。

(4) 计算季节指数(*S*)。

(5) 根据未来年度的全年趋势预测值求出各月或者各季度的平均趋势预测值，然后乘以相应的季节指数，即得出未来年度内各月和各季度包含季节变动的预测值。

例 3：某宾馆 2010～2017 年各月接待游客数据如表 10-4 所示。

表 10-4　按季(月)平均法计算表

	2010 年	2011 年	2012 年	2013 年	2014 年	2015 年	2016 年	2017 年	合计	季节平均数	季节指数/%
1 月	156	158	159	164	158	168	156	150	1269	158.63	89.89
2 月	130	126	148	129	135	137	120	132	1057	132.13	74.87
3 月	142	151	153	167	165	152	151	127	1208	151.00	85.56
4 月	168	170	175	179	168	175	173	159	1367	170.88	96.83
5 月	180	190	188	189	195	198	187	186	1513	189.13	107.17
6 月	143	165	139	152	157	158	153	139	1206	150.75	85.42
7 月	138	145	146	159	162	132	149	142	1173	146.63	83.09
8 月	147	156	158	171	174	128	155	147	1236	154.50	87.55
9 月	214	236	222	215	218	238	251	238	1832	229.00	129.76
10 月	258	279	289	209	203	258	200	289	1985	248.13	140.60
11 月	202	187	214	216	219	178	178	182	1576	197.00	111.63
12 月	199	190	203	196	198	175	178	181	1520	190.00	107.66
合计	2077	2153	2194	2146	2152	2097	2051	2072	16942	176.48	1200

(1) 收集 2010～2017 年各月统计资料作为观察值。

(2) 计算同月的平均数，计算结果见表 10-4“季节平均数”一列。

(3) 计算全部数据的总月平均数，即总月平均数=16942/(8×12)=176.48。

(4) 计算季节指数(*S*)，即 *S*=各月平均数/总平均数，如：1 月的季节指数=158.63/176.48×100%≈89.89%。其他的计算结果见表 10-4“季节指数”一列，从季节指数上可以判断该景区在 9 月、10 月、11 月、12 月是销售旺季，尤其在后三个月；而 6 月是销售淡季。需要注意的是，如果季节指数之和不等于 400%或 1200%，就需要调整，调整的方法是首先计算调整系数，然后用调整系数分别乘以各月(季)季节指数，即得调整后的季节指数。

2. 包含长期趋势的时间序列——趋势剔除法

除直接平均季节指数法外，还有移动平均季节指数法，它是利用移动平均法分解时间序列 4 类变动因子，计算能够精确反映季节变动情况的指数，但在计算时应消除长期趋势变动、循环季节变动和不规则变动，并对没有考虑季节影响的预测值进行修正，进行更好的预测。

当时间序列包含长期趋势和循环变动时，用按季平均法计算季节指数就不够准确，应采用趋势剔除法。假定时间序列各影响因素以乘法模型形式存在，趋势剔除法的基本步骤如下。

(1)用移动平均法、趋势线法等方法消除季节变动(S)和不规则(I)变动，计算长期趋势和循环变动值($T\times C$)。

(2)再从乘法模型中剔除($T\times C$)，从而得到不存在长期趋势的($S\times I$)，即

$$S\times I=\frac{Y}{T\times C} \tag{10-6}$$

(3)再用按季(月)平均法消除I，得到季节指数。

例 4：我国某地区 2005～2010 年各季度旅游接待人数资料如表 10-5 所示，试用趋势剔除法求季节指数。

表 10-5 趋势剔除法求季节指数计算表

时间/(年·季度)	旅游接待人次(Y)/万人次	趋势值(T)	Y/T/%
2005.1	82.4	—	—
2005.2	108	—	—
2005.3	99.9	94.3375	105.90
2005.4	83	94.95	87.41
2006.1	90.5	95.75	94.52
2006.2	104.8	97.65	107.32
2006.3	109.5	99.0125	110.59
2006.4	88.6	102.825	86.17
2007.1	95.8	106.9625	89.56
2007.2	130	107.9	120.48
2007.3	117.4	107.8625	108.84
2007.4	88.2	107.375	82.14
2008.1	95.9	106.75	89.84
2008.2	126	106.9375	117.83
2008.3	116.4	108.4125	107.37
2008.4	90.7	111.3375	81.46
2009.1	105.2	114.7125	91.71
2009.2	140.1	117.3	119.44
2009.3	129.3	118.4125	109.19
2009.4	98.5	120.3125	81.87
2010.1	106.3	122.9375	86.47
2010.2	154.2	125.275	123.09
2010.3	136.2	—	—
2010.4	110.3	—	—

解答如下：首先利用四项移动平均法求得该序列的长期趋势值 T，并将长期趋势从时间序列中剔除，求得 Y/T，计算结果如表 10-6 所示；其次将表中 Y/T 重新排列，利用按季平均法求得季节指数。

表 10-6　趋势剔除法求季节指数计算表

	2005	2006	2007	2008	2009	2010	合计	季节平均数	季节指数/%
一季度	—	94.52	89.56	89.84	91.71	86.47	452.10	90.42	90.37
二季度	—	107.32	120.48	117.83	119.44	123.09	588.16	117.63	117.56
三季度	105.90	110.59	108.84	107.37	109.19	—	541.89	108.38	108.32
三季度	87.41	86.17	82.14	81.46	81.87	—	419.05	83.81	83.76
合计	193.31	398.60	401.02	396.50	402.21	209.56	2001.20	100.06	400.00

Excel 解决方案如下。

(1) 将表 10-5 的数据输入工作表中。

(2) 在单元格 C4 中输入公式“(B2+2*(SUM(B3:B5))+B6)/8”，得到趋势值 T，公式下拉至 C23。

(3) 将趋势从原始数据中剔除，在 D4 单元格键入公式“=B4/C4”，并将该公式下拉至 D23。

(4) 在 E4 单元格中键入公式“=(D4+D8+D12+D16+D20)/5”，并将该公式下拉至 D7，即得同季平均值。

(5) 在 F4 单元格中键入公式“=average(E4:E7)”，得到总平均值。

(6) 在 G4 单元格中键入公式“=E4/＄F＄4”，并将该公式下拉至 G7 单元格，得到季节指数，具体结果如图 10-3～图 10-7 所示。

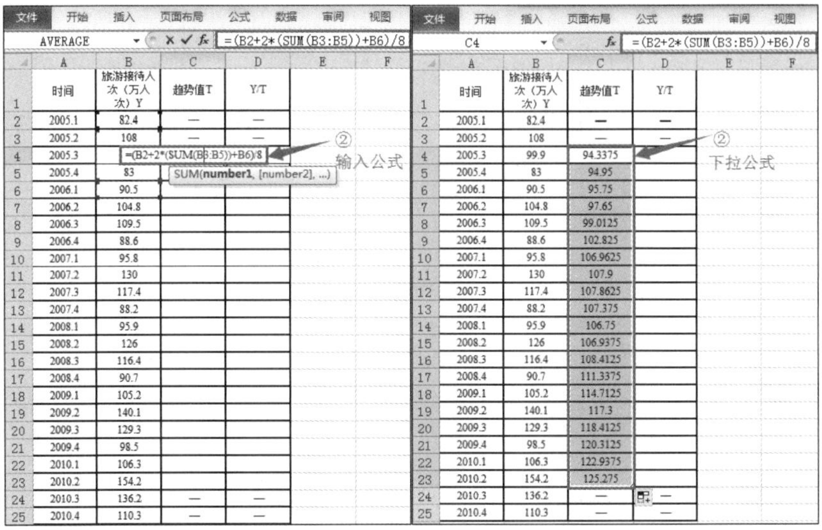

图 10-3　趋势值 T 计算结果

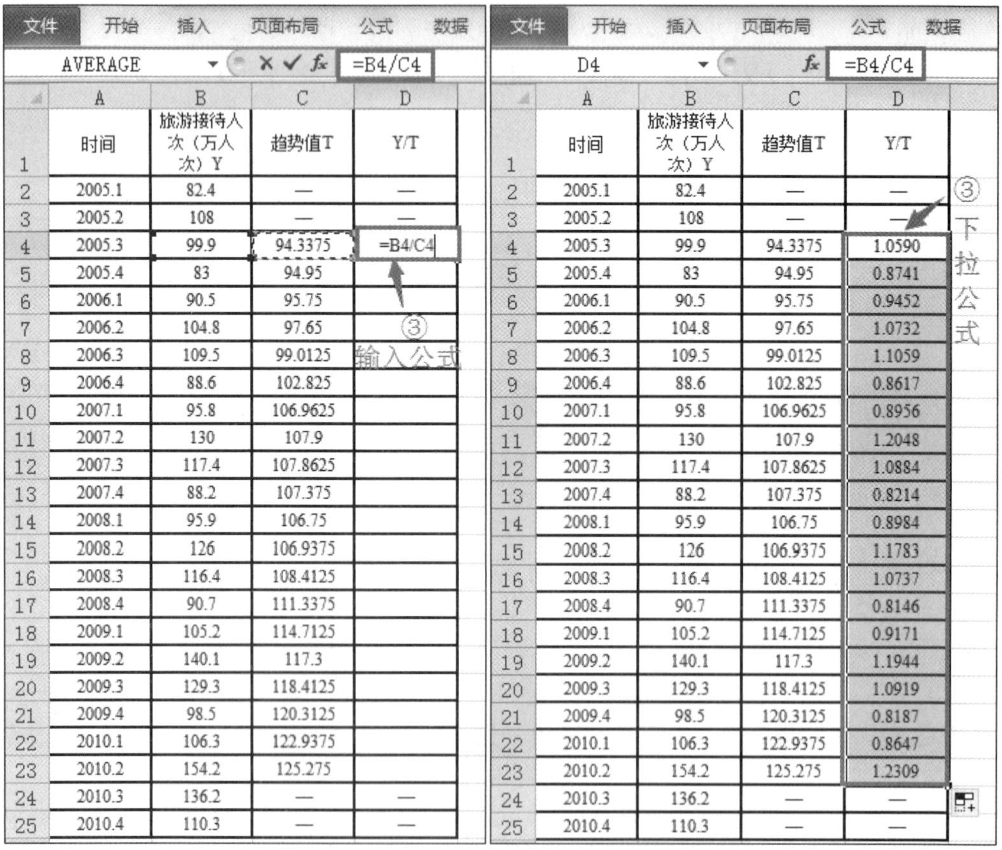

	A	B	C	D
1	时间	旅游接待人次（万人次）Y	趋势值T	Y/T
2	2005.1	82.4	—	—
3	2005.2	108	—	—
4	2005.3	99.9	94.3375	=B4/C4
5	2005.4	83	94.95	
6	2006.1	90.5	95.75	
7	2006.2	104.8	97.65	
8	2006.3	109.5	99.0125	
9	2006.4	88.6	102.825	
10	2007.1	95.8	106.9625	
11	2007.2	130	107.9	
12	2007.3	117.4	107.8625	
13	2007.4	88.2	107.375	
14	2008.1	95.9	106.75	
15	2008.2	126	106.9375	
16	2008.3	116.4	108.4125	
17	2008.4	90.7	111.3375	
18	2009.1	105.2	114.7125	
19	2009.2	140.1	117.3	
20	2009.3	129.3	118.4125	
21	2009.4	98.5	120.3125	
22	2010.1	106.3	122.9375	
23	2010.2	154.2	125.275	
24	2010.3	136.2	—	—
25	2010.4	110.3	—	—

	A	B	C	D
1	时间	旅游接待人次（万人次）Y	趋势值T	Y/T
2	2005.1	82.4	—	—
3	2005.2	108	—	—
4	2005.3	99.9	94.3375	1.0590
5	2005.4	83	94.95	0.8741
6	2006.1	90.5	95.75	0.9452
7	2006.2	104.8	97.65	1.0732
8	2006.3	109.5	99.0125	1.1059
9	2006.4	88.6	102.825	0.8617
10	2007.1	95.8	106.9625	0.8956
11	2007.2	130	107.9	1.2048
12	2007.3	117.4	107.8625	1.0884
13	2007.4	88.2	107.375	0.8214
14	2008.1	95.9	106.75	0.8984
15	2008.2	126	106.9375	1.1783
16	2008.3	116.4	108.4125	1.0737
17	2008.4	90.7	111.3375	0.8146
18	2009.1	105.2	114.7125	0.9171
19	2009.2	140.1	117.3	1.1944
20	2009.3	129.3	118.4125	1.0919
21	2009.4	98.5	120.3125	0.8187
22	2010.1	106.3	122.9375	0.8647
23	2010.2	154.2	125.275	1.2309
24	2010.3	136.2	—	—
25	2010.4	110.3	—	—

图 10-4　从原始数据汇中剔除趋势结果

	A	B	C	D	E
1	时间	旅游接待人次（万人次）Y	趋势值T	Y/T	
2	2005.1	82.4	—	—	
3	2005.2	108	—	—	
4	2005.3	99.9	94.3375	1.0590	=(D4+D8+D12+D16+D20)/5
5	2005.4	83	94.95	0.8741	
6	2006.1	90.5	95.75	0.9452	
7	2006.2	104.8	97.65	1.0732	
8	2006.3	109.5	99.0125	1.1059	
9	2006.4	88.6	102.825	0.8617	
10	2007.1	95.8	106.9625	0.8956	
11	2007.2	130	107.9	1.2048	
12	2007.3	117.4	107.8625	1.0884	
13	2007.4	88.2	107.375	0.8214	
14	2008.1	95.9	106.75	0.8984	
15	2008.2	126	106.9375	1.1783	
16	2008.3	116.4	108.4125	1.0737	
17	2008.4	90.7	111.3375	0.8146	
18	2009.1	105.2	114.7125	0.9171	
19	2009.2	140.1	117.3	1.1944	
20	2009.3	129.3	118.4125	1.0919	
21	2009.4	98.5	120.3125	0.8187	
22	2010.1	106.3	122.9375	0.8647	
23	2010.2	154.2	125.275	1.2309	
24	2010.3	136.2	—	—	
25	2010.4	110.3	—	—	

	A	B	C	D	E
1	时间	旅游接待人次（万人次）Y	趋势值T	Y/T	
2	2005.1	82.4	—	—	
3	2005.2	108	—	—	
4	2005.3	99.9	94.3375	1.0590	1.083786
5	2005.4	83	94.95	0.8741	0.838113
6	2006.1	90.5	95.75	0.9452	0.904183
7	2006.2	104.8	97.65	1.0732	1.176313
8	2006.3	109.5	99.0125	1.1059	
9	2006.4	88.6	102.825	0.8617	
10	2007.1	95.8	106.9625	0.8956	
11	2007.2	130	107.9	1.2048	
12	2007.3	117.4	107.8625	1.0884	
13	2007.4	88.2	107.375	0.8214	
14	2008.1	95.9	106.75	0.8984	
15	2008.2	126	106.9375	1.1783	
16	2008.3	116.4	108.4125	1.0737	
17	2008.4	90.7	111.3375	0.8146	
18	2009.1	105.2	114.7125	0.9171	
19	2009.2	140.1	117.3	1.1944	
20	2009.3	129.3	118.4125	1.0919	
21	2009.4	98.5	120.3125	0.8187	
22	2010.1	106.3	122.9375	0.8647	
23	2010.2	154.2	125.275	1.2309	
24	2010.3	136.2	—	—	
25	2010.4	110.3	—	—	

图 10-5　同季平均值计算结果

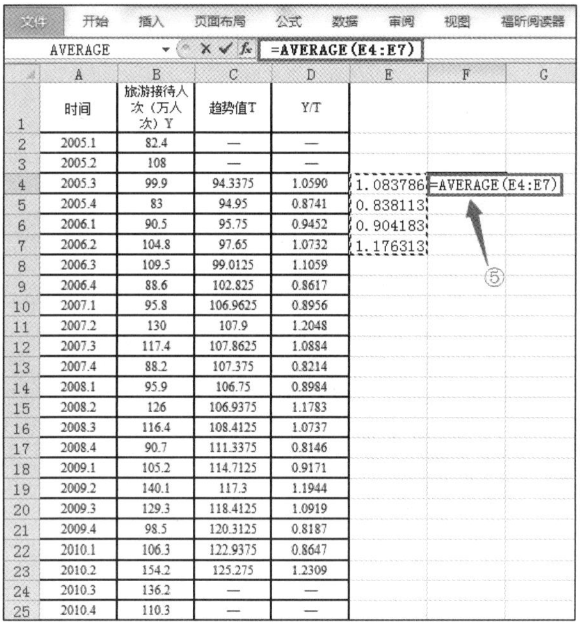

AVERAGE　=AVERAGE(E4:E7)

	A	B	C	D	E	F	G
1	时间	旅游接待人次（万人次）Y	趋势值T	Y/T			
2	2005.1	82.4	—	—			
3	2005.2	108	—	—			
4	2005.3	99.9	94.3375	1.0590	1.083786	=AVERAGE(E4:E7)	
5	2005.4	83	94.95	0.8741	0.838113		
6	2006.1	90.5	95.75	0.9452	0.904183		
7	2006.2	104.8	97.65	1.0732	1.176313		
8	2006.3	109.5	99.0125	1.1059			
9	2006.4	88.6	102.825	0.8617			
10	2007.1	95.8	106.9625	0.8956			
11	2007.2	130	107.9	1.2048			
12	2007.3	117.4	107.8625	1.0884			
13	2007.4	88.2	107.375	0.8214			
14	2008.1	95.9	106.75	0.8984			
15	2008.2	126	106.9375	1.1783			
16	2008.3	116.4	108.4125	1.0737			
17	2008.4	90.7	111.3375	0.8146			
18	2009.1	105.2	114.7125	0.9171			
19	2009.2	140.1	117.3	1.1944			
20	2009.3	129.3	118.4125	1.0919			
21	2009.4	98.5	120.3125	0.8187			
22	2010.1	106.3	122.9375	0.8647			
23	2010.2	154.2	125.275	1.2309			
24	2010.3	136.2	—	—			
25	2010.4	110.3	—	—			

图 10-6　总平均值计算结果

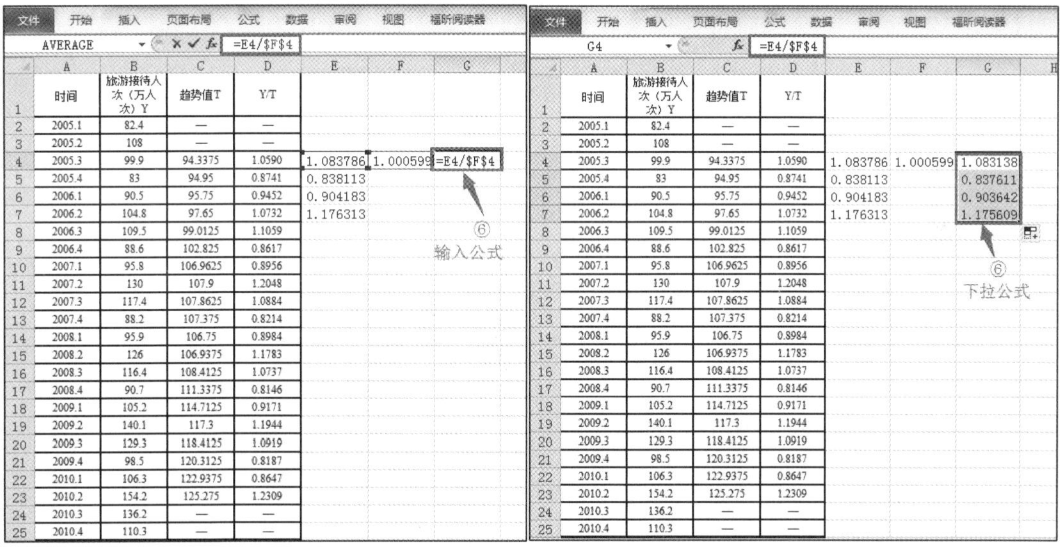

AVERAGE　=E4/$F$4

	A	B	C	D	E	F	G
1	时间	旅游接待人次（万人次）Y	趋势值T	Y/T			
2	2005.1	82.4	—	—			
3	2005.2	108	—	—			
4	2005.3	99.9	94.3375	1.0590	1.083786	1.000599	=E4/$F$4
5	2005.4	83	94.95	0.8741	0.838113		
6	2006.1	90.5	95.75	0.9452	0.904183		
7	2006.2	104.8	97.65	1.0732	1.176313		
8	2006.3	109.5	99.0125	1.1059			
9	2006.4	88.6	102.825	0.8617			
10	2007.1	95.8	106.9625	0.8956			
11	2007.2	130	107.9	1.2048			
12	2007.3	117.4	107.8625	1.0884			
13	2007.4	88.2	107.375	0.8214			
14	2008.1	95.9	106.75	0.8984			
15	2008.2	126	106.9375	1.1783			
16	2008.3	116.4	108.4125	1.0737			
17	2008.4	90.7	111.3375	0.8146			
18	2009.1	105.2	114.7125	0.9171			
19	2009.2	140.1	117.3	1.1944			
20	2009.3	129.3	118.4125	1.0919			
21	2009.4	98.5	120.3125	0.8187			
22	2010.1	106.3	122.9375	0.8647			
23	2010.2	154.2	125.275	1.2309			
24	2010.3	136.2	—	—			
25	2010.4	110.3	—	—			

G4　=E4/$F$4

	A	B	C	D	E	F	G
1	时间	旅游接待人次（万人次）Y	趋势值T	Y/T			
2	2005.1	82.4	—	—			
3	2005.2	108	—	—			
4	2005.3	99.9	94.3375	1.0590	1.083786	1.000599	1.083138
5	2005.4	83	94.95	0.8741	0.838113		0.837611
6	2006.1	90.5	95.75	0.9452	0.904183		0.903642
7	2006.2	104.8	97.65	1.0732	1.176313		1.175609
8	2006.3	109.5	99.0125	1.1059			
9	2006.4	88.6	102.825	0.8617			
10	2007.1	95.8	106.9625	0.8956			
11	2007.2	130	107.9	1.2048			
12	2007.3	117.4	107.8625	1.0884			
13	2007.4	88.2	107.375	0.8214			
14	2008.1	95.9	106.75	0.8984			
15	2008.2	126	106.9375	1.1783			
16	2008.3	116.4	108.4125	1.0737			
17	2008.4	90.7	111.3375	0.8146			
18	2009.1	105.2	114.7125	0.9171			
19	2009.2	140.1	117.3	1.1944			
20	2009.3	129.3	118.4125	1.0919			
21	2009.4	98.5	120.3125	0.8187			
22	2010.1	106.3	122.9375	0.8647			
23	2010.2	154.2	125.275	1.2309			
24	2010.3	136.2	—	—			
25	2010.4	110.3	—	—			

图 10-7　季节指数计算结果

四、循环波动分析

循环波动是指现象在一个较长时期内涨落起伏的波动。测定循环变动的目的在于发现循环变动的规律，为预测提供依据。测定循环波动的思路与趋势剔除法基本一致，先将 S、T、I 从原始数据 Y 中剔除，剩余的部分作为循环波动的估计值，常用的方法是剩余法。

假定时间序列各影响因素满足乘法模型 $Y=T\times S\times C\times I$，剩余法的基本步骤如下。

(1)计算季节指数(S)，用 Y 除以季节指数 S，得到无季节变动数据 $T\times C\times I$。

(2)求长期趋势 T。

(3)用($T\times C\times I$)除以 T，得到无季节无长期趋势的数据($C\times I$)。

(4)利用移动平均法来消除 I，得到循环变动 C。

例 5：根据表 10-7 的数据进行循环波动分析。

表 10-7　循环变动计算表

时间/(年·季度)	时间标号(t)	接待人次(Y)/万人次	季节指数(S)/%	Y/S/%	趋势值(T)	$C\times I$/%	C/%
2005.1	1	82.4	90.37	91.18	91.05	100.14	—
2005.2	2	108	117.56	91.87	92.58	99.23	—
2005.3	3	99.9	108.31	92.24	94.11	98.01	100.61
2005.4	4	83	83.76	99.09	95.64	103.61	99.87
2006.1	5	90.5	90.37	100.14	97.17	103.06	99.11
2006.2	6	104.8	117.56	89.15	98.70	90.32	99.51
2006.3	7	109.5	108.31	101.10	100.22	100.87	99.50
2006.4	8	88.6	83.76	105.78	101.75	103.96	101.35
2007.1	9	95.8	90.37	106.01	103.28	102.64	103.38
2007.2	10	130	117.56	110.58	104.81	105.51	102.72
2007.3	11	117.4	108.31	108.39	106.34	101.93	101.22
2007.4	12	88.2	83.76	105.30	107.87	97.62	99.40
2008.1	13	95.9	90.37	106.12	109.40	97.00	97.50
2008.2	14	126	117.56	107.18	110.93	96.62	96.37
2008.3	15	116.4	108.31	107.47	112.46	95.57	96.52
2008.4	16	90.7	83.76	108.29	113.99	95.00	97.64
2009.1	17	105.2	90.37	116.41	115.51	100.78	98.93
2009.2	18	140.1	117.56	119.17	117.04	101.82	99.93
2009.3	19	129.3	108.31	119.38	118.57	100.68	99.79
2009.4	20	98.5	83.76	117.60	120.10	97.92	99.87
2010.1	21	106.3	90.37	117.63	121.63	96.71	100.47
2010.2	22	154.2	117.56	131.17	123.16	106.50	101.30
2010.3	23	136.2	108.31	125.75	124.69	100.85	—
2010.4	24	110.3	83.76	131.69	126.22	104.33	—

求解过程如下。

(1)先消去季节变动，得到无季节变动资料，见表 10-7 中“Y/S”栏。

(2)利用原始资料建立的趋势方程 $\hat{y}=89.521+1.529t$，将 t=1,2,⋯,24 代入方程，得到 T。

(3)将前两项结果相除，得到无季节无趋势资料，见表 10-7 中“$C\times I$”栏。

(4)最后通过移动平均消除不规则变动，得到循环波动值，即表 10-7 中的“C”栏，循环变动趋势图如图 10-8 所示。

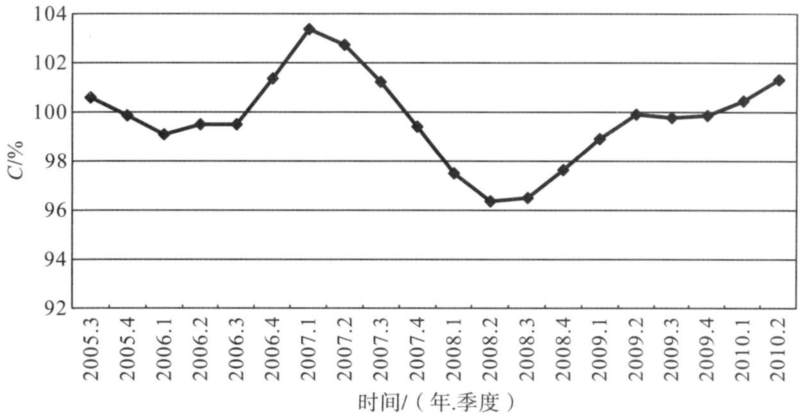

图 10-8　循环波动值图示

第三节　现代时间序列分析预测

前面讨论了确定性时间序列模型的建立，事实上，许多现实经济现象都是通过随机时间序列模型来刻画的，本节主要介绍一系列常用的时间序列模型：自回归(AR)模型、滑动平均(MA)模型以及自回归滑动平均(ARMA)模型，这类模型的建立需要较多的历史数据和较深的数学知识，实际操作必须借助计算机来完成，但是该模型在短期预测中具有较高的精度，因此在实际中得到了广泛的应用。

一、平稳随机过程概述

所谓平稳随机序列，指如果序列$\{y_t\}$二阶矩有限$(Ey_t^2<\infty)$，且满足如下条件，则称序列$\{y_t\}$为宽平稳(或协方差平稳、二阶矩平稳)序列。

(1)对任意整数$t, Ey_t=u, u$为常数。

(2)对任意整数t, s, 自协方差函数$r_{ts}=\mathrm{cov}(y_t, y_s)$仅与时间间隔$t-s$有关，和起止时刻$t$、$s$无关，即$r_{ts}=r_{t-s}=r_k$。

最简单的宽平稳过程是白噪声序列，它是构成经济序列许多复杂过程的基石，一般白噪声过程的定义如下。

(1) $E\varepsilon_t=0$。

(2)对所有t，$E\varepsilon_t^2=\sigma^2$。

(3) $E\varepsilon_t\varepsilon_s=0, t\neq s$。

其中常见的平稳序列模型包括如下几类：自回归模型、滑动平均模型及自回归滑动平均模型。

(一)自回归(AR)模型

1. 自回归分析预测法的含义

自回归分析预测法又称自相关回归分析预测法,主要根据同一市场现象的变量在不同周期中各个变量值之间的相关关系，建立一元或多元回归方程，以回归方程为预测模型进行预测的方法。具体而言，自回归分析预测法就是以某市场现象变量的时间序列作为因变量，以同一变量向前推移若干期的时间序列作为自变量，然后分析一个因变量序列与一个或多个自变量序列之间的相关关系，建立回归方程，并将通过检验的回归方程作为模型，对市场现象因变量进行预测的方法。

2. 自回归分析预测法的特点

应用自回归分析预测法时，通常选取原来的时间序列，或原时间序列最近时期的一组数据作为因变量的数据，而自变量序列可以选出一组，也可以选出若干组，用原来的时间序列向过去逐期推移取得。

市场中的某个经济变量在变化过程中具有周期性变动规律,或者前后时期的变动模式大致相同时，就可以采用自回归分析预测法。由于此方法中的自变量来源于预测目标的时间序列，预测期的自变量就是自变量序列的下一期数值，在原时间序列中可以取得，不需要对其另行预测。

3. 自回归分析预测法的分类

自回归分析预测法大致分为两类：线性自回归分析预测法和非线性自回归分析预测法。如果自回归分析预测法中只有一个变量，则称为一元自回归分析预测法；若预测模型中有两个变量，则称为二元自回归分析预测法。市场预测中常用的是一元和二元线性自回归分析预测法。一元非线性自回归分析模型中主要有指数曲线模型、二次曲线模型、双曲线模型等，但使用频率不高。

4. 自回归分析预测法的步骤

(1)整理时间序列资料,编制自相关序列。采用自回归分析预测法进行市场预测时,首先必须参考已建立的时间序列，再决定将因变量序列推移多少期作为自变量序列。

(2)选择自变量，确定回归模型。选择自变量，首先要计算各个自变量序列的自相关系数。它的计算方法同一般相关系数的计算方法相同。自相关系数的绝对值，表明各个自变量序列与因变量序列之间相关性的密切程度。自相关系数较大的自变量序列，可以用来拟合自回归模型。根据自相关系数的计算结果，可以只选择一组自变量序列，也可以选择若干组自变量序列。

(3)估计参数，建立预测模型。线性自回归模型参数通常采用最小二乘法推算，其推算过程与一般线性回归模型的参数估计方法完全相同。

(4)检验。对自回归预测模型也必须进行检验。应用回归标准差的指标对其进行检验，看其误差是否在允许范围内。

(5)预测并确定置信区间。利用自回归模型进行预测时，预测期的自变量就是自变量数列的下一期数值，在原时间序列模型中可以找到。将此值代入预测模型，即可进行检测。

5. 自相关性判断

(1)时间序列的自相关，是指序列前后期数值之间的相关关系，即自相关系数；

(2)测度：设 $y_1,y_2,\cdots,y_t,\cdots,y_n$，共有 n 个观察值，把前后相邻两期的观察值一一配对，便有 $(n-1)$ 对数据，即 $(y_1,y_2),(y_2,y_3),\cdots,(y_t,y_{t+1}),\cdots,(y_{n-1},y_n)$。

其一阶自相关系数 r_1 为

$$r_1=\frac{\sum_{t=1}^{n-1}(y_t-\overline{y}_t)(y_{t+1}-\overline{y}_{t+1})}{\sqrt{\sum_{t=1}^{n-1}(y_t-\overline{y}_t)^2\cdot\sum_{t=1}^{n-1}(y_{t+1}-\overline{y}_{t+1})^2}} \tag{10-7}$$

二阶自相关系数 r_2 为

$$r_2=\frac{\sum_{t=1}^{n-2}(y_t-\overline{y}_t)(y_{t+2}-\overline{y}_{t+2})}{\sqrt{\sum_{t=1}^{n-2}(y_t-\overline{y}_t)^2\cdot\sum_{t=1}^{n-2}(y_{t+2}-\overline{y}_{t+2})^2}} \tag{10-8}$$

6. 自回归模型的建立

一阶线性自回归预测模型为

$$y_t=\phi_0+\phi_1 y_{t-1}+\varepsilon_t \tag{10-9}$$

二阶线性自回归预测模型为

$$y_t=\phi_0+\phi_1 y_{t-1}+\phi_2 y_{t-2}+\varepsilon_t \tag{10-10}$$

一般地，p 阶线性自回归模型为

$$y_t=\phi_0+\phi_1 y_{t-1}+\cdots+\phi_p y_{t-p}+\varepsilon_t \tag{10-11}$$

在以上各式中，$\phi_i(i=0,1,2,\cdots,p)$ 为待估计的参数值，它们可以通过最小二乘法估计获得。

零均值平稳随机序列 $\{y_t\}$ 满足如下形式

$$y_t=\phi_1 y_{t-1}+\phi_2 y_{t-2}+\cdots+\phi_p y_{t-p}+\varepsilon_t \tag{10-12}$$

式中，ϕ_p 称为自回归系数，满足平稳性条件，ε_t 为白噪声序列。

式(10-12)称为 p 阶自回归模型，简记为 AR(p)。

例 6：根据表 10-8 中的数据，运用 Excel 进行简单回归分析。

表 10-8　某地 2011～2017 年旅游人次与旅游收入

年份	国内旅游人次（X）/万人次	国内旅游收入（Y）/百万元
2011	320	260
2012	376	294
2013	414	313
2014	496	368
2015	484	356
2016	526	427
2017	601	483

解答如下。

计算回归分析系数 *m*。在单元格 D4 中输入函数“=INDEX（LINEST（B2:B8 ,C2 :C8,1,1），1,1）”，计算线性回归分析的系数。

计算回归分析的常数。在单元格 D5 中输入函数“=INDEX（LINEST（B2:B8,C2:C8,1,1）1,2）”,计算线性回归分析的常数。

计算回归系数 *m* 的误差值。在单元格 D6 中输入“=INDEX（LINEST（B2:B8,C2:C8,1,1），2,1）”,计算回归系数 *m* 的误差值。

计算回归常数 *b* 的误差值。在单元格 D7 中输入“=INDEX（LINEST（B2:B8,C2:C8,1,1），2,2）”,计算回归常数 *b* 的误差值。

计算回归方程的决定系数。在单元格 D8 中输入“=INDEX（LINEST（B2:B8,C2:C8,1,1），3,1）”计算回归方程的决定系数。

分析回归方程。从计算结果中可以看出，回归方程 Y=1.205X+28.84。

同时，该回归方程的决定系数是 0.960，这说明，这个回归分析方程的精确度基本满足条件。回归分析结果如表 10-9 所示。

表 10-9　计算结果

年份	国内旅游人次（X）/万人次	国内旅游收入（Y）/百万元	线性回归分析系数数值	线性回归分析系数
2011	320	260	—	—
2012	376	294	—	—
2013	414	313	1.205555	回归系数 *m*
2014	496	368	28.84396	回归常数 *b*
2015	484	356	0.111511	系数 *m* 的误差值
2016	526	427	40.64059	常数 *b* 的误差值
2017	601	483	0.958976	决定系数

（二）滑动平均（MA）模型

一般 MA 模型的数学形式为

$$y_t = \varepsilon_t + \varphi_1\varepsilon_{t-1} + \cdots + \varphi_q\varepsilon_{t-q} \tag{10-13}$$

式中，φ_q 称为滑动平均系数，ε_t 为白噪声序列。

式(10-13)称为 q 阶滑动平均模型，简记为 MA(q)。

例 7：根据表 10-10 中的数据，试运用 Excel 进行多元回归分析。

表 10-10　某地旅游收入情况一览表　（单位：万元）

月份	旅游总收入(Y)	国内旅游总收入(X_1)	国际旅游总收入(X_2)
1	320	176	144
2	352	212	140
3	436	268	168
4	517	316	201
5	586	376	210
6	634	410	224
7	679	433	246
8	702	452	240
9	816	521	295
10	858	545	313
11	796	503	293
12	713	470	243

解答如下：根据表格数据，进行数组运算。选择单元格范围 G15:I19，然后输入公式“=LINEST(B2:B13,C2:C13,1,1)”，然后同时按 Shift+Ctrl+Enter 组合键对数组执行运算，得到运算结果。

分析运算结果表(10-11)。第一行：从左至右依次是自变量 2 的系数、自变量 1 的系数和回归常数。第二行：第一行中对应数据的误差值。后几行的数据与一元线性回归部分的数据含义完全相同。

表 10-11　运算结果表　（单位：万元）

	旅游总收入(Y)	国内旅游总收入(X_1)	国际旅游总收入(X_2)
m	0.915599207	1.042319693	3.431346198
se	0.070150163	0.032850795	4.476701246
r	0.999781634	2.92429348	—
F	20603.06778	9	—
Sseg	352373.9532	76.96343119	—

从以上分析中可知，本例回归统计函数为：Y=1.04X_1+0.92X_2+3.43。

（三）自回归滑动平均（ARMA）模型

一般 ARMA 模型的数学形式为

$$y_t = \phi_1 y_{t-1} + \phi_2 y_{t-2} + \cdots + \phi_p y_{t-p} + \varepsilon_t + \varphi_1 \varepsilon_{t-1} + \cdots + \varphi_q \varepsilon_{t-q} \tag{10-14}$$

式中，ϕ_p 称为自回归系数，满足平稳性条件，φ_q 称为滑动平均系数，ε_t 为白噪声序列，式(10-14)称为 p 阶自回归-q 阶滑动平均模型，简记为 ARMA(p,q)。

从以上定义中可以看出，AR 模型和 MA 模型即为 ARMA 模型的特例。

当 $p=0$ 时，ARMA(p,q) 即为 MA(q)。

当 $q=0$ 时，ARMA(p,q) 即为 AR(p)。

二、ARMA 模型的识别

采用 ARMA 模型对现有的数据进行建模，首要的问题是确定模型的阶数，即相应的 p、q 值，对 ARMA 模型的识别主要是通过序列的自相关函数以及偏自相关函数进行的。

序列 y_t 的自相关函数度量了 y_t 与 y_{t-k} 之间的线性相关程度，用 ρ_k 表示，定义如下

$$\rho_k = \frac{r_k}{r_0} \tag{10-15}$$

式中，$r_k = \mathrm{cov}(y_t, y_{t-k})$，$r_0 = \mathrm{cov}(y_t, y_t)$ 表示序列的方差。

自相关函数刻画的是 y_t 与 y_{t-k} 之间的线性相关程度，而有时候 y_t 与 y_{t-k} 之间之所以存在相关关系，可能是因为 y_t 和 y_{t-k} 分别与它们的中间部分 $y_{t-1}, y_{t-2}, \cdots, y_{t-k+1}$ 之间存在关系，如果在给定 $y_{t-1}, y_{t-2}, \cdots, y_{t-k+1}$ 的前提下，对 y_t 和 y_{t-k} 之间的条件相关关系进行刻画，则要通过偏自相关函数 φ_{kk} 进行，偏自相关函数可由下面的递推公式得到

$$\varphi_{11} = \rho_1 \tag{10-16}$$

$$\varphi_{kk} = \frac{\rho_k - \sum_{j=1}^{k-1} \varphi_{k-1,j} \rho_{k-j}}{1 - \sum_{j=1}^{k-1} \varphi_{k-1,j} \rho_j} \tag{10-17}$$

$$\varphi_{k,j} = \varphi_{k-1,j} - \varphi_{kk} \varphi_{k-1,k-j} \quad (j = 1, 2, \cdots, k-1) \tag{10-18}$$

对于三类模型 AR、MA、ARMA，它们各自的自相关函数以及偏自相关函数特点如表 10-12 所示(具体推导可参阅相关时间序列分析书籍)。

表 10-12　AR、MA、ARMA 模型特点

	AR(p)	MA(q)	ARMA(p,q)
自相关函数 ρ_k	拖尾	q 步截尾$(\rho_k = 0, k > q)$	拖尾
偏自相关函数 φ_{kk}	p 步截尾$(\varphi_{kk} = 0, k > p)$	拖尾	拖尾

这里的拖尾指模型自相关函数或偏自相关函数随着时滞 k 的增加，呈现指数衰减并趋于零，而截尾则是指模型的自相关函数或偏自相关函数在某步之后全部为零。序列的自相关函数和偏自相关函数所呈现的这些性质可用于模型的识别。

1. 基于自相关函数和偏自相关函数的定阶方法

理论上讲，对于 AR(p)序列的偏自相关函数是 p 步截尾的，但实际中我们所接触到的往往是来自序列的一组样本，我们所计算的也只能是样本的偏自相关函数，由于样本的随机性，此时计算所得的样本偏自相关函数不可能是 p 步截尾的，而是呈现在零附近波动，所以要考虑的是样本偏自相关函数的统计性质，对于 MA(q)序列的样本自相关函数，同样应该考虑其统计性质。关于样本自相关函数 $\hat{\rho}_k$ 的估计方法很多，最常用的是如下的估计方法(关于样本偏自相关函数 $\hat{\varphi}_{kk}$ 的估计方法在后文给出)。

$$\bar{y}=\frac{1}{n}\sum_{t=1}^{n}y_t \tag{10-19}$$

$$\hat{\gamma}_k=\frac{1}{n}\sum_{t=1}^{n-k}\left(y_t-\bar{y}\right)\left(y_{t+k}-\bar{y}\right) \tag{10-20}$$

$$\hat{\rho}_k=\hat{\gamma}_k/\hat{\gamma}_0 \quad \left(k=0,1,2,\cdots,n-1\right) \tag{10-21}$$

式中，$\bar{y}$ 为样本均值，$\hat{\gamma}_k$ 称为样本自协方差函数。

例 8：有长度为 10 的一个样本：47、64、23、71、38、64、55、41、59、48，试计算样本自相关函数 $\hat{\rho}_1$。

解：样本均值 $\bar{y}=\frac{1}{10}(47+64+\cdots+48)=51$

所有数据减去均值：−4、13、−28、20、−13、4、−10、8、−3。

$$\hat{\gamma}_0=\frac{1}{10}[(-4)^2+13^2+\cdots+\left(-3\right)^2]=189.6$$

$$\hat{\gamma}_1=\frac{1}{10}[(-4)\left(13\right)+\left(13\right)\left(-28\right)+\cdots+\left(8\right)\left(-3\right)]=-149.7$$

$$\hat{\rho}_1=\hat{\gamma}_1/\hat{\gamma}_0=-149.7/189.6=-0.79$$

实际计算中需要至少 50 个观测值，k 一般取 $\sqrt{n}$。下面给出有关样本偏自相关函数和样本自相关函数的统计性质。

可以证明，当 $k>q$ 时，MA(q)序列的样本自相关函数 $\hat{\rho}_k$ 渐近服从 $N\left(0,\frac{1}{n}\left(1+2\sum_{l=1}^{q}\hat{\rho}_l^2\right)\right)$ 的正态分布。当 $k>p$ 时，AR(p)序列的样本偏自相关函数 $\hat{\varphi}_{kk}$ 渐近服从 $N\left(0,\frac{1}{n}\right)$ 的正态分布。n 表示样本容量。

所以，根据正态分布的性质，当 n 充分大时，有

$$p\left\{|\hat{\rho}_k|\leqslant\frac{1}{\sqrt{n}}\left(1+2\sum_{l=1}^{q}\hat{\rho}_l^2\right)\right\}=68.3\%$$

$$p\left\{|\hat{\rho}_k|\leqslant\frac{2}{\sqrt{n}}\left(1+2\sum_{l=1}^{q}\hat{\rho}_l^2\right)\right\}=95.5\%$$

对于某个 q，计算 $\rho_{q+1},\rho_{q+2},\ldots,\rho_{q+M}(M=[\sqrt{n}],[n/10])$ 时，$|\hat{\rho}_k|\leqslant\frac{1}{\sqrt{n}}\left(1+2\sum_{l=1}^{q}\hat{\rho}_l^2\right)$ 或者 $|\hat{\rho}_k|\leqslant\frac{2}{\sqrt{n}}\left(1+2\sum_{l=1}^{q}\hat{\rho}_l^2\right)$ 的个数是否占 M 的 68.3%或 95.5%，如果满足以上条件，则可认为在 31.7%或 4.5%的显著性水平下 $\hat{\rho}_k$ 是 q 步截尾的，即所研究的序列可能来自 MA(q)模型。

类似地，当 n 充分大时，有

$$p\left\{|\hat{\varphi}_{kk}|\leqslant\frac{1}{\sqrt{n}}\right\}=68.3\%$$

$$p\left\{|\hat{\varphi}_{kk}|\leqslant\frac{2}{\sqrt{n}}\right\}=95.5\%$$

对于某个 p，计算 $\varphi_{p+1},\varphi_{p+2},\cdots,\varphi_{p+M}(M=[\sqrt{n}],[n/10])$ 时，$|\hat{\varphi}_{kk}|\leqslant\frac{1}{\sqrt{n}}$ 或者 $|\hat{\varphi}_{kk}|\leqslant\frac{2}{\sqrt{n}}$ 的个数是否占 M 的 68.3%或 95.5%，如果满足以上条件，则可认为在 31.7%或 4.5%的显著性水平下 $\hat{\varphi}_{kk}$ 是 p 步截尾的，即所研究的序列可能来自 AR(p)模型。

例 9：设某平稳时间序列的样本容量为 50。根据样本自相关函数的定阶法则判断序列来自何种模型(给定显著性水平为 4.5%)。

解：$M=\left[\sqrt{50}\right]=7$。

当 $q=1$ 时，$\frac{2}{\sqrt{n}}\left(1+2\sum_{l=1}^{1}\hat{\rho}_l^2\right)^{1/2}=\frac{2}{\sqrt{50}}(1+2\times0.563^2)^{1/2}=0.362$，在样本自相关函数 $\hat{\rho}_{q+1},\hat{\rho}_{q+2},\ldots,\hat{\rho}_{q+M}$ 中满足 $|\hat{\rho}_k|\leqslant\frac{2}{\sqrt{n}}\left(1+2\sum_{l=1}^{q}\hat{\rho}_l^2\right)=0.362$ 的个数占到了 100%，在 4.5%的显著性水平下可认为自相关函数是 $q=1$ 截尾的，此时间序列符合 MA(1)模型。

例 10：设某平稳时间序列的样本容量为 50。根据样本偏自相关函数的定阶法则判断序列来自何种模型(给定显著性水平为 4.5%)。

解：$M=\left[\sqrt{50}\right]=7$。

当 $q=1$ 时，$\frac{2}{\sqrt{n}}=\frac{2}{\sqrt{50}}=0.2828$，在样本偏自相关函数 $\hat{\varphi}_{22},\hat{\varphi}_{33},\ldots,\hat{\varphi}_{88}$ 中满足 $|\hat{\varphi}_{kk}|\leqslant\frac{2}{\sqrt{n}}=0.2828$ 的个数占到了 $7/8=87.5\%<95.5\%$，当 $q=2$ 时，$\frac{2}{\sqrt{n}}=\frac{2}{\sqrt{50}}=0.2828$，在样本偏自相关函数 $\hat{\varphi}_{33},\hat{\varphi}_{44},\cdots,\hat{\varphi}_{99}$ 中满足 $|\hat{\varphi}_{kk}|\leqslant\frac{2}{\sqrt{n}}=0.2828$ 的个数占到了100%，在 4.5%的显著性水平下可认为自相关函数是 $q=2$ 截尾的，此时间序列符合 AR(2)模型。

2. 利用信息准则法定阶

信息准则法在模型选择中十分重要，关于定阶问题，实际上也是模型选择问题，这里给出两种准则。

(1) AIC。AIC 全称是 Akaike information criterion，即赤池信息量准则，是由 Akaike 在 1973 年提出的，该准则既考虑拟合模型对数据的接近程度，也考虑模型中所含待定参数的个数。关于 ARMA(p,q)，对其定义的 AIC 函数如下

$$\mathrm{AIC}(p,q)=n\ln(\hat{\sigma}^2)+2(p+q) \tag{10-22}$$

式中，$\hat{\sigma}^2$ 是拟合 ARMA(p,q)模型时残差的方差，它是(p,q)的函数。如果模型中含有常数项，则 $p+q$ 被 $p+q+1$ 代替。AIC 定阶的方法就是选择 AIC(p,q)最小的(p,q)作为相应的模型阶数。

(2) BIC。BIC 全称是 Bayesian information criterion，即贝叶斯信息准则。Akaike 在 1976 年改进了 AIC 准则，提出 BIC 准则。这样避免了在大样本情况下，AIC 准则选择阶数收敛性不好的缺点。关于 ARMA(p,q)，对其定义的 BIC 函数如下

$$\mathrm{AIC}(p,q)=n\ln(\hat{\sigma}^2)+2(p+q)\ln n \tag{10-23}$$

BIC 定阶的方法就是选择 AIC (p,q)最小的(p,q)作为相应的模型阶数。

利用 AIC 准则和 BIC 准则确定出来的 ARMA 模型可能不一致，一般说来，用 BIC 准则确定的 ARMA 模型的阶数较 AIC 准则低。

例 11：假设计算 AIC 和 BIC 的结果如表 10-13 和表 10-14 所示，用 AIC 和 BIC 准则确定滞后阶数。

表 10-13　AIC 准则计算结果

		q			
	阶数	0	1	2	3
p	0	−7.415	−7.455	−7.426	−7.373
	1	−7.390	−7.395	−7.422	−7.272
	2	−7.433	−7.383	−7.174	−7.221

在这里，最小的 AIC 为−7.455，所对应的阶数 $p=0,q=1$，故据 AIC 准则所选的最好模型为 MA(1)。

根据 BIC 准则，所选的最好的模型为白噪声，即对应的阶数均为 0。滞后阶数如表 10-14 所示。

表 10-14　BIC 准测计算结果

		q			
	阶数	0	1	2	3
p	0	−7.415	−7.411	−7.338	−7.239

续表

	q			
阶数	0	1	2	3
1	-7.346	-7.251	-6.998	-7.001
2	-7.345	-7.251	-6.998	--7.001

三、模型参数的估计

模型的阶数确定之后，就可以估计模型参数了。主要有 3 种估计方法：矩估计、极大似然估计和最小二乘估计。最小二乘估计和极大似然估计的精度较高，因而一般称为模型参数的精估计。最小二乘估计在一般的数理统计教材中都有全面的介绍，本书不再重述。而极大似然估计计算方法较为复杂，最后求解的方程皆为非线性方程，很难求解，所以实际中采用数值算法。其基本思路是：任意给出参数的一组数值，初步估计得到结果，计算出一个似然函数值；然后根据一定的法则，再给出参数的一组数值，又计算出一个似然函数值；依此类推，比较似然函数值，选择使似然函数值最大的那组参数。本节主要介绍矩估计法，以 AR 模型为例说明该方法，MA 和 ARMA 模型思路相同，只是步骤更复杂一些。

下面是一个零均值的 AR(p)模型

$$y_t = \phi_1 y_{t-1} + \phi_2 y_{t-2} + \cdots + \phi_p y_{t-p} + \varepsilon_t \tag{10-24}$$

需要估计的参数是 $\phi_1, \phi_2, \cdots, \phi_p$ 。

在模型两边同乘以 $y_{t-j}(j>0)$，可得

$$y_t y_{t-j} = \phi_1 y_{t-1} y_{t-j} + \phi_2 y_{t-2} y_{t-j} + \cdots + \phi_p y_{t-p} y_{t-j} + \varepsilon_t y_{t-j} \tag{10-25}$$

两边取期望，得

$$Ey_t y_{t-j} = \phi_1 Ey_{t-1} y_{t-j} + \phi_2 Ey_{t-2} y_{t-j} + \cdots + \phi_p Ey_{t-p} y_{t-j} + E\varepsilon_t y_{t-j} \tag{10-26}$$

由于 ε_t 与 $y_{t-j}(j>0)$ 不相关，所以 $E\varepsilon_t y_{t-j} = 0$，因此

$$r_j = \phi_1 r_{j-1} + \phi_2 r_{j-2} + \cdots + \phi_p r_{j-p} \quad (j>0) \tag{10-27}$$

式中，r_j 是序列 $\{y_t\}$ 的自协方差函数，易知序列的自相关函数 ρ_j 也满足上述关系式，即

$$\rho_j = \phi_1 \rho_{j-1} + \phi_2 \rho_{j-2} + \cdots + \phi_p \rho_{j-p} \quad (j = 1,2,3,\cdots) \tag{10-28}$$

把自相关函数展成 p 个方程，如下

$$\begin{aligned} \rho_1 &= \phi_1 \rho_0 + \phi_2 \rho_1 + \cdots + \phi_p \rho_{p-1} \\ \rho_2 &= \phi_1 \rho_1 + \phi_2 \rho_0 + \cdots + \phi_p \rho_{p-2} \\ &\cdots \\ \rho_p &= \phi_1 \rho_{p-1} + \phi_2 \rho_{p-2} + \cdots + \phi_p \rho_0 \end{aligned} \tag{10-29}$$

上述 p 个方程表示了平稳序列的自相关函数与模型未知参数的关系，被称为 Yule-Walker 方程。

自相关函数可以用样本自相关函数代替，所以此时的 Yule-Walker 方程只有 p 个未知数，解方程可以得到 $\phi_1,\phi_2,\cdots,\phi_p$ 的估计值，用矩阵表示

$$\begin{bmatrix}\hat{\phi}_1\\ \hat{\phi}_2\\ \vdots\\ \hat{\phi}_p\end{bmatrix}=\begin{bmatrix}1 & \hat{\rho}_1 & \cdots & \hat{\rho}_{p-1}\\ \hat{\rho}_1 & 1 & \cdots & \hat{\rho}_{p-2}\\ \vdots & \vdots & & \vdots\\ \hat{\rho}_{p-1} & \hat{\rho}_{p-2} & \cdots & 1\end{bmatrix}^{-1}\begin{bmatrix}\hat{\rho}_1\\ \hat{\rho}_2\\ \vdots\\ \hat{\rho}_p\end{bmatrix} \tag{10-30}$$

对于二阶自回归模型 AR(1)，根据上述结果可知 $\hat{\phi}_1=\hat{\rho}_1$。

对于二阶自回归模型 AR(2)，根据上述结果可知

$$\begin{cases}\hat{\phi}_1=\dfrac{\hat{\rho}_1(1-\hat{\rho}_2)}{1-\hat{\rho}_1^2}\\ \hat{\phi}_2=\dfrac{\hat{\rho}_2-\hat{\rho}_1^2}{1-\hat{\rho}_1^2}\end{cases} \tag{10-31}$$

四、马尔可夫预测法

在对游客行为意图的调查过程中，经常会遇到这种情况，如入境游客从客源国出发，通过北京航空口岸入境旅游。在中国旅游的过程中北京就是游客的第一站，接下来游客会转向哪一个旅游目的地呢？游客有多个备择方案，可能是中国经济龙头上海，也许是中国历史缩影古都西安，抑或是中国山水诗画景色的代表桂林。那么，这种情况下我们该如何预测游客的下一个目的地。在游客确定了下一个旅游目的地之后，第三个旅游目的地会是哪里呢？第四个、第五个呢？怎样做出预测呢？对此，可以运用马尔可夫链根据游客当前状态来推断预测游客下一行为对象的可能性。

(一) 马尔可夫链的基本原理

马尔可夫链针对一个系统的变动特征而言，对于某种现象在时间上的不同变动，倘若每次变动都是随机的，而且每次变动后呈现的状态仅与它此次变动前的一个状态特征有关，马尔可夫称之为无后效性，此类系统就叫马尔可夫链。对于马尔可夫链，应关注三点：

(1) 系统当前所处的状态，即初始状态的特征，由初始状态各种特征的概率表示的行向量说明；

(2) 随之产生的变化，即由初始状态可能向哪几种状态做出改变，以及这种改变发生的概率，系统将会对集中改变的概率表示出的一步转移概率矩阵做出说明；

(3) 预测第几期后的系统特征，就要计算几步转移概率矩阵，而这一矩阵是以一步转移概率矩阵为依据的。

(二) 马尔可夫方法概述

游客的旅游过程所形成的空间轨迹，乍一看也许是杂乱无章的，这一时间游客停留在西安，下一时间就有可能到了洛阳、敦煌或者北京。但是经过大样本量的抽调可以发现，

在游客空间转移过程中还是有规律可循的。但仅能够得出游客空间转移的各种可能结果还是不够的，对于科学研究而言，对游客空间转移进行全面预测，不仅要能够科学地指出事件发生的结果，而且还必须给出每一种结果可能出现的概率。

1. 马尔可夫(Markov)预测法

马尔可夫预测法是一种预测事件发生概率的方法。它是基于概率论原理，采用马尔可夫链，根据事件当前状态预测其将来各个时刻(或时期)状态转移过程可能的一种预测方法。马尔可夫预测法是对地理事件进行预测的基本方法。

在马尔可夫预测法的概念中，有两个重要的术语名词。状态，指某一事件在某个时刻(或时期)出现的某种结果；状态转移，指在事件的发展过程中，从一种状态转变为另一种状态。在事件的发展过程中，若每次状态的转移都仅与前一时刻的状态有关，而与过去的状态无关，或者说状态转移过程是无后效性的，则这样的状态转移过程就称为马尔可夫过程。

状态转移概率。在事件的发展变化过程中，从某一种状态出发，下一时刻转移到其他状态的可能性，称为状态转移概率。由状态 E_i 转为状态 E_j 的状态转移概率为 $P(E_i \to E_j)$，$P(E_i \to E_j) = P(E_j / E_i) = P_{ij}$。假定某一个事件的发展过程有 n 个可能的状态，即 $E_1, E_2, \ldots, E_n$，$P(E_i \to E_j)$ 记为从状态 E_i 转变为状态 E_j 的状态转移概率，则下面矩阵称为状态转移概率矩阵：

$$\boldsymbol{P} = \begin{bmatrix} P_{11} & P_{12} & \cdots & P_{1n} \\ P_{21} & P_{22} & \cdots & P_{2n} \\ \vdots & \vdots & & \vdots \\ P_{n1} & P_{n2} & \cdots & P_{nn} \end{bmatrix} \tag{10-32}$$

在概率矩阵中，需要满足的条件是

$$\begin{cases} 0 \leqslant P_{ij} \leqslant 1 & (i, j = 1, 2, \cdots, n) \\ \sum\limits_{j=1}^{n} P_{ij} = 1 & (i = 1, 2, \cdots, n) \end{cases}$$

在实际分析时要做出准确预测，即在考虑到多种环境因素变化对游客行为影响之后，游客做出旅游决策所呈现出来的状态。经此一段时间后，游客的空间行为会做出何种变化，需要建立一个能反映游客变化规律的数学模型。该模型即马尔可夫预测模型，它是利用概率原理建立的一种可用于旅游市场趋势分析的随机型时序模型。

2. 马尔可夫分析法的基本模型

$$\boldsymbol{X}(k+1) = \boldsymbol{X}(k) \times \boldsymbol{P} \tag{10-33}$$

式中，$\boldsymbol{X}(k)$ 表示趋势分析与预测对象在 $t=k$ 时刻的状态向量，$\boldsymbol{P}$ 表示一步转移概率矩阵，$\boldsymbol{X}(k+1)$ 表示趋势分析与预测对象在 $t=k+1$ 时刻的状态向量。

因为该模型是马尔可夫预测模型中最基本的模型，所以该模型的使用具有一定程度的限制。该模型仅适用于具有马尔可夫性的时间序列预测，即游客后一行为仅受当前行为的影响。此外，该模型是建立在概率基础之上的，要求时间序列的变化幅度不宜过大，以免产生不可接受的预测偏差。因此，该模型的运用受到状态转移概率的影响，如若概率变动过大则不适用。除此之外，导致游客行为变化的因素错综复杂，很难在长时间内保证游客状态转移概率保持稳定，因此一般情况下该模型更适用于短期的旅游市场预测和分析。

3. 马尔可夫稳定状态

要保证马尔可夫预测尽可能精确，关键就在于是否能够得到一个稳定的马尔可夫转移概率矩阵。在经过一段时间后，马尔可夫过程趋于稳定状态，而且与转移初始状态无关。此时求得的马尔可夫转移矩阵就是预测所需的稳定状态概率，也称稳定概率。在旅游市场趋势预测分析中，如何求解得到市场趋势分析对象的稳定概率至关重要。

在马尔可夫分析法的基本模型中，当 $\boldsymbol{X}(k+1)=\boldsymbol{X}(k)\times\boldsymbol{P}$ 时，$\boldsymbol{X}$ 是 $\boldsymbol{P}$ 的稳定概率，即系统达到稳定状态时的概率向量，也称 $\boldsymbol{X}$ 是 $\boldsymbol{P}$ 的固有向量或特征向量，而且其具有唯一性。

(三) 马尔可夫预测法在旅游预测中的应用

将马尔可夫预测法引入旅游预测中，为旅游目的地宣传营销策略制定和服务接待能力调整提供了重要的参考依据。

马尔可夫预测法在旅游市场分析中的使用步骤如下。

(1) 调查目前的旅游市场份额。马尔可夫预测要求有大量的一手数据作为原始数据，进而可以准确掌握游客大规模的空间运动轨迹。

(2) 调查游客做出旅游决策的变动情况。在获得市场份额数据之后开始处理，分析得出游客空间转移动向并进行数理统计，获得状态转移概率。

(3) 建立数学模型。依据获取的转移概率，构造游客行为空间转移概率矩阵，建立并完善马尔可夫预测数学模型。

(4) 预测未来旅游市场中游客动向或市场份额。以当前状态为圆点，结合所构造的预测数学模型对游客进行预测。

例 12：某旅游目的地旅游收入变化有 3 种状态，即“盈利”“持平”“亏损”。记 E1 为“盈利”状态，E2 为“持平”状态，E3 为“亏损”状态。表 10-15 给出了该地 1980～2009 年旅游收入的变化情况。试计算该地旅游收入变化的状态转移概率矩阵。

分析步骤如下:

从表 10-15 可以知道，在 12 个从 E1 出发（转移出去）的状态中，

有 3 个是从 E1 转移到 E1 的，即 1→2，20→21，24→25

有 6 个是从 E1 转移到 E2 的，即 2→3，9→10，12→13，15→16，25→26，29→30

有 3 个是从 E1 转移到 E3 的，即 6→7，17→18，21→22

故可知：

P11=P(E1→E1)=P(E1 / E1)=3 / 12=0.2500

P12=P(E1→E2)=P(E2 / E1)=6 / 12=0.5000

P13=P(E1→E3)=P(E3 / E1)=3 / 12=0.2500

表 10-15 某旅游目的地旅游收入变化的 3 种状态

年份	序号	状态	年份	序号	状态	年份	序号	状态
1980	1	E1	1990	11	E3	2000	21	E1
1981	2	E1	1991	12	E1	2001	22	E3
1982	3	E2	1992	13	E2	2002	23	E2
1983	4	E3	1993	14	E3	2003	24	E1
1984	5	E2	1994	15	E1	2004	25	E1
1985	6	E1	1995	16	E2	2005	26	E2
1986	7	E3	1996	17	E1	2006	27	E2
1987	8	E2	1997	18	E3	2007	28	E3
1988	9	E1	1998	19	E3	2008	29	E1
1989	10	E2	1999	20	E1	2009	30	E2

同理可知：

P21=P(E2→E1)=P(E1 / E2)=4 / 9=0.4444

P22=P(E2→E2)=P(E2 / E2)=1 / 9=0.1111

P23=P(E2→E3)=P(E3 / E2)=4 / 9=0.4444

P31=P(E3→E1)=P(E1 / E3)=3 / 7=0.4286

P32=P(E3→E2)=P(E2 / E3)=3 / 7=0.4286

P33=P(E3→E3)=P(E3 / E3)=1 / 7=0.1429

结论：该旅游目的地旅游收入变化状态转移概率矩阵为

$$\boldsymbol{P}=\begin{bmatrix}0.2500 & 0.5000 & 0.2500\\0.4444 & 0.1111 & 0.4444\\0.4286 & 0.4286 & 0.1429\end{bmatrix}$$

练 习 题

1. 时间序列分析预测法是什么？影响时间序列的因素有哪些？时间序列分析预测法的步骤是什么？
2. 移动平均法的定义和作用是什么？
3. 趋势线法的定义和分析步骤是什么？
4. 采取季节指数法应该满足哪些条件？其分析步骤是什么？
5. 自回归分析预测法定义及其分析步骤是什么？
6. 怎样运用马尔可夫链进行旅游市场分析预测？

第十一章　“三个臭皮匠赛过诸葛亮”：德尔菲法在旅游市场中的应用

本章概要

- ➢德尔菲法的基本概念
- ➢德尔菲法的特征
- ➢德尔菲法的优缺点及应用范围
- ➢德尔菲法的操作程序

第一节　德尔菲法概述

一、德尔菲法的概念

德尔菲法，也称专家调查法，是在20世纪40年代由Helmer和Dalkey首创，经过戈登和美国兰德公司进一步发展而成的。

1946年，兰德公司首次用这种方法进行预测，后来该方法被广泛采用。德尔菲法并不是替代统计预测的方法，而是在数据量不充分、前期趋势发生改变或是新的影响因素出现的情况下，为了弥补数学分析方法的不足而产生的一种预测方法。

二、德尔菲法的起源与演变

德尔菲法的演变大致经历了5个时期，分别是隐蔽时期、新奇时期、流行时期、审视时期以及持续和改进时期。

隐蔽时期是从20世纪50年代到20世纪60年代，主要用于军方的智囊活动。在名为“德尔菲专案”项目的帮助下，美国空军赞助兰德公司进行研究，Dalkey和Helmer发明这项技术用于获得关于第二次世界大战之后武器需求的可靠共识判断。

新奇时期主要指20世纪60年代，德尔菲法被应用在其他预测活动中，例如对社会趋势的预测和对技术发展路径的预测等方面。

流行时期是指20世纪60年代末到20世纪70年代。此时的德尔菲法不仅应用于预测领域，在评估其他复杂的社会问题，如环境、交通和健康等时，也采用了德尔菲法。

审视时期是指20世纪70年代到20世纪80年代。在兰德公司的支持下，Sackman于1975年发表“德尔菲评价、专家意见、预测和群体过程”一文，提出对德尔菲法的批评。此后，出现了一大批关于这项技术缺陷的讨论。

持续和改进时期为1980年至今。多数学者都接受了德尔菲法是对复杂社会问题进行分析的一项合理且有价值的技术的观点。争论的焦点由德尔菲法的准确性问题转向如何更好地应用和改进这项技术。因此，这一时期的研究在预测的准确性、群体的稳定性、反馈行为和专家的角色等方面都取得了不小进步。

第二节　德尔菲法的特征

通常，德尔菲法被用在复杂和知识不完善的不确定领域，在这样的领域内，没有所谓正确答案或者铁的事实，专家的一致意见被看作可接受的备选答案。Hanafin等(2007)就认为德尔菲法特别适用于解决以下复杂问题。

(1)由道德、政治、法律或社会困境主导的经济或技术难题。

(2)财力、空间和时间的限制而导致的面对面接触不可能或是不可取的民主参与。

(3)缺少精确的分析技术和确定的知识，搜集能够达成统一的群体意见是唯一可行的办法。

(4)相关的专家来自不同的领域或职业，并且没有直接交流。

德尔菲法之所以独特，在于它避免了心理因素、劝导的力量、不愿意放弃“规范”以及从众效应带来的影响，也减少了不同声音被淹没在一个主导意见下的风险。通过合理设计，德尔菲法能够获得过程和结果的收益，因为专家是被有目的地选择的，并且在事前都被全面地告知了目标、程序和期望的结果。所以，在实施过程中鼓励进行真切的讨论，每个人的意见都被赋予相同的权重。

德尔菲法的主要特征如下。

(1)匿名性。德尔菲法采用匿名信函征求意见，专家们之间不发生联系，只与预测领导小组成员联系，专家可以不公开自己的意见，并可以参考前一轮的预测结果修改自己的观点而无需做出公开说明。

(2)结构性。信息流是由研究者来协调的，专家之间没有直接的信息交流。

(3)反馈性。德尔菲法一般要进行3轮或4轮。在匿名的情况下，为了使参加预测的专家掌握每一轮的汇总结果和了解其他专家的意见，达到相互启发的目的，预测领导小组对每一轮的预测结果做出统计和处理，并作为反馈材料寄给每一位专家，作为下一轮预测时的参考。

(4)统计特性。定量处理是德尔菲法的一个重要特点。为了给出定量的预测结果，在轮番征询过程中，每次专家意见都经过统计归纳处理，使专家意见趋于一致。

第三节　德尔菲法和旅游研究

应用德尔菲法来解决复杂的旅游问题已经获得认可。由于德尔菲法的一些特性和旅游行业的特点十分契合，大家普遍认为德尔菲法在旅游研究中是有优势的。

首先，德尔菲法可以用来预测影响或者可能影响旅游行业的不确定性问题。例如，边境安全、气候变化、极端天气事件、恐怖主义和政治不稳定等。其次，因为是匿名的，这个方法为参与者提供了充分表达自己意见的自由，从而保证个人贡献的意见是理智的、反射性的，不受到他人或主导声音的影响，规避了其他群体方法(例如工作坊、焦点小组、大众会议等)可能的缺陷。这一方法依赖专家的判断，参与者可能正好是能够将德尔菲法的研究成果应用于实践的人，而这样的专家也应多被邀请参加德尔菲法的研究。

德尔菲法可以根据旅游专家对研究问题的熟悉程度和经验自由选择，而不受制于地域或是狭隘的专家定义，尤其是旅游行业和旅游研究领域的分割导致人们很少有机会交流和交换想法时，德尔菲法提供了特别适合想法生成和交换的平台。因为成本相对较低，可以很快获得反馈且易于管理，德尔菲法为激发新创意，扩展或综合专家的知识提供了便捷、有效的手段。

德尔菲法提供了可靠性和通用性的结果。这一点对于旅游预测来说尤其有用。德尔菲法为研究者跳出简化论和线性分析的思考范式提供了一个有用的工具，诸如可持续发展、气候变化和文化敏感性等问题。德尔菲法的迭代反馈形成了对问题的整体洞察，而不是各部分的加总。

尽管德尔菲法在旅游研究中的优势明显，但在运用德尔菲法时还要注意 3 点。

(1) 专家的意见没有“铁的事实”能更令人满意。

(2) 专家判断的好坏无从知晓，在研究中一般应给予同样的权重。

(3) 这一方法更适合对整体趋势进行预测，而对于地域、顾客群体或是产品类型的特定分析则不是那么可靠。

总体而言，德尔菲法是一种对操作流程十分敏感的方法，要想成功实施德尔菲法的研究，必须精心设计、谨慎操作。

第四节　德尔菲法的操作程序

一、德尔菲法的操作流程

德尔菲法的操作流程一般包括 3 个阶段，分别是准备阶段、融合阶段和共识阶段。各阶段具体的操作步骤如图 11-1 所示。

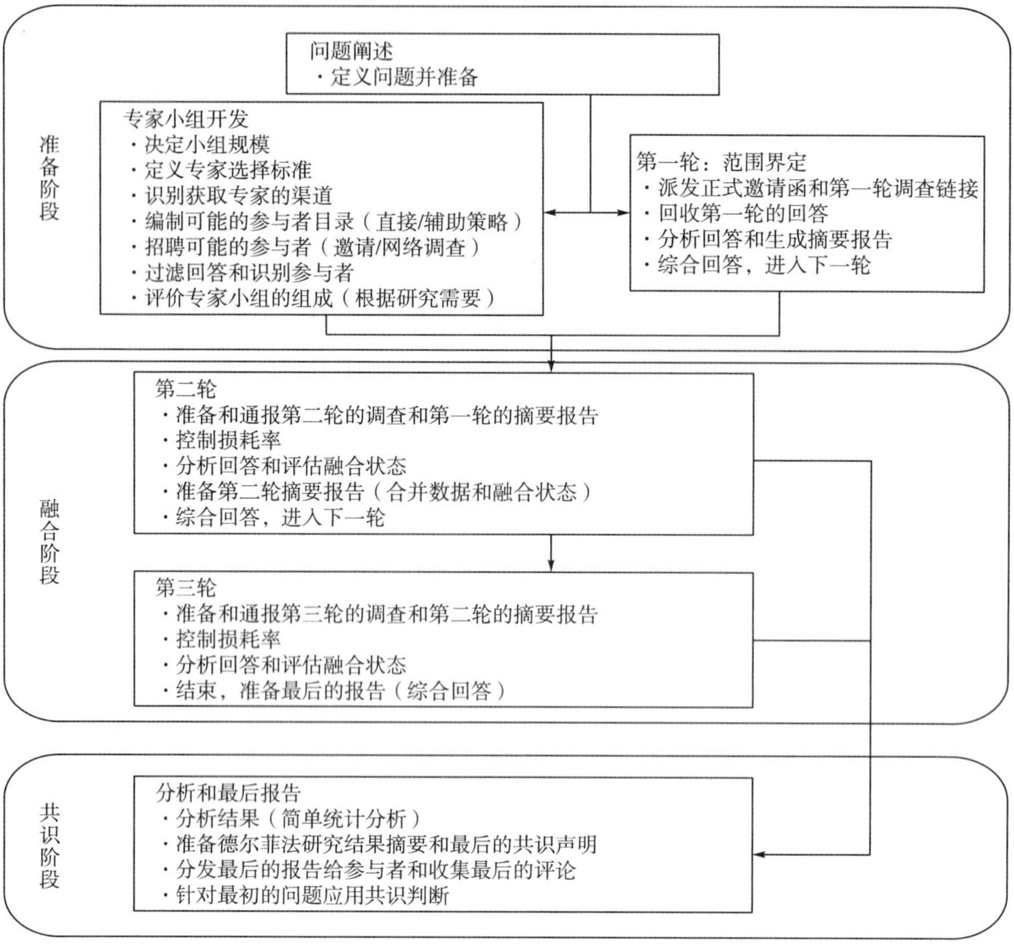

图 11-1　三阶段德尔菲法

资料来源：Donohoe, 2011

二、德尔菲法如何进行

在采用德尔菲法进行预测的过程中，选择专家与设计意见征询表是两个最重要的环节，它们是德尔菲法成败的关键。

(1)确定预测主题。调查的组织者选择有研究价值、对市场未来发展趋势有重要影响、但是有意见分歧的问题作为预测主题，并收集整理有关调查主题的背景材料。

(2)选择专家。经典德尔菲法是由专家根据预测主题提出预测事件的，因此预测主题确定后，首先要选择专家。所谓专家就是对预测主题和预测问题有比较深入的研究、学识渊博、经验丰富、有分析和预测能力的人。在选择专家时应注意以下问题。

①广泛性。首先从内部选择专家，即企业内部对市场、预测问题有研究的专家；其次选择本领域的相关专家学者或权威人士；最后是从相关领域挑选对市场和预测有研究的专家。这样才能避免预测结果的片面性，获得优质的预测结果。

②适度性。专家的人数根据预测主题的规模而定，人数过多，不易组织联络，预测费用增加，人数过少，信息量不足，预测结果的质量很难保证。一般专家组以 15～30 人为宜。

在大多数旅游研究中，专家的选择是通过非概率抽样的方法，例如滚雪球和有目的抽样。

(3) 进行初步预测。组织者将预测主题及相关背景材料分发给专家，专家们在独立思考的情况下，完成第一次预测工作。

(4) 反复征询专家意见。在初次预测结束后，对专家的预测结果进行综合、整理、分析，然后反馈给各位专家。各位专家可以根据第一次预测结果修改、补充自己的意见。如此反复多次，直到各位专家的意见趋于一致。通常的德尔菲法研究征询意见为 2 轮或 3 轮。

(5) 控制损耗率。在德尔菲法进行的过程中，一些专家会在融合阶段的几轮征询意见之后退出专家组，这就被称为损耗。产生损耗有两个主要原因：一是在形成一致意见过程中需要消耗大量的时间和精力；二是由于缺乏面对面的交流，专家难以一直保持较高热情。专家组的损耗可能导致研究结果不准确。因此，为了保持专家组的稳定，研究人员在开始就要考虑专家可能退出研究的情况，预计一个最小的专家小组规模，形成一套专家小组管理方案，通过各种手段鼓励专家继续参与研究。

(6) 汇总、整理最后预测结果。最后需对专家的预测结果进行技术处理和汇总，撰写和提交预测报告，完成预测工作。

第五节 实际案例运用

一、案例简况

漂流旅游越来越受市场欢迎。漂流最初起源于爱斯基摩人的皮船和中国的竹木筏，但那时都是为了满足人们的生存和生活需要。漂流成为一项真正的户外运动是在第二次世界大战后，一些喜欢户外运动的人尝试把退役的充气橡皮艇作为漂流工具，逐渐演变成今天的水上漂流运动。漂流旅游作为一个新兴的项目，预测其发展前途，了解其发展的主要影响因素等问题，对我国漂流旅游的良性发展很有意义。

二、德尔菲法的应用

(1) 确定研究主题。漂流旅游作为一项新型的旅游项目，人们对它的认识还不充分。漂流旅游有很多属性：①漂流旅游具备生态旅游的特点，旅游地是原生、自然、和谐的生态系统，旅游者能充分感受到“天人合一”的生态和谐，对旅游地破坏程度低；②漂流是富有刺激性和挑战性的旅游活动，具有探险的属性；③漂流旅游所提供的是一个典型的体验活动产品，游客在景区的整个过程都是体验过程；④漂流旅游还有体育属性，它是一项由科学探险演变而来的体育旅游项目。由于漂流旅游具有多属性的特点，影响漂流旅游发展的因素也较多。因此，本项目的研究主题明确为“预测中国漂流旅游发展的影响因素”。

(2)选择专家。本研究选择了 15 位专家进行意见的征询，专家组的来源主要包括：7 位做过漂流方面研究的相关专家学者、3 位经营漂流公司的管理者、2 位经营漂流的中介公司管理者、2 位旅游局和体育局的政府官员以及 1 位漂流协会的管理者。

①问卷设计和初步预测。问卷设计主要根据国内外漂流旅游文献“词频”进行总结，从中提炼出影响漂流旅游发展的主要类别：资源、政策、基础设施、企业、协会与机构、人员、其他 7 个方面(表 11-1)。问卷采用利克特 5 分测量方法(Likert 5 point)(用分值表示影响的重要程度)，5 表示影响非常重要，4 表示影响重要，3 表示中性，2 表示影响不重要，1 表示影响非常不重要。

表 11-1　咨询问卷主要内容

主要问题	详细内容
资源	漂流旅游资源、周边其他旅游资源、当地气候状况、区域内漂流旅游资源密集程度等
政策	体育局水上运动管理中心、旅游局、环保局的漂流旅游整体规划及旅游节事活动等
基础设施	漂流旅游安全设施、当地食宿设施状况、当地交通状况等
企业	漂流旅游经营公司、漂流旅游投资公司、旅游中介公司等
协会与机构	漂流协会、漂流俱乐部、学术研究机构等
人员	旅游者、经营管理者、导游人员、当地社区、社会公众等
其他	宣传报道、宣传口号等

我们采用 E-mail 分发和电话确认的方式分发第一轮问卷，专家们在独立思考的情况下完成第一轮的测试工作。收回问卷后，整理结果，根据结果制定第二轮问卷。

将第一轮问卷结果录入 SPSS，如图 11-2 所示。

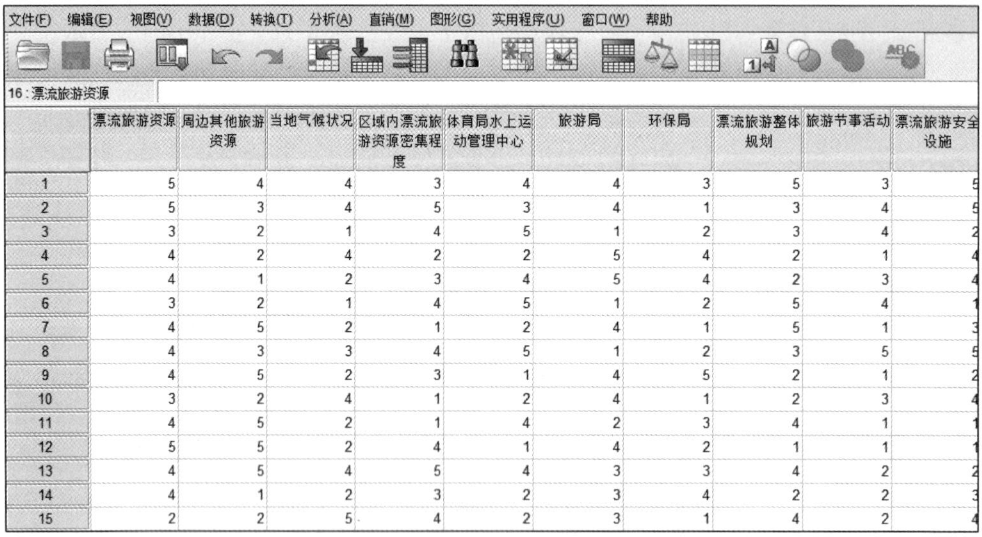

	漂流旅游资源	周边其他旅游资源	当地气候状况	区域内漂流旅游资源密集程度	体育局水上运动管理中心	旅游局	环保局	漂流旅游整体规划	旅游节事活动	漂流旅游安全设施
1	5	4	4	3	4	4	3	5	3	5
2	5	3	4	5	3	4	1	3	4	5
3	3	2	1	4	5	1	2	3	4	2
4	4	2	4	2	2	5	4	2	1	4
5	4	1	2	3	4	5	4	2	3	4
6	3	2	1	4	5	1	2	5	4	1
7	4	5	2	1	2	4	1	5	1	3
8	4	3	3	4	5	1	2	3	5	5
9	4	5	2	3	1	4	5	2	1	2
10	3	2	4	1	2	4	1	2	3	4
11	4	5	2	1	4	2	3	4	1	1
12	5	5	2	4	1	4	2	1	1	1
13	4	5	4	5	4	3	3	4	2	2
14	4	1	2	3	2	3	4	2	2	3
15	2	2	5	4	2	3	1	4	2	4

图 11-2　第一轮专家意见

在对第一轮统计结果分析研究的基础上，根据专家意见，对漂流旅游发展影响因素进行分类调整，对于一些表述模糊不清的指标进行重新界定，对一些重要指标进行进一步分解，然后进行第二轮调查统计分析。

②第二轮统计分析。将第一轮问卷的统计总结附在第二轮问卷上寄给第一轮征询的专家组，并附上各个专家第一轮回答的问卷复印件作为参考。同时发放第二轮的调查问卷。回收第二轮调查问卷，并录入 SPSS 进行统计分析。对第二轮测试的量表进行同质性信度分析，结果表明，本轮量表的同质性信度 α 系数为 0. 905，表明此量表可信度很强，能有效地用于测量专家意见。然后计算各指标的描述性统计值，如表 11-2 所示。

表 11-2 第二轮专家意见分析结果

序号	指标层	平均值	方差	标准差	变异系数
1	流量	4.47	0.133	0.516	0.12
2	落差	4.00	0.195	0.756	0.19
3	沿途景观	3.93	0.153	0.594	0.15
4	资源的开发与保护	4.07	0.182	0.704	0.17
5	气候状况	4.00	0.169	0.655	0.16
6	起漂点和终漂点的管理与服务	4.00	0.138	0.535	0.13
7	漂流过程中的管理与服务	3.80	0.145	0.561	0.15
8	工作人员的专业水平与服务态度	4.20	0.175	0.676	0.16
9	漂流价格	4.07	0.118	0.458	0.11
10	广告宣传	3.67	0.270	01.047	0.29
11	投资规划水平	4.00	0.195	0.756	0.19
12	漂流安全措施状况	4.47	0.133	0.516	0.12
13	消费者满意度与回头率	4.27	0.182	0.704	0.16
14	当地社区的支持	3.73	0.182	0.704	0.19
15	与主体客源市场的距离	3.93	0.228	0.884	0.22
16	主体客源市场经济发展水平	3.47	0.165	0.640	0.18
17	主体客源市场常住人口数量	3.73	0.206	0.799	0.21
18	主体客源市场流动人口数量	3.80	0.175	0.676	0.18
19	区域内漂流旅游竞争对手	3.33	0.159	0.617	0.19
20	销售代理商的宣传	3.40	0.163	0.632	0.19

与此同时，为了保证专家整体评价的一致有效性，对评分结果采用肯德尔和谐系数(Kendall' s W)检验专家的评判标准是否一致。在 SPSS 中选择“分析”→“非参数检验”→“旧对话框”→“K 个相关样本”，如图 11-3 所示。

图 11-3 用 SPSS 计算肯德尔和谐系数

将左边的变量选择进入右边检验变量，勾选“Kendell 的 W”选项，单击“OK”(确定)。得到专家评分一致性检验结果，如表 11-3 所示。

表 11-3 专家评分一致性检验

检验项	检验结果
N(样本数)	15
Kendall's W (a) (肯德尔和谐系数)	0.192
Chi-Square(卡方值)	54.584
df(自由度)	19
Asymp. Sig. (显著性水平)	0.000

检验结果表明，本次专家评分检验得到的卡方值为 54.584，肯德尔和谐系数为 0.192，远远小于 1，显著性水平为 0.000，小于给定的显著性水平 0.05。因此，可以认为本次专家的评判标准较为一致，能够反映实际情况，测量结果可信度较高。

③汇总、整理预测结果。经过分析，本次研究得出影响我国漂流旅游发展的主要因素有漂流安全设施设备的可靠性、流量、落差、沿途景观等漂流旅游资源自身的状况、消费者的满意度与回头率等。而区域内漂流旅游的竞争对手和销售代理商的宣传则相对不那么重要。

参考文献

旷雄杰，2001. 基于德尔菲法的中国漂流旅游发展影响因素研究[J]. 旅游学刊, 26(6): 42-46.

Donohoe H M, 2001. A Delphi toolkit for ecotourism research[J]. Journal of Ecotourism, 10(1)： 1-20.

Donohoe H M，Needham R D,2009.Moving best practice forward: Delphi characteristics, advantages, potential problems, and solutions[J]. International Journal of Tourism Research, 11(5): 415-437.

Hanafin S, Brooks A M，Carroll E, et al. 2007. Achieving consensus in developing a national set of child well-being indicators[J]. Social Indicators Research, 80(1):79-104.

Lin V S，Song H，2015. A review of Delphi forecasting research in tourism[J]. Current Issues in Tourism, 18(12): 1099-1131.

练 习 题

1. 德尔菲法的优缺点是什么，主要步骤包括哪些？
2. 在旅游市场研究的范围内，列举出不少于 3 种德尔菲法的应用情境。
3. 说明如何在本章操作案例中控制专家的损耗率。

第十二章　原因探究：回归分析预测

本 章 概 要

➢一元线性回归分析及其实例应用
➢多元线性回归分析及其实例应用
➢非线性回归分析及其实例应用
➢逻辑斯谛回归分析及其实例应用

第一节　回归预测法概述

一、变量间的关系

客观世界中，变量间普遍存在关系，数学的一个重要作用就是从数量上揭示、表达和分析这些关系。而变量之间的关系，一般可分为确定和非确定两类，即函数关系和相关关系。

函数关系是人们比较熟悉的。设有两个变量 x 和 y，y 随 x 一起变化，并完全依赖 x，当 x 取某个数值时，y 依确定的关系取相应的值，则称 y 是 x 的函数，记为 $y=f(x)$，其中 x 为自变量，y 为因变量。

函数关系是一一对应的确定关系。但在旅游研究中，变量之间的关系却并非函数关系那么简单。例如，游客收入和旅游消费的关系、旅游人次和可支配收入的关系、某旅游景区的广告投入与收入之间的关系等。它们之间是有关联的，但是它们之间的关系又不能用普通函数来表示，这类非确定性关系称为相关关系。具有相关关系的变量虽然不具有确定的函数关系，但是可以借助函数关系来表示它们之间的统计规律，这种近似地表示它们之间相关关系的函数被称为回归函数。回归分析是研究两个或两个以上变量相关关系的一种重要统计方法。

二、回归预测法的概念

在实际应用中最简单的是由两个变量组成的关系。考虑用模型 $y = f(x)$ 表示，由于两个变量之间不存在确定的函数关系，因此必须把随机波动考虑进去，故引入模型

$$y = f(x) + \varepsilon \tag{12-1}$$

式中，y 是因变量，x 是自变量，ε 是随机变量(称为随机误差)。

回归预测法是通过对预测对象和影响因素的统计整理和分析，找出它们之间的变化规律，将变化规律用数学模型表示出来，并利用数学模型进行预测的分析方法。因此，回归分析预测法是一种重要的旅游市场预测方法，当我们在对市场未来发展状况和水平进行预测时，如果能将影响市场预测对象的主要因素找到，并且能够取得其数量资料，就可以采用回归分析预测法进行预测。它是一种具体、行之有效、实用价值很高的常用市场预测方法。

回归分析预测法有多种类型。根据回归分析预测所涉及变量的数量与关系类型，可以分为一元线性回归分析预测、多元线性回归分析预测、非线性回归分析预测和逻辑斯谛回归分析预测。

三、回归分析预测法的步骤

1. 根据预测目标，确定自变量和因变量

明确预测的具体目标，也就确定了因变量。如预测的具体目标是下一年度的旅游外汇收入，那么旅游外汇收入 y 就是因变量。通过市场调查和查阅资料，寻找与预测目标相关的影响因素，即自变量。

2. 建立回归预测模型

依据自变量和因变量的历史统计资料进行计算，在此基础上建立回归分析方程，即回归分析预测模型。

3. 进行相关分析

回归分析是对具有因果关系的影响因素(自变量)和预测对象(因变量)进行的数理统计。只有当自变量与因变量确实存在某种关系时，建立的回归方程才有意义。因此，作为自变量的因素与作为因变量的预测对象是否有关，相关程度如何，以及判断这种相关程度的把握性多大，就成为回归分析必须要解决的问题。进行相关分析，一般要计算相关关系，以相关系数来判断自变量和因变量的相关程度。

4. 检验回归预测模型，计算预测误差

回归预测模型是否可用于实际预测，取决于对回归预测模型的检验和对预测误差的计算。回归方程只有通过各种检验，且预测误差较小时才可用于实际预测。

5. 计算并确定预测值

利用回归预测模型计算预测值，并对预测值进行综合分析，确定最后的预测值。

第二节　一元线性回归分析

一、一元线性回归模型与回归方程

进行回归分析时，首先需要确定哪个是因变量，哪个是自变量。在回归分析中，被预测或被解释的变量称为因变量，用 y 表示。用来预测或用来解释因变量的一个或多个变量称为自变量，用 x 表示。当回归中只涉及一个自变量时称为一元回归，当因变量 y 与自变量 x 之间为线性关系时，称为一元线性回归。

对于具有线性关系的两个变量，可以用一个线性方程来表示他们之间的关系，对于只涉及一个自变量的一元线性回归模型可表示为

$$y=\beta_0+\beta_1 x+\varepsilon \tag{12-2}$$

式中，β_0、β_1 为待定系数，ε 为随机误差，应当满足两个前提条件，即

$$\begin{cases}E(\varepsilon)=0\\ \operatorname{Var}(\varepsilon)=\sigma^2\end{cases} \tag{12-3}$$

回归分析就是根据样本观察值寻求 β_0、β_1 的估计值 $\hat{\beta}_0$、$\hat{\beta}_1$，对于给定 x，取

$$\hat{y}=\hat{\beta}_0+\hat{\beta}_1 x \tag{12-4}$$

作为 $E(Y)=\beta_0+\beta_1 x$ 的估计，式(12-4)称为 Y 关于 x 的线性回归方程或经验公式，其图像称为回归直线，$\hat{\beta}_1$ 称为回归系数。

要将一元线性回归模型用于预测，就要估计出未知参数。一个好的估计量应满足一致性、无偏性和有效性的要求。线性回归模型参数估计通常用最小二乘法，样本的一组观察值 $(x_1,y_1),(x_2,y_2),\cdots,(x_n,y_n)$，对每个 x_i，由式(12-5)可以确定一个回归值

$$\hat{y}_i=\hat{\beta}_0+\hat{\beta}_1 x_i \tag{12-5}$$

这个回归值 $\hat{y}_i$ 与实际观察值 y_i 之差为

$$y_i-\hat{y}_i=y_i-(\hat{\beta}_0+\hat{\beta}_1 x_i) \tag{12-6}$$

表示 y_i 与回归直线 $\hat{y}=\hat{\beta}_0+\hat{\beta}_1 x$ 的偏离度。

令

$$Q(\beta_0,\beta_1)=\sum_{I=1}^{n}(y_i-\beta_0-\beta_1 x_i)^2 \tag{12-7}$$

式(12-7)表示所有观察值 y_i 与回归直线 $\hat{y}_i$ 的偏离平方和，表示所有观察值与回归直线的偏离度。所谓最小二乘法，就是寻求 β_0 与 β_1 的估计 $\hat{\beta}_0$ 和 $\hat{\beta}_1$，使 $Q(\hat{\beta}_0,\hat{\beta}_1)=\min Q(\beta_0,\beta_1)$。利用微分方法，求 Q 关于 β_0、β_1 的偏导数，并令其为零，得

$$\begin{cases}\dfrac{\partial Q}{\partial \beta_0}=-2\sum\limits_{i=1}^{n}(y_i-\beta_0-\beta_1 x_i)=0\\ \dfrac{\partial Q}{\partial \beta_1}=-2\sum\limits_{i=1}^{n}(y_i-\beta_0-\beta_1 x_i)x_i=0\end{cases} \tag{12-8}$$

整理得

$$\begin{cases} n\beta_0+\left(\sum_{i=1}^{n}x_i\right)\beta_1=\sum_{i=1}^{n}y_i \\ \left(\sum_{i=1}^{n}x_i\right)\beta_0+\left(\sum_{i=1}^{n}x_i^2\right)\beta_1=\sum_{i=1}^{n}x_iy_i \end{cases} \tag{12-9}$$

式(12-9)为正规方程组，解正规方程组得

$$\begin{cases} \hat{\beta}_0=\overline{y}-\overline{x}\hat{\beta}_1 \\ \hat{\beta}_1=\left(\sum_{i=1}^{n}x_iy_i-n\overline{xy}\right)\Big/\left(\sum_{i=1}^{n}x_i^2-n\overline{x}^2\right) \end{cases} \tag{12-10}$$

式中，$\overline{x}=\frac{1}{n}\sum_{i=1}^{n}x_i$，$\overline{y}=\frac{1}{n}\sum_{i=1}^{n}y_i$，若记

$$L_{xy}\overset{\text{def}}{=}\sum_{i=1}^{n}(x_i-\overline{x})(y_i-\overline{y})=\sum_{i=1}^{n}x_iy_i-n\overline{xy}$$

$$L_{xx}\overset{\text{def}}{=}\sum_{i=1}^{n}(x_i-\overline{x})^2=\sum_{i=1}^{n}x_i^2-n\overline{x}^2 \tag{12-11}$$

则：

$$\begin{cases} \hat{\beta}_0=\hat{\overline{y}}-\overline{x}\hat{\beta}_1 \\ \hat{\beta}_1=L_{xy}/L_{xx} \end{cases} \tag{12-12}$$

式(12-10)或式(12-12)为β_0、β_1的最小二乘估计,而

$$\hat{y}=\hat{\beta}_0+\hat{\beta}_1x \tag{12-13}$$

为y关于x的一元经验回归方程。

二、一元线性回归方程的拟合优度

1. 判定系数

回归直线与各观察点的接近程度称为回归直线对数据的拟合优度，为了说明直线的拟合优度，需要计算判定系数。

为了说明判定系数的含义，需要对因变量y的变差进行研究。因变量y的取值是不同的，y这种波动称为变差。变差的产生有两个方面：一是变量x的取值不同造成的；二是除x以外的其他因素的影响。对于一个具体的观察值来说，变差可以用实际观察值y与其均值$\overline{y}$的差$(y-\overline{y})$来表示。而n次观察值的总变差可以由这些离差的平方和来表示，称为总离差平方和，记为SST，即

$$\text{SST}=\sum_{i=1}^{n}(y_i-\overline{y})^2 \tag{12-14}$$

式(12-14)可变换为

$$\sum_{i=1}^{n}(y_i-\overline{y})^2=\sum_{i=1}^{n}(\hat{y}_i-\overline{y})^2+\sum_{i=1}^{n}e_i^2 \tag{12-15}$$

$\sum_{i=1}^{n}(y_i-\overline{y})^2$ 表示实测的 y 围绕其均值的总变异，称为总平方和(SST)。$\sum_{i=1}^{n}(\hat{y}_i-\overline{y})^2$ 为来自解释变量的回归平方和，称为解释平方和(SSE)。$\sum_{i=1}^{n}e_i^2$ 是围绕回归线的 y 的变异，称为残差平方和(SSR)

$$\text{SST}=\text{SSE}+\text{SSR} \tag{12-16}$$

这说明 y 的观测值围绕其均值的总变异可分解为两部分，一部分来自回归项，而另一部分则来自扰动项 u_i。

回归直线拟合取决于回归平方和 SSE 占总平方和 SST 的比例。SSE/SST 越大，各观察值越靠近直线，直线的拟合就越好。回归平方和占总平方和的比例称为判定系数，记为 R^2，即

$$R^2=\frac{\sum_{i=1}^{n}(\hat{y}_i-\overline{y})^2}{\sum_{i=1}^{n}(y_i-\overline{y})^2}=\frac{\text{SSE}}{\text{SST}} \tag{12-17}$$

或

$$R^2=1-\frac{\sum_{i=1}^{n}e_i^2}{\sum_{i=1}^{n}(y_i-\overline{y})^2}=1-\frac{\text{SSR}}{\text{SST}} \tag{12-18}$$

判定系数 R^2 表示直线对观察值的拟合程度。若所有观察点都落在直线上，残差平方和 SSR=0，R^2=1，拟合是完全的；如果 y 的变化与 x 无关，x 完全无助于解释 y，此时 R^2=0。可见 R^2 取值为 0～1。R^2 越接近于 1，回归直线的拟合程度就越好，反之就越差。

2. 估计标准误差

另一个用来测度各实际值在直线周围散布状况的量可以从另一个角度说明回归直线的拟合优度。这个量就是估计标准误差，用 S_y 表示，它是残差均方(MSE)的平方根，即

$$S_y=\sqrt{\frac{\Sigma e^2}{n-2}}=\sqrt{\frac{\Sigma(y-\hat{y})^2}{n-2}}=\sqrt{\frac{\Sigma y^2-a\Sigma y-b\Sigma xy}{n-2}} \tag{12-19}$$

相对标准误差计算公式为

$$V_s=S_y/\overline{y} \tag{12-20}$$

估计标准误差反映了用估计的回归方程预测因变量时的预测误差。若各观察值越靠近直线，S_y 越小，回归直线对各观察值的代表性就越好，根据估计的回归方程进行预测也越准确。

三、一元线性回归方程的显著性检验

建立回归方程后，并不能马上用于估计或预测，因为这个方程是根据样本数据或部分

单位数据得到的，它是否真实反映变量 x 和 y 之间的关系，要根据有关专业知识和实践来判断，还要根据实际观察得到的数据，运用假设检验的方法来判断，以免出现伪回归。回归分析中的显著性检验主要包括 4 个方面。

1. 回归系数 b 的显著性检验

通常采用 t 检验，其统计量为

$$t_b = \frac{b}{s_b} = \frac{b}{s_y^2 / \Sigma(x-\overline{x})^2} \tag{12-21}$$

由选择的显著水平 α 和自由度 $(n\text{-}2)$ 查 t 分布表，可得临界值 $t_\alpha/2$，若 $t_b > t_\alpha/2$，则回归系数 β_1 具有显著性，反之，则不具有显著性。

2. 回归方程的显著性检验

采用 F 检验，统计量为

$$F = \frac{\Sigma(\hat{y}-\overline{y})^2/1}{\Sigma(y-\hat{y})^2/n-2} = \frac{r^2}{1-r^2}(n-2) \tag{12-22}$$

由选择的显著水平 α 和自由度 $(1,n-2)$ 查 F 分布表，得临界值 F_α，若 $F > F_\alpha$，则回归方程具有显著性，反之，则相反。对于一元线性回归方程，因为只有一个自变量，故 t 检验和 F 检验是等价的，只需做一个检验即可。

3. 相关系数检验

相关系数可以表示两个随机变量线性关系的密切程度，对于线性回归中的变量 x 与 y，其样本的相关系数为

$$\rho = \frac{\sum_{i=1}^{n}(x_i-\overline{x})(y_i-\overline{y})}{\sqrt{\sum_{i=1}^{n}(x_i-\overline{x})^2\sum_{i=1}^{n}(y_i-\overline{y})^2}} = \frac{\sqrt{L_{xy}}}{\sqrt{L_{xx}}\sqrt{L_{yy}}} \tag{12-23}$$

它反映了普通变量 x 与随机变量 y 之间的线性相关程度，故取检验统计量

$$r = \frac{\sqrt{L_{xy}}}{\sqrt{L_{xx}}\sqrt{L_{yy}}} \tag{12-24}$$

对给定的显著性水平 α，查相关系数表得 $r_\alpha(n)$，根据试验数据 $(x_1,y_1),(x_2,y_2),\cdots,(x_n,y_n)$ 计算 r，当 $|r|>r_\alpha(n)$ 时，拒绝 H_0，表明回归效果显著；当 $|r|\leqslant r_\alpha(n)$ 时，接受 H_0，表明回归效果不显著。

4. D-W 检验

误差序列的自相关检验，首先计算误差序列统计量 d

$$d = \frac{\sum_{i=2}^{i}(e_i-e_{i-1})^2}{\sum_{i=2}^{n}e_i^2} \quad (0 \leqslant d \leqslant 4) \tag{12-25}$$

然后根据给定的显著水平 α ，自变量个数 k 和样本数据个数 n，查 D-W 分布表，得到下限值 d_l 和上限值 d_u，用下列原则做出判别。

(1) $d_l<d<4-d_u$，无自相关；

(2) $0<d<d_l$，存在自相关；

(3) $4-d_l<d\leqslant 4$，存在负相关；

(4) $d_l\leqslant d\leqslant d_u$，难以判定；

(5) $4-d_u\leqslant d\leqslant 4-d_l$，难以判定。

四、利用回归预测模型进行预测

一元线性回归模型通过各种检验评价之后，则可利用回归模型进行有关问题的分析、预测和控制。其应用有 4 个方面。

(1) 边际分析和弹性分析：回归系数 b 就是平均边际变化率。而平均弹性系数 E 为

$$E=b\cdot\frac{\overline{x}}{y} \tag{12-26}$$

(2) 临界点或平衡点分析：根据横截面样本数据建立回归模型，测定收支相等的临界点为

$$x=y=\frac{a}{1-b} \tag{12-27}$$

(3) 利用回归模型进行预测：点预测、区间预测。

(4) 利用回归模型进行控制：求 y 在确定范围内的取值，自变量 x 控制在什么取值范围内。

五、SPSS 实操案例

表 12-1 是某地区近 12 年国内旅游总人次与人均可自由支配收入的数据，分析其相关关系如下。

表 12-1 某地区国内旅游总人次与人均可自由支配收入的数据

年序(T)	国内旅游总人次(y)/百万人次	人均可自由支配收入(x)/元
1	524	3496
2	629	4283
3	640	4839
4	644	5160
5	659	5425
6	719	6280
7	744	6860
8	784	7703
9	787	8094
10	804	8567
11	856	9045
12	804	9873

实际操作：SPSS 软件操作步骤如下。

(1)数据导入。由于数据格式为.xls(Excel)格式，我们需要将其导入 SPSS 软件。点击“File”→“Open”→“Data”，会弹出一个窗口，选择要导入的.xls 文件，双击导入，并在 SPSS 中对数据格式及说明做适当的调整。

(2)绘出样本数据的点图。从直观的角度观察两个变量之间的关系类型。在 SPSS 软件中点击“Graphs”(图形)选项卡→“Legacy Dialogs”(旧对话框)→“Scatter”(散点图)，选择“Simple”(简单)进入后，需要做一些简单的设置，如图 12-1 所示。

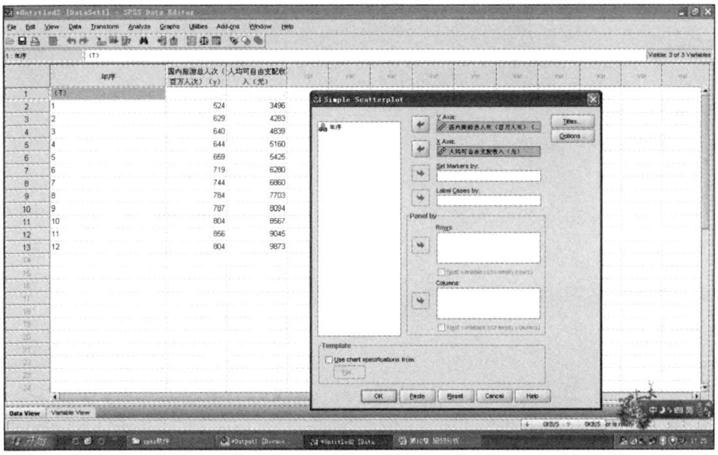

图 12-1　绘制样本数据散点图

YAxis 和 XAxis 用于选择把哪个变量置于 y 轴、哪个变量置于 x 轴。右侧的“Titles”“Options”为可选项，可以对图表的题目等进行设置，但不是必须选择。左下角的“Template”可以导入已有模块。设置完后点击“OK”，就可以生成分析结果，如图 12-2 所示。在本例中，我们把国内旅游总人次设定为 y 轴，人均可自由支配收入设定为 x 轴。

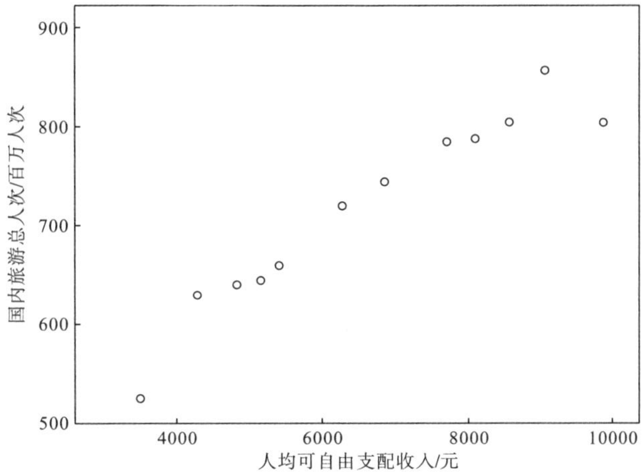

图 12-2　样本数据散点图

从图 12-2 可以看出两者具有线性趋势关系，我们可以尝试用线性回归模型来进行模拟。首先，我们可以通过 Pearson 简单相关分析，确定两者之间的线性相关性。在 SPSS 中点击“Analyze”（分析）→“Correlate”（相关）→“Bivariate”（双变量），会自动弹出图 12-3 所示的窗口。

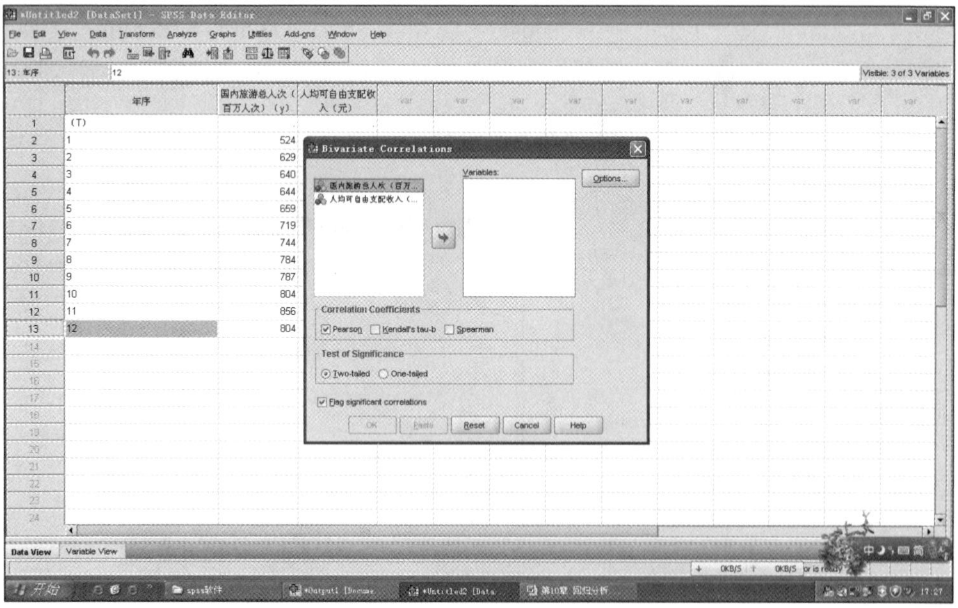

图 12-3 线性回归设置界面

将左边框内的两个变量选入右边的“Variables”框内，下面一行代表相关系数的种类：“Pearson”为简单相关系数，“Kendall’s tau-b”为等级相关系数，“Spearman”为秩相关系数。这里选择 Pearson 简单相关系数。下面一行可以选择相关系数显著性检验是单边还是双侧检验，本例中我们执行双侧检验。“Flag significant correlations”表示会对在 0.05 置信度下显著的相关系数统计量加一个星号，在 0.01 置信度下显著的相关系数统计量加两个星号。完成设置，点击“OK”，就可以得到相关系数分析的结果，如表 12-2 所示。

表 12-2 相关系数分析的结果

	统计量	国内旅游总人次(y)/百万人次	人均可自由支配收入(x)/元
国内旅游总人次(y)/(百万人次)	相关系数	1.000	0.959**
	Sig.(双侧)	—	0.000
	N	12.000	12
人均可自由支配收入/元	相关系数	0.959**	1.000
	Sig.(双侧)	0.000	—
	N	12	12.000

注：**表示在置信度(双侧)为 0.01 时，相关性是显著的。

(3) 回归分析。确认了解释变量和被解释变量之间的线性相关关系后，我们用 SPSS 软件进行回归分析，操作步骤："Analyze"(分析)→"Regression"(回归)→"Linear"(线性)，进入线性回归设置界面，如图 12-4 所示。

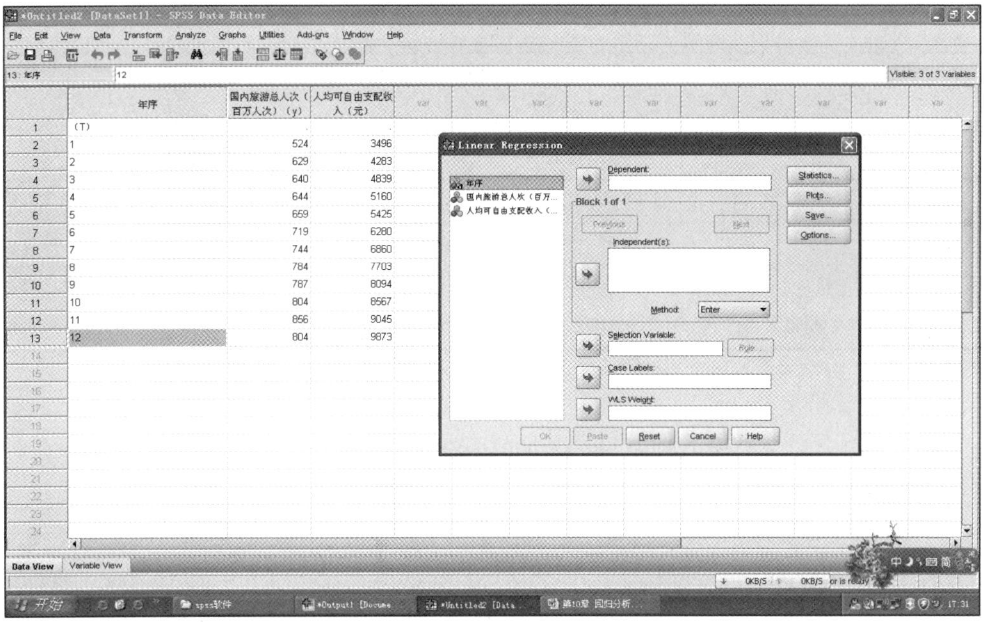

图 12-4　变量、方法选择界面

"Dependent"用于放置被解释变量，"Independent(s)"用于放置解释变量，在本例中，被解释变量为"国内旅游总人次"，解释变量为"人均可自由支配收入"。"Method"为回归方法，由于此案例为单变量回归，这里各种"Method"作用效果没有区别，"Selection Variable"主要用于含虚拟变量和定性变量的回归估计，可以只针对某一变量等于一特定值的数据进行回归。"Case Labels"用于在回归图上显示每一个点的注释内容。右面的按钮是可选项，设置完毕，点击"OK"，分析结果如表 12-3～表 12-6 所示。

表 12-3　输入/移去的变量[b]

模型	输入的变量	移去的变量	方法
1	人均可自由支配收入(元)[a]	.	进入

注：a.已输入所有请求的变量；b.因变量:国内旅游总人次(百万人次)(*y*)。

表 12-4　模型汇总

模型	R	R^2	$\bar{R}^2$	标准估计的误差
1	0.959[a]	0.920	0.911	28.977

注：a.预测变量(常量)，人均可自由支配收入(元)。

表 12-5 方差分析[b]

模型		平方和	df	均方	F	Sig.
1	回归	95791.098	1	95791.098	114.084	0.000[a]
	残差	8396.569	10	839.657		
	总计	104187.667	11			

注：a. 预测变量(常量)，人均可自由支配收入(元)；b. 因变量国内旅游总人次(百万人次)(y)。

表 12-6 回归系数[a]

模型		非标准化系数		标准系数	t	Sig.
		B	标准误差	Beta		
1	(常量)	412.450	29.640		13.915	0.000
	人均可自由支配收入(元)	0.046	0.004	0.959	10.681	0.000

注：a.因变量，国内旅游总人次(百万人次)。

表 12-3 输出的是被引入或从回归方程中被剔除的各变量。这部分结果说明在对编号为 1 的模型(Model)进行线性回归分析时所采用的方法是全部引入：Enter。

表 12-4 输出的是常用统计量。从中可以看出 R=0.959，R^2=0.919，$\overline{R}^2$ =0.911，S=28.977。回归方程的拟合优度检验一般用 R^2 实现，R^2=1 表示拟合是完全的，R^2=0 表示自变量与因变量完全无关。R^2 越接近 1，表示回归曲线的拟合程度越好；越接近于 0，表示拟合程度越差。本例中 R^2 为 0.919，表示拟合程度很好。

表 12-5 是方差分析表。此表格是用来检验人均可自由支配收入是不是国内旅游总人次的显著预测变量。在方差分析表中，Sig.≤0.05 表示自变量是因变量的显著预测变量。本例中因为 Sig.＜0.001，人均可自由支配收入是国内旅游总人次的显著预测变量。此外，从表 12-5 中还可以看出统计量 F=114.084 和相伴概率值。另外“平方和”一栏分别表示回归平方和为 95791.098、残差平方和为 8396.569 以及总平方和为 104187.667，df 为自由度。

表 12-6 是回归系数分析表，该表提供了构造回归方程所必需的值以及自变量是不是因变量的显著预测变量的原假设(表 12-5 已经指出人均可自由支配收入是国内旅游总人次的显著预测变量，表内系数的检验再次验证了预测变量的显著性)。其中，t 为回归系数统计检验量，Sig.为相伴概率值。回归方程中的 a(y 轴截距)和 b(斜率)可以在表 12-6 中“B”列找到。例如，本例中的截距为 412.450，斜率为 0.046。

回归方程为：y=412.450+0.046x

这说明人均可自由支配收入每增加 1 元，国内旅游人数(次)增加 0.046 人次。

第三节　多元线性回归

一、多元线性回归模型与回归方程

一元线性回归只分析一个自变量对因变量的影响，而市场变化是复杂的，在许多实际问题中，影响因变量的因素往往有多个，研究被解释变量受多个解释变量的影响，就要利用多元回归模型。多元线性回归模型与一元线性回归模型基本类似，只不过解释变量由一个增加到两个及以上，被解释变量 y 与多个解释变量 $x_1,x_2,\cdots,x_k$ 之间存在线性关系。

假定被解释变量 y 与多个解释变量 $x_1,x_2,\cdots,x_k$ 之间具有线性关系，是解释变量的多元线性函数，称为多元线性回归模型。即

$$y=\beta_0+\beta_1x_1+\beta_2x_2+\cdots+\beta_kx_k+\mu \tag{12-28}$$

式中，y 为被解释变量，$x_j(j=1,2,\cdots,k)$ 为 k 个解释变量，$\beta_j(j=0,1,2,\cdots,k)$ 为 $k+1$ 个未知参数，μ 为随机误差项。

与一元线性回归模型相同，多元线性回归模型利用普通最小二乘法对参数进行估计。

假定 1：零均值假定为 $E(\mu_i)=0,i=1,2,\cdots,n$，即

$$E(\mu)=E\begin{bmatrix}\mu_1\\ \mu_2\\ \vdots\\ \mu_n\end{bmatrix}=\begin{bmatrix}E(\mu_1)\\ E(\mu_2)\\ \vdots\\ E(\mu_n)\end{bmatrix}=0 \tag{12-29}$$

假定 2：同方差假定（μ 的方差为同一常数）：

$$\mathrm{Var}(\mu_i)=E(\mu_i^2)=\sigma^2 \quad (i=1,2,\cdots,n) \tag{12-30}$$

假定 3：无自相关性：

$$\mathrm{Cov}(\mu_i,\mu_j)=E(\mu_i\mu_j)=0 \quad (i\neq j;\ i,j=1,2,\cdots,n) \tag{12-31}$$

$$\begin{aligned}E(\mu\mu')&=E\left[\begin{bmatrix}\mu_1\\ \mu_2\\ \vdots\\ \mu_n\end{bmatrix}(\mu_1,\mu_2,\cdots,\mu_n)\right]=E\begin{bmatrix}\mu_1^2 & \mu_1\mu_2 & \cdots & \mu_1\mu_n\\ \mu_2\mu_1 & \mu_2^2 & \cdots & \mu_2\mu_n\\ \vdots & \vdots & & \vdots\\ \mu_n\mu_1 & \mu_n\mu_2 & \cdots & \mu_n^2\end{bmatrix}\\ &=\begin{bmatrix}E(\mu_1^2) & E(\mu_1\mu_2) & \cdots & E(\mu_1\mu_n)\\ E(\mu_2\mu_1) & E(\mu_2^2) & \cdots & E(\mu_2\mu_n)\\ \vdots & \vdots & & \vdots\\ E(\mu_n\mu_1) & E(\mu_n\mu_2) & \cdots & E(\mu_n^2)\end{bmatrix}=\begin{bmatrix}\sigma_\mu^2 & 0 & \cdots & 0\\ 0 & \sigma_\mu^2 & \cdots & 0\\ \vdots & \vdots & & \vdots\\ 0 & 0 & \cdots & \sigma_\mu^2\end{bmatrix}=\sigma_u^2\boldsymbol{I}_n\end{aligned} \tag{12-32}$$

假定 4：随机误差项 μ 与解释变量 x 不相关（这个假定自动成立）：

$$\mathrm{Cov}(X_{ji},\mu_i)=0 \quad (j=1,2,\cdots,k;\ i=1,2,\cdots,n) \tag{12-33}$$

假定 5：随机误差项 μ 服从均值为零、方差为 σ^2 的正态分布：

$$\mu_i \sim N(0,\sigma_\mu^2 \boldsymbol{I}_n) \tag{12-34}$$

假定 6：解释变量之间不存在多重共线性：

$$\operatorname{rank}(\boldsymbol{X}) = k + 1 \leqslant n \tag{12-35}$$

即各解释变量的样本观测值之间线性无关，解释变量的样本观测值矩阵 $\boldsymbol{X}$ 的秩为 $k+1$，从而保证参数 $\beta_0,\beta_1,\beta_2,\cdots,\beta_k$ 的估计值唯一。

根据回归模型的假定，有

$$E(y) = \beta_0 + \beta_1 x_1 + \beta_2 x_2 + \cdots + \beta_k x_k \tag{12-36}$$

称为多元回归方程，它描述了被解释变量 y 的期望值与解释变量 $x_1,x_2,\cdots,x_k$ 之间的关系。

与一元线性回归分析一样，多元线性回归分析仍是根据观测样本估计模型中的各个参数，对估计参数及回归方程进行统计检验，从而利用回归模型进行经济预测和分析。多元线性回归模型包含多个解释变量，多个解释变量同时对被解释变量 y 发生作用，若要考察其中一个解释变量对 y 的影响，就必须假设其他解释变量保持不变。因此，多元线性回归模型中的回归系数为偏回归系数，即反映了当模型中的其他变量不变时，其中一个解释变量对因变量 y 的均值的影响。

二、回归方程的拟合优度

在一元回归模型中，判定系数 R^2 是回归方程拟合优度的一个度量，它给出了在被解释变量 y 的总变差中由(一个)解释变量 x 解释了的比例或百分比。将其推广到多元回归模型中，多重判定系数可定义为解释平方和 SSE 与总平方和 SST 的比值，即

$$R^2=\text{SSE/SST}=1-\text{SSR/SST} \tag{12-37}$$

多重判定系数是多元回归中的回归平方和占总平方和的比例，它是度量多元回归方程拟合程度的一个统计量，反映了在因变量 y 的变差中被估计的回归方程所解释的比例。

对于多重判定系数还有一点要注意，自变量个数的增加将影响因变量中被估计回归方程所解释的变量数量。为了避免增加自变量而高估 R^2，统计学家提出用样本量 n 和自变量个数 k 去调整 R^2，计算调整的多重判定系数 $\overline{R}^2$ ，其计算公式如下

$$\overline{R}^2 = 1 - \frac{\sum_{i=1}^{n} e_i^2 / (n-k)}{\sum_{i=1}^{n} (y_i - \overline{y})^2 / (n-1)} \tag{12-38}$$

式中，k 为包括截距项在内的模型中的参数个数。所谓调整，就是指 $\overline{R}^2$ 的计算式中的 $\sum_{i=1}^{n} e_i^2$ 和 $\sum_{i=1}^{n}(y_i - \overline{y})^2$ 都用其自由度 $(n-k)$ 和 $(n-1)$ 去除。

调整的判定系数 $\overline{R}^2$ 和 R^2 的关系为

$$\overline{R}^2 = 1-(1-R^2)\frac{n-1}{n-k} \tag{12-39}$$

若 $k>1$，则 $\bar{R}^2<R^2$。而且 $\bar{R}^2$ 不会由于模型中自变量的个数的增加而越来越接近 1。因此，在多元回归分析中，通常用调整的多重判定系数。虽然 R^2 非负，但 $\bar{R}^2$ 可以是负的。在应用中，如果遇到 $\bar{R}^2$ 出现负的情形，就令 $\bar{R}^2=0$。R^2 的平方根称为多重相关系数，也称复相关系数，它度量了因变量同 k 个自变量的相关程度。

三、多元线性回归模型的检验

根据实际数据计算出多元线性回归方程的待定系数，建立预测模型后，同样要借助数理统计的方法进行检验，多元线性回归模型的检验主要有 4 种类型。

1. 回归系数的显著性检验——t 检验

$$t=\frac{\hat{\beta}_j-\beta_j}{\mathrm{Se}(\hat{\beta}_j)} \tag{12-40}$$

服从自由度为 $n-k$ 的 t 分布。k 为总体回归模型的参数个数，β_j 为总体回归参数，$\hat{\beta}_j$ 为 β_j 的普通最小二乘估计量，$\mathrm{Se}(\hat{\beta}_j)$ 为 $\hat{\beta}_j$ 的标准误差。

在实践中，我们最关心的是解释变量 x_j 是否与被解释变量 y 线性相关。因此，我们的主要目的在于检验原假设“H_0: $\beta_j=0$”。式中，j 对应 $k-1$ 个解释变量中的任意一个。如式(12-40)成立，即 $\beta_j=0$，则意味着 x_j 对 y 的期望值没有任何影响。

在经济计量分析中，备择假设通常设定为：“$H_1:\beta_j\neq 0$”。式(12-40)表示 x_j 对 y 有显著影响，β_j 可正可负。

对 β_j 进行检验使用如下的 t 统计量：

$$t_{\hat{\beta}_j}=\frac{\hat{\beta}_j}{\mathrm{Se}(\hat{\beta}_j)} \tag{12-41}$$

我们所进行的假设检验是关于总体参数的，不是在检验一个来自特定样本的估计值。因此，将一个原假设表达成“H_0: $\hat{\beta}_j=0$”，或者在样本中的参数估计值是 0.205 时，认为“H_0:0.205=0”，都是毫无意义的，需要检验的是未知总体参数 β_j 是否为 0。

2. 偏回归模型的整体显著性检验——F 检验

除了要判断每一个偏回归系数的显著性外，还需要对多元回归模型的总体显著性进行判断。多元回归模型的总体显著性就是对原假设“$H_0:\beta_2=\beta_3=\cdots=\beta_k=0$”进行检验。检验的目的就是判断被解释变量 y 是否与 $x_2,x_3,\cdots,x_k$ 在整体上有线性关系。

在一元回归模型中，只有一个解释变量，对个别回归系数 β_2 的 t 检验就是对回归模型的整体显著性检验。而在多元回归模型中，对偏回归系数的逐一显著性检验并不能代替对回归模型的整体显著性检验。

对于多元线性回归模型：

$$y_i = \beta_1 + \beta_2 x_{2i} + \beta_3 x_{3i} + \cdots + \beta_k x_{ki} + u_i \tag{12-42}$$

在 u_i 服从正态分布和原假设 $H_0:\beta_2=\beta_3=\cdots=\beta_k=0$ 条件下，变量为

$$F = \frac{\text{解释平方和}/(\text{参数个数}-1)}{\text{残差平方和}/(\text{样本容量}-\text{参数个数})} = \frac{\text{SSE}/(k-1)}{\text{SSR}(n-k)} \tag{12-43}$$

服从自由度为$(k-1)$和$(n-k)$的F分布，即

$$F = \frac{\text{SSE}/(k-1)}{\text{SSR}/(n-k)} \sim F(k-1, n-k) \tag{12-44}$$

从 F 的表达式可以看出，如果原假设 $H_0:\beta_2=\beta_3=\cdots=\beta_k=0$ 是真实的，则表明 y 与 $x_2,x_3,\cdots,x_k$ 整体上无线性关系，y 的变异全部来源于干扰项 u_i，F 统计量的值较小。如果原假设 $H_0:\beta_2=\beta_3=\cdots=\beta_k=0$ 是虚假的，则表明 y 与 $x_2,x_3,\cdots,x_k$ 整体上有线性关系，$x_2,x_3,\cdots,x_k$ 对 y 有显著影响，则解释平方和 SSE 要远远大于残差平方和 SSR，从而得到一个较大的 F 统计量。

多元回归模型的整体显著性检验决策规则。

(1)设定假设。

原假设 $H_0:\beta_2=\beta_3=\cdots=\beta_k=0$。

备择假设 $H_1:\beta_j$ 不全为 0，$j=2,3,\cdots,k$。

(2)计算 F 统计量：

$$F = \frac{\text{SSE}/(k-1)}{\text{SSR}/(n-k)}$$

(3)在给定显著性水平 α 的条件下，查 F 分布表得临界值 $F_\alpha(k-1,n-k)$。

(4)判断。如果 $F>F_\alpha(k-1,n-k)$，则拒绝 H_0，接受备择假设 H_1。如果 $F\leqslant F_\alpha(k-1,n-k)$，则不拒绝 H_0。F 统计量与判定系数 R^2 的关系如下：

$$F = \frac{R^2/(k-1)}{(1-R^2)/(n-k)} \tag{12-45}$$

式(12-45)表明，F 统计量与 R^2 是同向变化的。当 $R^2=0$ 时，$F=0$；R^2 越大，F 也越大；$R^2=1$ 时，F 无穷大。F 检验既是对回归模型整体显著性的检验，也是对判定系数 R^2 的一个显著性检验。

3. 多重共线性判别

多重共线性是指在多元线性回归方程中，自变量之间有较强的线性关系，这种关系若超过了因变量与自变量的线性关系，则回归模型的稳定性受到破坏，回归系数估计不准确。在多元回归模型中，多重共线性是难以避免的，只要多重共线性不太严重就行了。

判别多元线性回归方程是否存在严重的多重共线性，可分别计算每两个自变量之间的可决系数 r^2，若 $r^2>R^2$ 或接近于 R^2，则应设法降低多重共线性的影响。亦可对矩阵 $\boldsymbol{X'X}$ 的特征根 λ_i 和其中最大特征根 λ_m 的条件数 k_i 进行判别，计算公式为

$$k_i = \sqrt{\frac{\lambda_m}{\lambda_i}} \tag{12-46}$$

通常认为 $0<k<10$，自变量之间不存在多重共线性；$10 \leqslant k < 100$，自变量之间存在较强的多重共线性；$k \geqslant 100$，自变量之间存在严重的多重共线性。条件数 k_i 的计算通常可利用 SPSS 等统计分析软件做回归模型估计的同时进行估计和检验。

降低多重共线性的办法是转换自变量的取值，如变绝对数为相对数或平均数，或更换其他的自变量，或增大数据样本量，或剔除不重要的自变量。

4. D-W 检验

D-W 检验就是误差序列的自相关检验。检验的方法与一元线性回归相同。

四、利用回归方程进行估计和预测

1. 均值预测

均值预测就是对于给定的 x_0，预测 y 的条件均值，即预测总体回归线上的点。

$$\hat{y}_0 = \hat{\beta}_1 + \hat{\beta}_2 x_0 \tag{12-47}$$

式中，$\hat{y}_0$ 是 $E(y/x_0)$ 的估计量。这个点预测是一个最佳线性无偏估计量。$\hat{y}_0$ 是一个估计量，不同于其真实值 $E(y/x_0)$。因为 $\hat{y}_0$ 是随机变量 $\hat{\beta}_1$、$\hat{\beta}_2$ 的函数，因此，$\hat{y}_0$ 也是一个随机变量。$E(y/x_0)$ 的置信区间为

$$P[\hat{\beta}_1 + \hat{\beta}_2 x_0 - t_{\alpha/2}\mathrm{Se}(\hat{y}_0) \leqslant \beta_1 + \beta_2 x_0 \leqslant \hat{\beta}_1 + \hat{\beta}_2 x_0 + t_{\alpha/2}\mathrm{Se}(\hat{y}_0)] = 1-\alpha \tag{12-48}$$

对每一个 x 求置信区间，并把这些置信区间在二维直角坐标系中连结起来，就得到关于总体回归模型的置信域。

2. 个值预测

如果预测对应于给定 $x(x=x_0)$ 的单个 $y(y=y_0)$，其点预测为 $\hat{y}_0 = \hat{\beta}_1 + \hat{\beta}_2 x_0$，$\hat{y}_0$ 为 y_0 的最佳线性无偏估计量。个值预测的点预测与均值预测的点预测结果相同，但其方差不同，区间预测的结果也不同。其方差据下式计算：

$$\mathrm{Var}(y_0 - \hat{y}_0) = \sigma^2 \left[1 + \frac{1}{n} + \frac{(x_0 - \bar{x})^2}{\sum_{i=1}^{n}(x_i - \bar{x})^2} \right] \tag{12-49}$$

在个值预测中，$y_0 - \hat{y}_0 = \hat{e}_0$，代表预测误差。$\hat{e}_0$ 的来源有两个。一个是 $\hat{y}_0$ 的抽样误差，来自对 β_j 的估计，即 $\mathrm{Var}(\hat{y}_0)$，它随样本容量的增大而变小。另一个是总体误差项 u 的方差 σ^2，它不随样本容量的变化而变化。

个值预测的置信区间为

$$\hat{y}_0 - t_{\alpha/2}\mathrm{Se}(y_0 - \hat{y}_0) \leqslant y_0 \leqslant \hat{y}_0 + t_{\alpha/2}\mathrm{Se}(y_0 - \hat{y}_0) \tag{12-50}$$

个值预测的置信区间比均值预测的置信区间要宽。这是因为个值预测的误差除了来源于抽样波动外，还来源于误差项 u 的随机扰动，而均值预测的误差来源仅仅为抽样波动。

五、SPSS 实操案例

表 12-7 是某地区近 12 年接待旅游外汇收入、旅行社数量和星级饭店数量，试分析它们之间的线性相关关系。

表 12-7 某地区近 12 年接待旅游外汇收入、旅行社数量和星级饭店数量

年序(T)	旅游外汇收入(y)/百万美元	旅行社数量/个	星级饭店数量/个
1	2012	245	234
2	2156	297	278
3	2245	353	342
4	2378	402	400
5	2468	435	432
6	2768	476	489
7	2967	505	532
8	3151	579	587
9	3189	653	634
10	3245	753	689
11	3321	820	759
12	3867	935	879

SPSS 软件操作步骤如下。

进行多元线性回归分析与一元线性回归分析的步骤大体相同，与一元线性回归不同的是，在进行多元线性回归时，需要在“Linear Regression”对话框中的“independent(s)”列表框中输入多个变量名，如图 12-5 所示。

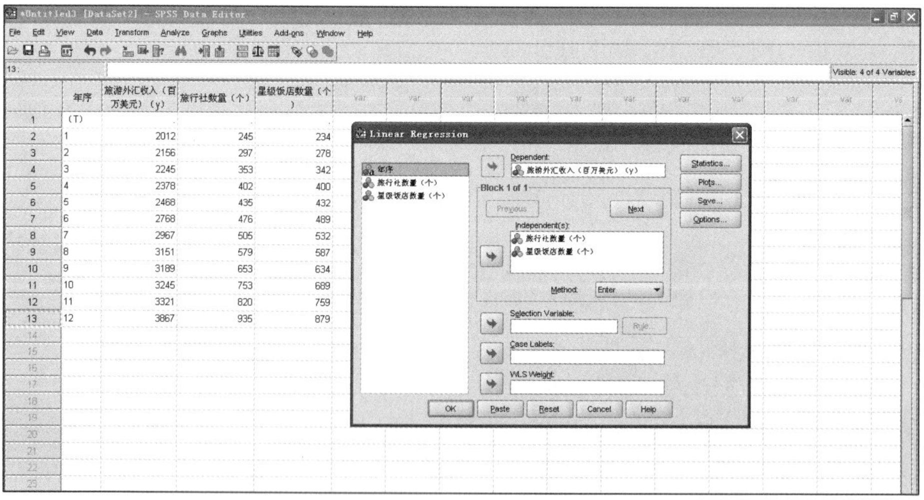

图 12-5 多元线性回归分析

(1) 输出结果文件中的第一个表格，如表 12-8 所示。

从表 12-8 可以看出“星级饭店数量”“旅行社数量”没有被剔除，都被用作输入变量。

表 12-8 输入/移除的变量[b]

模型	输入的变量	移除的变量	方法
1	星级饭店数量(个)，旅行社数量(个)[a]	.	进入

注：a. 已输入所有请求的变量；b.因变量，旅游外汇收入(百万美元)(*y*)。

(2) 输出结果中第二个表格，如表 12-9 所示。

表 12-9 模型汇总

模型	R	R^2	$\overline{R}^2$	标准估计的误差
1	0.872[a]	0.760	0.708	377.742

注：a.预测变量(常量)：星级饭店数量(个)，旅行社数量(个)。

表 12-9 为模型汇总表，从这部分中可以看出 R=0.872，R^2=0.760，$\overline{R}^2$=0.708，S=377.742。R^2=0.760 表示“星级饭店数量”和“旅行社数量”这两个自变量一起可以解释因变量“旅游外汇收入”76%的变异性，这说明影响旅游外汇收入的因素很多。

(3) 输出结果中第三个表格，如表 12-10 所示。

表 12-10 为方差分析表。由于显著性概率小于 0.05，拒绝原假设，即认为回归方程中各系数均不为零，回归方程有意义。

表 12-10 方差分析[b]

模型		平方和	df	均方	F	Sig.
1	回归	4088383.795	2	2044191.898	14.326	0.002[a]
	残差	1284199.121	9	142688.791		
	总计	5372582.916	11			

注：a.预测变量，(常量)， 为星级饭店数量(个)，旅行社数量(个)；b.因变量，旅游外汇收入(百万美元)(*y*)。

(4) 输出结果中第四个表格，如表 12-11 所示。

表 12-11 回归系数表[a]

模型		非标准化系数		标准系数	t	Sig.
		B	标准误差	Beta		
1	(常量)	1388.672	307.975		4.509	0.001
	旅行社数量/个	0.991	1.348	0.315	0.736	0.481
	星级饭店数量/个	2.035	1.523	0.573	1.336	0.214

注：a. 因变量，旅游外汇收入(百万美元)(*y*)。

表 12-11 为回归系数分析表。表中列出了常数项和各个自变量对应的非标准化系数、标准化系数、t 和显著性水平。经分析，最后得到的多元回归方程式为

$$y=1388.672+0.991x_1+2.035x_2 \quad (12\text{-}51)$$

式(12-51)表明旅行社数量每增加 1 个单位，旅游外汇收入增加 0.991 个单位，而星级酒店每增加 1 个单位，旅游外汇收入增加 2.035 个单位。

第四节　非线性回归分析

一、非线性回归的线性化处理

前面讨论了线性回归问题，在实际中常会遇见更为复杂的非线性回归问题，此时一般是采用变量代换法将非线性模型线性化，再按照线性回归方法处理。

选择和建立模型的依据是：①以相应的理论分析为指导，与市场现象相关的基本理论相一致；②所选择的模型与样本数具有较好的拟合程度，使其尽量符合现象的实际运行过程；③模型要尽可能简单，只要能够表明变量变化的基本关系和规律，便于估计参数即可；④尽量选择可以转换为线性模型的非线性模型。虽然对于变量都是非线性的，但对于参数却是线性的，可以转换为线性回归去估计其参数。非线性回归模型有两种类型，一类是不可线性化的模型，另一类是经过某种变换能使其线性化的模型。本节主要研究将可线性化的模型转换为线性模型，再利用线性回归的方法求出模型参数的问题。

二、可线性化的非线性回归模型

常用的可以转换为线性模型的非线性回归模型有 6 种。

1. 二次多项回归模型

二次多项回归模型的数学表达式为

$$y=b_0+b_1x+b_2x^2 \quad (12\text{-}52)$$

在二次多项式回归模型中，设 $x_1=x$、$x_2=x^2$，则二次多项式回归模型可以转化为二元线性回归模型：

$$y=b_0+b_1x_1+b_2x_2 \quad (12\text{-}53)$$

由 x 的实际值求出 x_1、x_2 后，运用二元线性回归预测方法求解即可。

2. 双曲线回归模型

双曲线回归模型的表达式为

$$y=a+b/x \quad (12\text{-}54)$$

在双曲线回归模型中，设 $x'=1/x$、$y'=y$，则双曲线回归模型可以转化为一元线性回归模型：$y'=a+bx'$，再用一元线性回归分析预测法求解参数 a、b 即可。

3. 对数曲线回归模型

对数曲线回归模型的数学表达式为

$$y=a+b\ln x \tag{12-55}$$

设 $y'=y$、$x'=\ln x$，对数曲线回归模型可转化为线性回归模型：

$$y'=a+bx' \tag{12-56}$$

再运用一元线性回归分析预测法求解参数 a、b 即可。

4. 三角函数曲线回归模型

三角函数曲线回归模型的数学表达式为

$$y=a+b\sin x \text{ 或 } y=a+b\cos x \tag{12-57}$$

设 $y'=y$、$x'=\sin x$ 或 $x'=\cos x$，则有

$$y'=a+bx' \tag{12-58}$$

再运用一元线性回归分析预测法求解参数 a、b 即可。

5. 指数曲线回归模型

指数曲线回归模型的数学表达式为

$$y=ab^x \tag{12-59}$$

在等式两端取对数得

$$\ln y=\ln a+x\ln b \tag{12-60}$$

设 $y'=\ln y$、$a'=\ln a$、$b'=\ln b$，则有

$$y'=a'+b'x$$

利用原始数据求出 y'，再运用一元线性回归分析预测法求解参数 a'、b'，有 $a=e^{a'}$，$b=e^{b'}$，求出 a、b，得到预测模型。

6. 幂函数曲线回归模型

幂函数曲线回归模型的数学表达式为

$$y=ax^b \tag{12-61}$$

两端取对数：

$$\ln y=\ln a+b\ln x \tag{12-62}$$

设 $y'=\ln y$、$a'=\ln a$、$b'=b$、$x'=\ln x$，则有

$$y'=a'+b'x' \tag{12-63}$$

利用原始数据先求出 x'、y'，再运用一元回归分析预测法求解参数 a'、b'，有 $a=e^{a'}$，$b=b'$，求出 a、b，得到预测模型。

需要指出的是，利用直接变换法和对数变换法求出线性模型的参数后，仍然要对模型进行各种检验，只有通过各种检验，才能利用模型进行预测。

三、SPSS 实操案例

表 12-12 给出某地区 1988～2017 年接待的旅游人数。通过 SPSS 软件对该地区的人口变化进行曲线拟合。

表 12-12　某地区 1988～2017 年接待的旅游人数

年份	时间变量 t=年份-1987	接待旅游人数(y)/人
1988	1	33815
1989	2	33981
1990	3	34004
1991	4	34165
1992	5	34212
1993	6	34327
1994	7	34344
1995	8	34458
1996	9	34498
1997	10	34476
1998	11	34483
1999	12	34488
2000	13	34513
2001	14	34497
2002	15	34511
2003	16	34520
2004	17	34507
2005	18	34509
2006	19	34521
2007	20	34513
2008	21	34515
2009	22	34517
2010	23	34549
2011	24	34559
2012	25	34491
2013	26	34461
2014	27	34523
2015	28	34525
2016	29	34525
2017	30	34527

1.散点图

从图 12-6 可以看出，人口随时间的变化呈非线性变化过程，存在一个与横坐标轴平行的渐近线，近似 S 曲线。

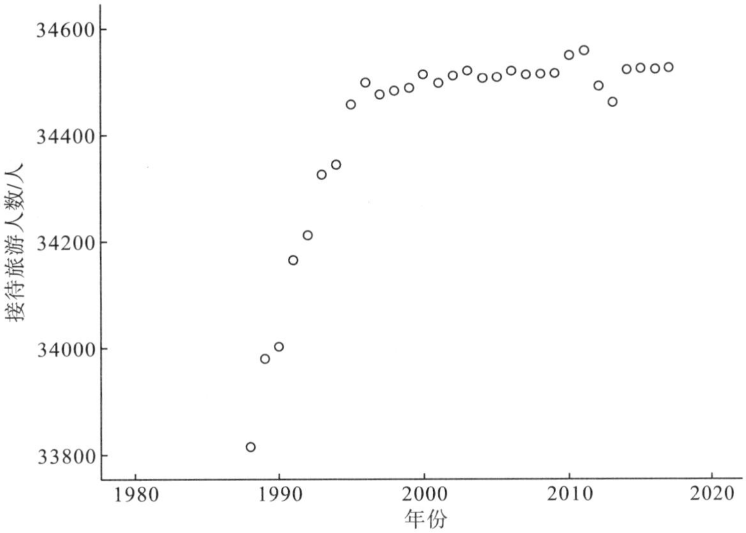

图 12-6　散点图

下面，我们用 SPSS 软件进行非线性回归分析拟合计算。

2. 回归分析拟合计算

在 SPSS 中可以直接进行非线性拟合，步骤如下。

(1) “Analyze”(分析)→“Regression”(回归)→“Cubic”(曲线估计)，在弹出的对话框(图 12-7)中选择拟合的变量和自变量，本例分别选择 y(接待旅游人数)、t(时间变量)为变量(dependent)和自变量(independent)。在 Models 中选择拟合模型，本例选择 S 模型。选中“Display ANOVA Table.”(显示 ANOVA 表格, ANOVA 为 Analysis-Of-Variance 的缩写)，选择此选项会在最终结果中显示回归平方和、剩余平方和、自由度、拟合方程的常数和系数等。

(2) 单击“Save”(保存)按钮，在弹出的对话框(图 12-8)中选中“Predicted Values”(预测值)和“Residuals”(残差)，得出利用各种方法拟合的结果和残差，并将其作为列插入原始数据表中，方便进行对比。

(3) 确认后运行，得到各个模型的拟合效果，包括 F 检验、R^2 检验等检验效果，各个方程的常数项、变量系数、原始数据曲线和拟合曲线如表 12-13～表 12-15 和图 12-9 所示。

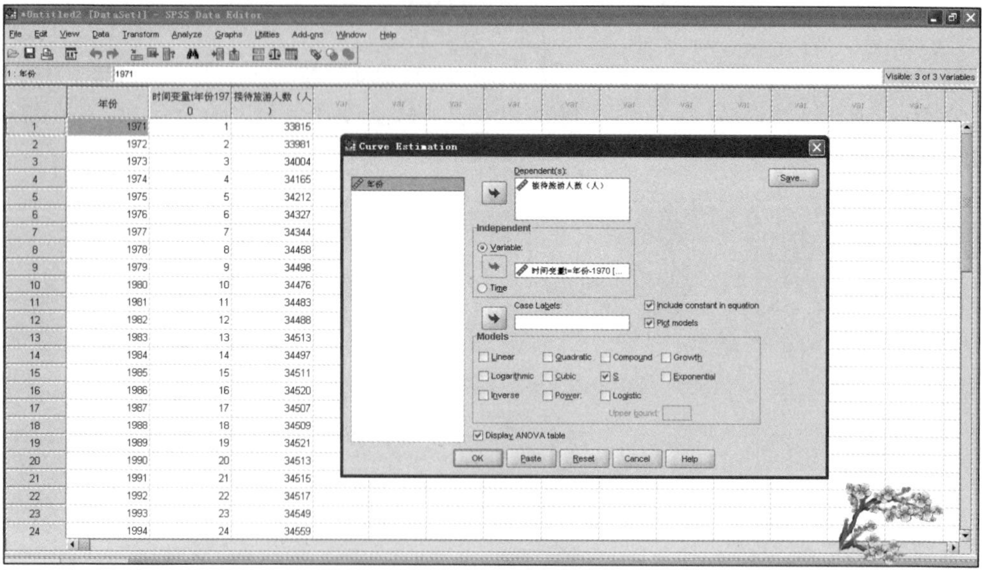

图 12-7 非线性拟合界面 1

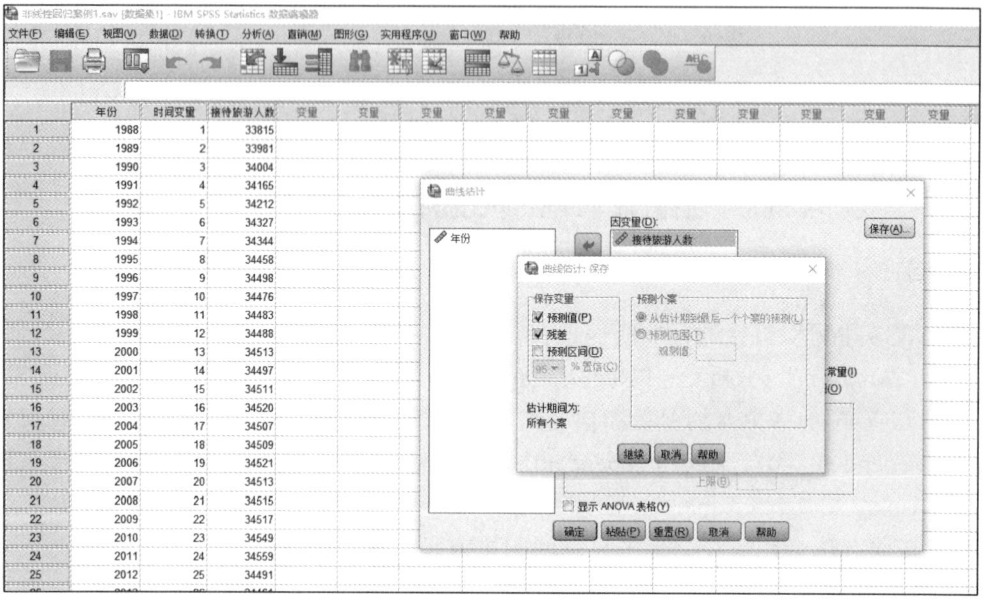

图 12-8 非线性拟合界面 2

表 12-13 模型汇总

R	R^2	$\bar{R}^2$	标准估计的误差
0.915	0.837	0.830	0.002

注:时间变量 t=年份-1987。

表 12-14　方差分析

	平方和	df	均方	F	Sig.
回归	0.001	1	0.001	143.055	0.000
残差	0.000	28	0.000	—	—
总计	0.001	29	—	—	—

注：时间变量 t=年份-1987。

表 12-15　回归系数

	非标准化系数		标准系数	t	Sig.
	B	标准误差	Beta		
t	−0.026	0.002	−0.915	−11.961	0.000
常量	10.450	0.001	—	20510.65	0.000

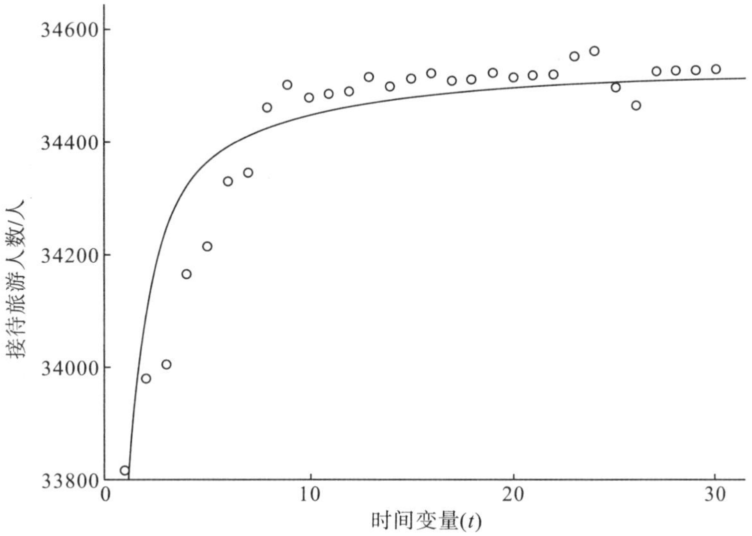

图 12-9　曲线拟合图

从拟合曲线可以看出，S 模型对表 12-12 的旅游人次具有较好的拟合效果，同时 R^2 为 0.837，F 检验为 143.055，确定具有非常高的拟合度。得出的拟合方程为

$$y = e^{10.450-0.026/t} \tag{12-64}$$

第五节　逻辑斯谛回归

一、逻辑斯谛回归概念

逻辑斯谛回归与线性回归分析相似，不同之处在于，它直接预测出事件发生的概率，

尽管这个概率只是个度量尺度。回归分析描述的是一个因变量与一个或多个自变量之间的关系，然而在进行一般回归分析时，因变量与自变量通常均为连续型变量，但逻辑斯谛回归分析所探讨的因变量是离散性的，特别是其分类只有两类(例如“是与否”“同意与不同意”“成功与失败”等)。逻辑斯谛回归的概率值为0～1。

逻辑斯谛回归假定解释变量与被解释变量之间的关系类似于S形曲线。而且，不能从普通回归的角度来分析逻辑斯谛回归，因为这样会违反几个假定。首先，离散变量的误差形式遵从伯努利分布或泊松分布，而不是正态分布，这样使得基于正态性假设的统计检验无效；其次，二值变量的方差不是常数，会造成异方差。逻辑斯谛回归是专门处理这些问题的。它的解释变量与被解释变量之间独特的关系使其在估计、评价拟合度和解释系数方面有不同的方法。

线性回归一般采用最小二乘法估计，将解释变量的真实值与预测值之间差的平方和最小化。而逻辑斯谛变换的非线性特征使其在估计模型时采用极大似然法估计的迭代方法，找到系数的“最可能”估计。这样，在计算整个模型拟合度的时候，就采用似然值而不是差的平方和。

逻辑斯谛回归的基本假设与其他多变量分析的假设是不同的，因为它不需要假设分配类型，在逻辑斯谛分配中，自变量对于因变量影响的方式是以“艺术”的方式变动的，即逻辑斯谛回归不需要具有符合常态分配的假设，但是如果预测变量为常态分配的话，结果会比较可靠。在逻辑斯谛回归分析中，自变量可以是分类变量，也可以是连续变量。

二、逻辑斯谛回归模型与检验

1. 逻辑斯谛回归模型

令p表示某种事件成功的概率，它受因素x的影响，即p与x的关系为

$$P=\frac{e^{f(x)}}{1+e^{f(x)}} \tag{12-65}$$

$$\ln\frac{p}{1-p}=f(x)=\beta_0+\beta_1X+\beta_2X_2+\cdots+\beta_kX_k \tag{12-66}$$

利用逻辑斯谛回归的目的在于建立一个最精简和最合适的分析结果，且使用反方面比较合理的模式。建立的模式可以被用来预测因变量与一组预测变量之间的关系。

2. 似然比检验(likelihood ratio test)

似然比检验通过比较包含与不包含某一个或几个待检验观察因素的两个模型的对数似然函数变化来进行，其统计量为G(又称Deviance)：

$$G=-2(\ln lp-\ln lk) \tag{12-67}$$

样本量较大时，G近似服从自由度为待检验因素个数的χ^2分布。

3. 比分检验(score test)

以未包含某个或几个变量的模型为基础，保留模型中参数的估计值，并假设新增加的

参数为零，计算似然函数的一价偏导数（又称有效比分）及信息距阵，两者相乘便得比分检验的统计量 S。样本量较大时，S 近似服从自由度为待检验因素个数的 χ^2 分布。

4. Wald 检验（Wald test）

Wald 检验即广义的 t 检验，统计量为 u。

$$u=b_i/Sb_i \tag{12-68}$$

u 服从正态分布，即为标准正态离差。

上述 4 种方法中，似然比检验最可靠，比分检验一般与似然比检验相一致，但两者均要求较大的计算量；而 Wald 检验未考虑各因素间的综合作用，在因素间有共线性时，结果不如其他两者可靠。

三、SPSS 实操案例

表 12-16 是收集 72 位年龄为 21～60 岁游客的资料，以研究年龄与性别（Y=0 表示女，Y=1 表示男）的关系。

表 12-16　游客数据

年龄（X）	性别（Y）	年龄（X）	性别（Y）	年龄（X）	性别（Y）
21	1	31	1	43	0
21	1	32	0	44	1
22	1	33	0	45	1
22	1	33	0	46	0
22	0	33	0	47	0
23	0	34	0	48	1
24	0	34	1	48	1
24	1	34	0	48	1
25	0	35	1	49	0
25	0	35	0	49	0
26	0	36	0	50	0
26	1	36	0	52	0
26	1	37	1	52	0
27	0	37	0	54	1
27	1	37	0	54	1
28	0	38	0	55	1
28	0	38	1	56	0
29	1	39	1	56	0
30	0	40	0	56	0
30	0	40	0	57	1
30	0	41	0	57	0
30	0	41	0	58	0
31	0	42	0	59	1
31	0	42	1	60	1

(1)根据表12-16中的数据，做出散点图(图12-10)。从图中可以看出，男性游客主要集中在年龄层高的区域；与之相反，女性游客主要集中在年龄层低的区域。

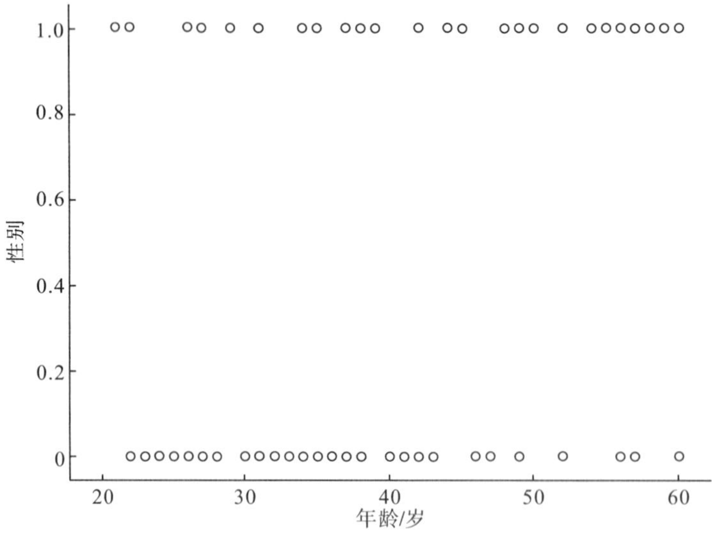

图12-10 数据散点图

(2)点击“Analyze”(分析)→“Regression”(回归)→“Binary Logistic”(二元Logistic)(图12-11)，在弹出的对话框(图12-12)中选择协变量和自变量，本例分别选择Y(性别)为因变量(Dependent)，选择X(年龄)为协变量(Covariates)。点击“OK”运行即可得到分析结果。

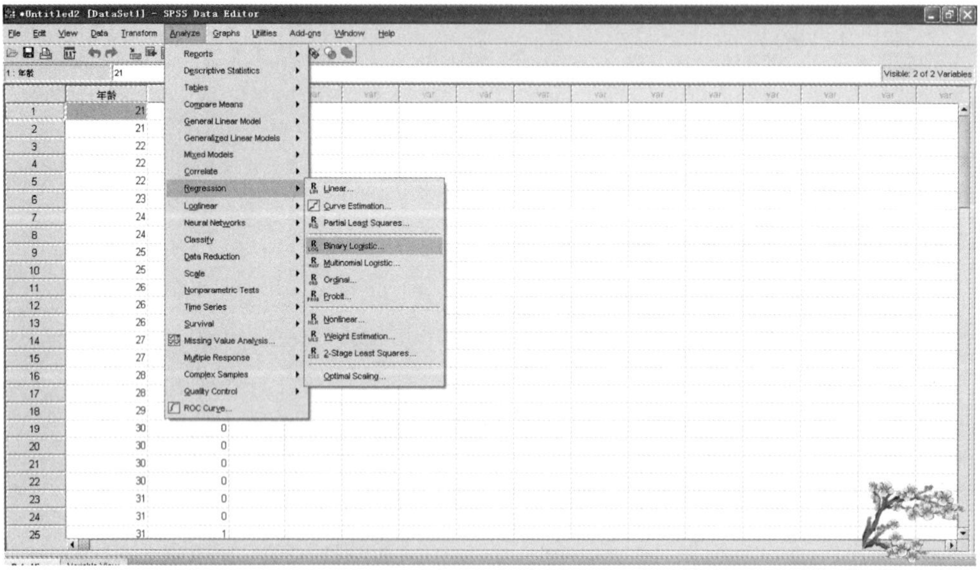

图12-11 逻辑斯谛回归界面

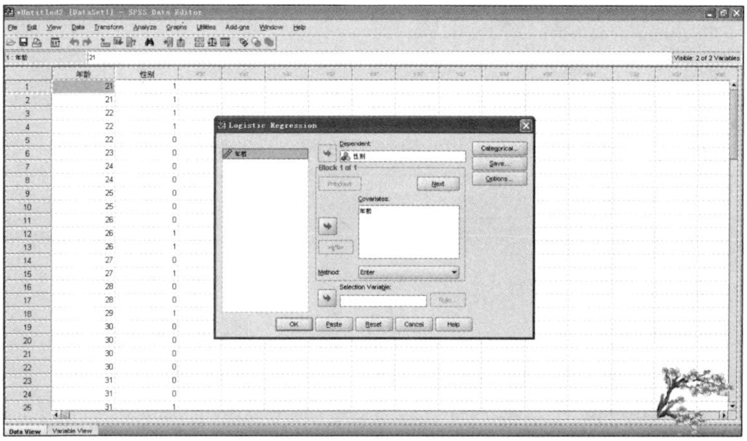

图 12-12　逻辑斯谛变量选择界面

表 12-17 和表 12-18 是拟合的只有常量的无效模型。40 例观测值为 0 的样本，共有 40 例被预测为 0；32 例观测值为 1 的样本，共有 0 例被预测为 1，综合预测精度为 56.2%。而步骤 0 的常量系数值(B)为−0.248。这一组数据相当于预测基准线。

表 12-17　分类表 [a,b]

观察(性别)		预测(性别)		
		0	1	百分比校正
步骤 0	0	40	0	100.0
	1	32	0	0.0
	总计百分比			56.2

注：a.模型中包含常量；b.分割值为 0.500。

表 12-18　方程的常量评估结果

	常量 B	S.E.	Wald	df	Sig.	Exp(B)
步骤 0	−0.248	0.236	1.104	1	0.293	0.780

未包括进步骤 0 回归方程的变量评估结果如表 12-19 所示，sig.=0.021＜0.05，意味着如果加入年龄变量，对步骤 0 回归方程的预测效果的提升是显著的。

表 12-19　方程的变量评估结果

	变量	Score	df	Sig.
步骤 0	年龄	5.316	1	0.021
	概要统计量	5.316	1	0.021

表 12-20 是全局检验结果，经过步骤、块、模型检验，显著性为 0.020<0.05，表明本次回归有意义。

表 12-20　模型系数的全局检验

		卡方	df	Sig.
步骤 1	步骤	5.409	1	0.020
	块	5.409	1	0.020
	模型	5.409	1	0.020

表 12-21 是预测模型摘要，本例中因为自变量只有 1 个，所以只进行了 1 步拟合，如果自变量有多个，可以观察到−2 对数似然值在降低，而 Cox & Snell R^2 和 Nagelkerke R^2 会逐步提高。

表 12-21　预测模型摘要

步骤	−2 对数似然值	Cox & Snell R^2	Nagelkerke R^2
1	94.678[a]	0.071	0.096

注：a.估计工作在 3 次迭代后终止，因为参数估计改变量小于 0.001。

表 12-22 是预测分类表，40 例观测值为 0 的样本，有 33 例预测正确，32 例观测值为 1 的样本，有 17 例预测正确，综合预测准确率为 69.9%，相较基准预测有所提高。

表 12-22　预测分类表[a]

	观察(性别)	预测(性别)		
		0	1	百分比校正
步骤 1	0	33	7	82.9
	1	15	17	53.1
	总计百分比	—	—	69.9

注：a.分割值为 0.500。

表 12-23 为预测模型的指标，可见显著性小于 0.05，表明回归预测效果具有统计学意义。

表 12-23　预测模型指标

		B	S.E.	Wald	df	Sig.	Exp(B)
步骤 1	年龄	0.049	0.022	5.060	1	0.024	1.051
	常量	−2.167	0.892	5.902	1	0.015	0.115

练　习　题

1.某地旅游数据如下，使用一元回归方法预测其未来 5 年旅游接待人数。

	2008 年	2009 年	2010 年	2011 年	2012 年	2013 年	2014 年	2015 年	2016 年	2017 年
旅游人次/万人次	245	356	456	567	589	599	678	690	750	780
客源地人均可支配收入/元	3455	4567	4678	4900	5678	5900	6478	6789	7890	8300

2．某地旅游数据如下，使用二元回归方法预测其未来 5 年旅游接待人数。

	2008 年	2009 年	2010 年	2011 年	2012 年	2013 年	2014 年	2015 年	2016 年	2017 年
旅游人次/万人次	245	356	456	567	589	599	678	690	750	780
客源地人均可支配收入/元	3455	4567	4678	4900	5678	5900	6478	6789	7890	8300
客源地人口/万人	3456	3678	4200	4568	4789	4899	5000	5100	5236	5670

3．非线性回归一般如何进行线性化处理？

4．如何理解逻辑斯谛回归。

第十三章　让数据像人脑一样做出预测：人工神经网络预测法

本 章 概 要

➢人工神经网络模型概况
➢BP 神经网络
➢小明的求职故事
➢Modeler 软件的应用

第一节　人工神经网络模型

随着人工智能的不断发展，人工神经网络模型也因其自身所具有的学习能力、自适应能力和强大的记忆储存功能，被用到越来越多的学科范围内。相比传统的计量数学方法、时间序列法等方法来说，由人工神经网络模型所构建的数学预测模型具有更高的精度和准确度。

一、人工神经网络预测法概述

人工神经网络是对人脑最简单的抽象模拟，它运用大量的处理部件(计算和模拟)，由人工方式建立起来。人工神经网络一般用计算机模拟人脑的结构，用许多小的处理单元模拟生物的神经元，用算法实现人脑的识别、记忆、思考过程，主要应用于图像、语言、声音等的识别，复杂的计算以及趋势预测等领域。

人工神经网络模型的工作原理就是先选用若干个网络模型输入节点，替代人脑神经网络的突触作用；再选定若干个隐藏节点，属于黑箱效果；最后是输出层，即整个模型预测的结果输出。此过程需要预先设定一个数学推论出来的计算过程，以大量的数据作为该模型的学习基础。准备过程结束之后将数据和公式输入网络模型中，对该模型执行命令，将它需要学习的对象转化为人工神经网络模型所能接受的形式输入，此时神经网络立即开始学习过程，通过反复迭代来获取研究所需的模型。

二、人工神经网络的特征

1. 具有出众的模拟能力

人工神经网络方法依赖的基础就是人脑思维模式，该方法的使用过程就是对人脑信息处理过程的简单模拟，相应地继承了人脑在信息处理过程中使用的逻辑思维和形象思维，以此对人脑进行仿真模拟，输入信息、搜索结果、输出结果。因此，人工神经网络方法也就具有了人脑的部分学习能力。

2. 具有大规模综合处理能力

神经网络拥有大量输入节点，每一个节点都是神经元。人工神经网络模型中的输入部分还有多个层面，这就使得该模型具有并行处理多个信息的能力。与生物神经元一样，人工神经网络模型的每个节点也非常简单，不仅单个运算比较简单，即使是大量神经元同时计算也可以轻易解决，而在模型进行反复迭代的过程中，不同节点的信息也会进行交流，增强了其综合处理的能力。

3. 具有较强的容错能力

人工神经网络模型的确定需要经过不断学习、反复迭代的过程。同时在人工神经网络中还包含众多的神经节点，每一个神经节点都在计算过程中发挥着作用，但却不是决定性作用，众多神经元节点协同作用才会得到实用的结构模型。当少部分神经元出现问题时，并不能对结果造成比较大的损害。另外，人工神经网络模型还具有反馈的功能，如果学习结果与既有结果偏差太大，导师就可以对模型进行修正。因此，人工神经网络模型具有一般模型所不具备的容错能力。

4. 具有自主学习和推理能力

人工神经网络是在仿生学基础上提出的，同样具有人脑的记忆和推理能力。它的学习方式主要有两种，导师指导学习和无导师自学。第一种方式由导师提供结构模型案例进行学习，待输出结果后比对真实结果，再由导师进行指导，多次学习；另一种是无导师自学，将该结构模型置于真实环境中，由外界环境提供实时数据并记录实时结果，储存于系统之中，边学习边修正。确定模型结构之后就可输入实时数据，即由推理得出预测结果。

尽管人工神经网络的优势非常突出，但其劣势也不容忽视：①人工神经网络有众多的节点进行多层次地输入输出，以及反复迭代，有时候甚至会多达几千次才能达到理想状态，因此使用人工神经网络的过程可能耗时较长；②模型是通过大规模的案例学习达到稳定状态的，在此过程中，需要对样本一次输入量进行控制，而且在反馈修正的过程中，调整权值时也不能过大，否则就有可能会造成系统瘫痪，无法学习和推理；③神经网络的结果输出也是多层次的选择过程，囿于模型的限制，一些情况下它所做出的结果输出未必是最佳结果；④人工神经网络结构模型在空间上呈现网状多层次结构，节点众多和反复迭代的过程也需要耗费大量的计算机资源，因此对计算机性能要求更高。

三、BP 神经网络

反向传播(back propagation，BP)神经网络最为常用，也是目前为止研究运用最为有效的神经网络模型。BP 神经网络含有多个输入节点，每一个输入接口均可接收信息，在导师的协助下输入数据进行学习，经由一层或多层的隐藏网络节点运算，通过最后一层的输出层进行结果输出。得到输出结果后与预期结果进行比对，如果输出结果与预期结果相差甚远，则需对该运算过程进行反馈处理，将结果误差从结果输出层重新进入系统，进行反向回馈传播，并在此过程遵循误差最小原则对 BP 神经网络运算各层节点权重进行修正。如此反复，直至所得结果与预期结果的误差在可接受范围之内。系统结构确定后，可进行结果预测。因此，在 BP 神经网络的运算过程中有两条数据流在其中流动，一条是信息输入过程中的正向信息流，该过程是利用已有数据对已有结果进行预测的过程；另一条是在运算结果与已有结果不相符的情况下对运算过程进行修正的数据流。目前，BP 神经网络已应用于旅游预测之中。图 13-1 为三层神经网络系统及模型架构，位于最左的一层为输入层，包括 i 个输入节点，而位于最右的是输出层，包括 n 个输出结果，而介于两者之间的为隐含层，包括 j 个隐含节点。

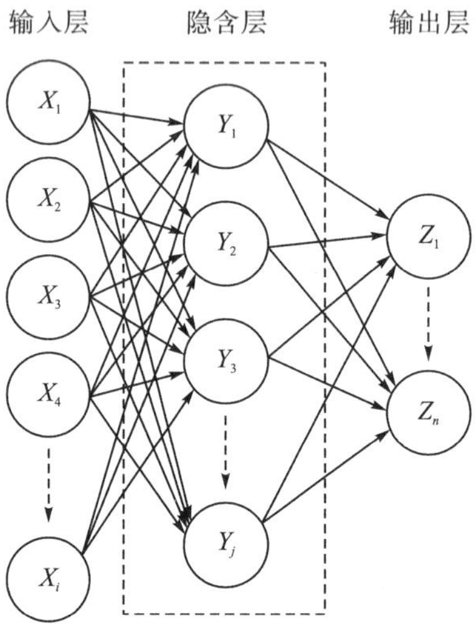

图 13-1　三层神经网络模型图

第二节　案例——小明的成功求职经历

一、小明的求职故事

小明同学在熬过了艰难的三年后，进入大四生活。这一学年有两件大事：找工作和写毕业论文。一般认为找工作是头等大事，小明也不例外，他揣着精心准备的简历开始主动出击，“漫天撒网，重点捕鱼”。这一天，正在思考毕业论文的小明接到一个来自国内某 OTA 的电话，通知他参加面试。

面试这天，小明精心打扮后，准时来到了约定的面试地点。进入面试室，主面试官打量了一下小明，翻阅了一下他的简历，就放到了一边，说：“你的简历做得不错！既然你应聘市场部的岗位，我们就测试一下你的专业水平。我们市场部的同事从技术部拿到一批数据，我挑出来了一些，这些数据是上个月我们的 APP 用户行为记录，你根据这些数据预测一下有哪些行为出现，用户会使用我们的 APP 购买哪些服务。你现在去候考室，会有同事给你提供所需的材料。”

小明跟着工作人员来到侯考室，拿到了主面试官所说的数据。数据一共 20 条，记录了用户的 4 种特征和购买行为(表 13-1)。

表 13-1　OTA 网站 APP 用户购买行为数据

编号	停留时间	登录频次	用户等级	是否咨询	是否购买
1	1	2	2	0	0
2	3	1	3	0	0
3	2	2	3	1	1
4	3	3	1	1	1
5	1	2	2	0	0
6	3	3	4	0	1
7	2	2	2	1	0
8	3	1	3	0	0
9	1	1	2	0	0
10	2	3	2	0	1
11	2	2	5	0	1
12	3	1	3	1	1
13	2	1	3	0	0

续表

编号	停留时间	登录频次	用户等级	是否咨询	是否购买
14	2	2	3	0	0
15	1	2	3	0	0
16	2	2	2	1	1
17	2	3	2	0	0
18	4	2	2	1	1
19	3	2	2	0	1
20	1	1	1	0	0

停留时间表示用户最近一次登录 APP 时的停留时间，按照从进入到退出的时间记录，1 代表 1min 以内；2 代表 1～＜10min；3 代表 10～＜30min；4 代表 30～＜60min；5 代表 1h 及以上。

登录频次表示用户近 1 周的登录次数。

用户等级表示 APP 根据过往消费记录对用户的评级情况。

是否咨询为用户在停留期间是否向在线客服咨询过问题，0 代表没有咨询过，1 代表咨询过。

是否购买表示用户最终是否购买 OTA 产品，0 代表没有购买，1 代表购买。

看着这些数据，小明的心情一下子紧张起来。他回想起课堂上学习旅游市场调查与预测时的场景，但一时间却丝毫没有头绪，急得抓耳挠腮。

二、小明的解决方案

小明强迫自己心情平静下来，开动大脑，冷静思考。一番沉思后，小明终于想到了老师讲的人工神经网络分析法。

想到了方法，小明立刻行动起来，在电脑上下载了人工神经网络分析的辅助软件——SPSS Modeler 18.0。

在等待 SPSS Modeler 18.0 下载和安装的时候，小明按照老师的课堂讲授，先对数据进行预处理，也就是在把数据导入 Modeler 之前对数据进行的处理，这是为了避免个别数据过大或过小。此外，归一化处理后的数据会使建模过程更加迅速。

归一化处理有多种方法，但多种方法的目的是一样的，将一列数据压缩在[0,1]或[−1,1]区间，常用的方法有以下两种：

$$x' = \frac{x - x_{\min}}{x_{\max} - x_{\min}} \tag{13-1}$$

$$x' = \frac{2(x - x_{\min})}{x_{\max} - x_{\min}} - 1 \tag{13-2}$$

式(13-1)能够将数据归一化在[0,1]，式(13-2)能够将数据归一化在[-1,1]。式中，x'为归一化后的值，x为原值，x_{min}和x_{max}分别为这一列数据中的最小值和最大值。

使用式(13-1)，小明将原始数据归一化后的结果记录在表13-2①。

表13-2 归一化后的OTA网站APP用户购买行为数据

编号	停留时间	登录频次	用户等级	是否咨询	是否购买
1	0.00	0.50	0.25	0	0
2	0.67	0.00	0.50	0	0
3	0.33	0.50	0.50	1	1
4	0.67	1.00	0.00	1	1
5	0.00	0.50	0.25	0	0
6	0.67	1.00	0.75	0	1
7	0.33	0.50	0.25	1	0
8	0.67	0.00	0.50	0	0
9	0.00	0.00	0.25	0	0
10	0.33	1.00	0.25	0	1
11	0.33	0.50	1.00	0	1
12	0.67	0.00	0.50	1	1
13	0.33	0.00	0.50	0	0
14	0.33	0.50	0.50	0	0
15	0.00	0.50	0.50	0	0
16	0.33	0.50	0.25	1	1
17	0.33	1.00	0.25	0	0
18	1.00	0.50	0.25	1	1
19	0.67	0.50	0.25	0	1
20	0.00	0.00	0.00	0	0

在安装完成后，小明打开软件，Modeler的主界面窗口如图13-2所示。除了常规的任务栏、工具栏，还有流画布、节点选用板、管理器和项目4个窗格。其中，流画布是用来绘制数据流的空间，建模和预测的节点、顺序、关系等，都在流画布中用图示的方式完成；节点选用板如同调色板一样，包括源、建模、输出等功能，绘制数据流所需的节点都在选用板中挑选而来；管理器主要用于管理Modeler正在创建或已经建成的数据流、模型等；项目窗格常用于管理和查看数据流的各个节点详细信息。

①这一组数据非常简单，因此数据的归一化处理并非必须。

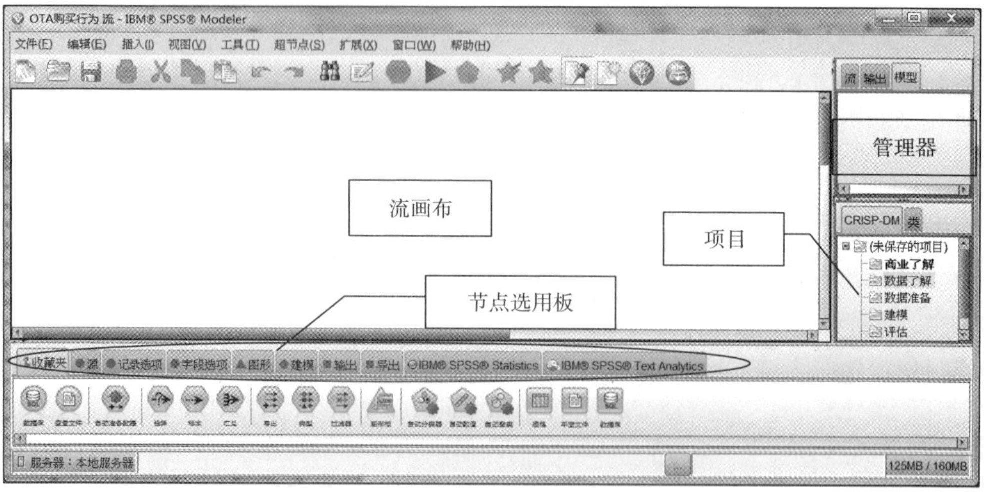

图 13-2　Modeler 主界面窗口示意图

第一步，导入数据。在节点选用板的“源”按钮下，有多种可供 Modeler 识别的数据文件格式，包括常见的数据库、.spss 文件、.sas 文件、.Excel 文件等，小明使用的数据保存格式为.sav，所以使用 statistics 文件导入。数据导入之后，可单击预览按钮，查看数据是否确实被软件识别。

小贴士：虽然 Modeler 提供多种源数据导入，但考虑到一致性，建议尽量使用.sav 格式导入，以便于数据在 SPSS 系列软件上能够被稳定识别。

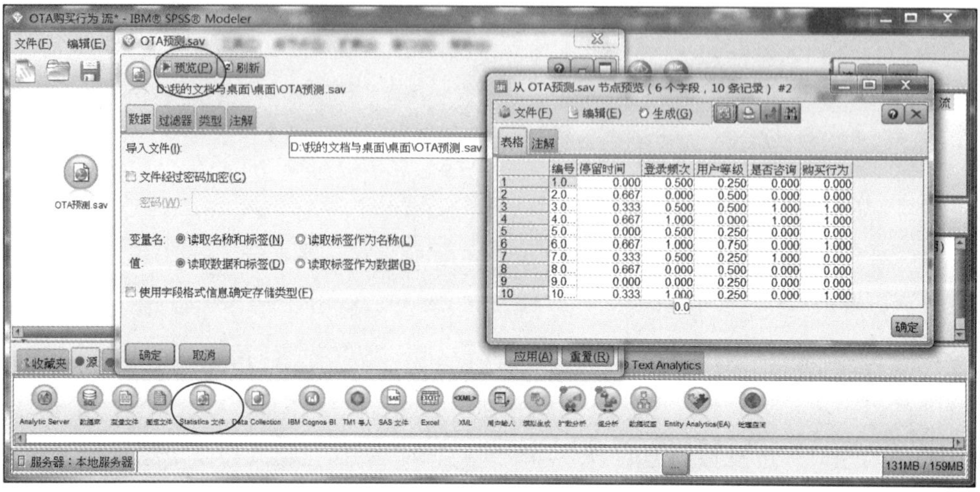

图 13-3　Modeler 数据导入示意图

第二步，设置类型节点。类型节点在“节点选用板”下的“字段选项”之下，其主要作用是对数据进行定义，包括数据类型、角色等。双击“类型”节点，类型节点将在流画布中显示，并连接在预测数据之后，对类型节点进行编辑，主要编辑“测量”下各字段的类型，以及“角色”下，哪些是预测的自变量，哪些是因变量。

在小明的预测任务中，因变量是购买行为，所以编辑购买行为字段的角色为“目标”；自变量是停留时间、登录频次、用户等级和是否咨询等，所以编辑它们的角色为“输入”；编号字段不具备预测意义，所以在角色中设置为“无”，表述该字段不参与后续的分析和预测(图 13-4)。

图 13-4　Modeler 数据分析示意图

此外，在大规模数据处理中，难免有个别数据缺失，在此情况下，应当淘汰相应的缺失值数列，以免干扰完整数据的建模过程，影响模型的准确性。此时，需要在类型节点后面点击“记录选项”下的“选择”节点并对其进行编辑。在选择节点的设置中为了排除空缺数列，选择“丢弃”模式，并在“条件”框中输入“default＝ ‘$null$’”，依次点击“应用”“确定”，即可对数据进行筛选。因为小明的任务中，并没有缺失值，所以小明并没有添加选择节点(图 13-5)。

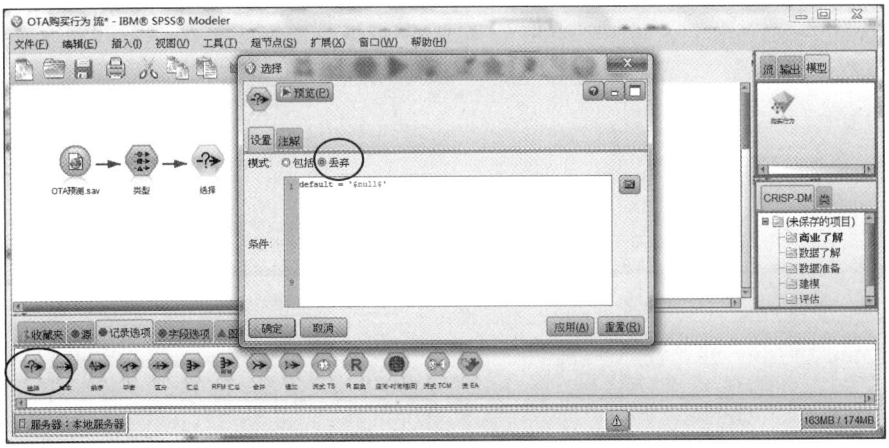

图 13-5　数据缺失设置

第三步，添加和设置人工神经网络节点。同样在节点选用板下，神经网络节点可在“建模”选项卡中选择。模型名称命名为“购买行为-神经网络”，模型评估中勾选“计算预测变量的重要性”，可以评估各个预测变量，即停留时间、登录频次等 4 个变量对于购买行为这个因变量的影响程度。

与“模型选项”并列的还有 3 个选项卡，包括字段、构建选项和注释。字段用于定义字段的角色，构建选项用于设置神经网络分析方法、运行的规则等，注释用于注释模型(图 13-6)。

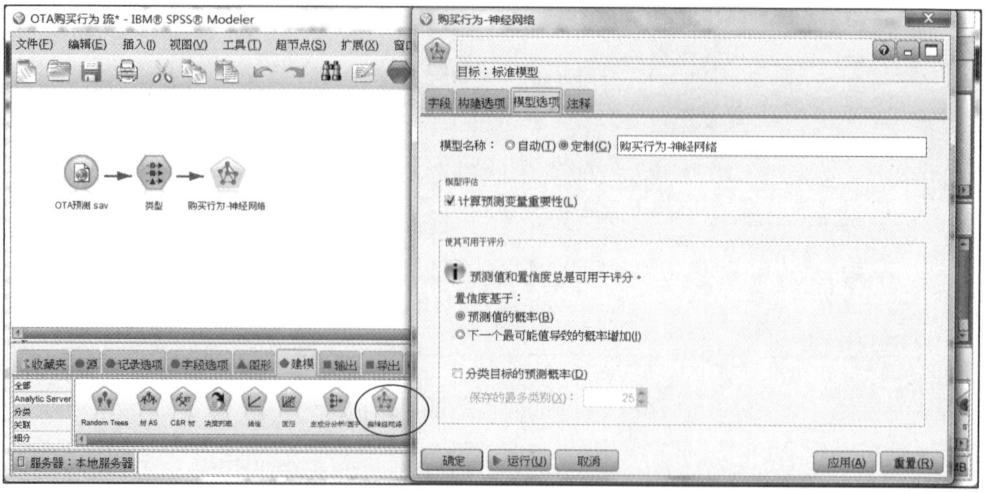

图 13-6 设置人工神经网络节点

第四步，人工神经网络建模。逐步确认上述数据准确无误且被读取，建模过程设置完成之后，即可开始数据的训练和建模，单击“运行当前流”，建模开始，满足停止标准之后，建模结束。此时，流画布上会出现模型，管理器窗格也会出现模型(图 13-7)。

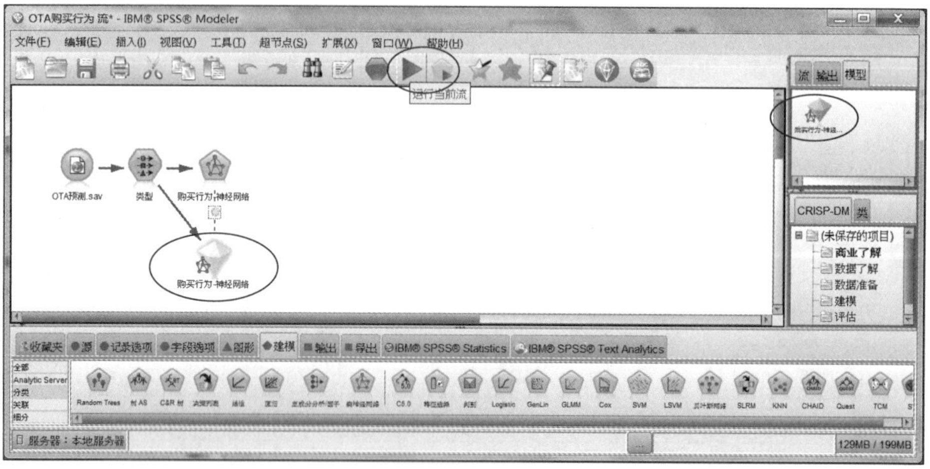

图 13-7 人工神经网络建模示意图 1

双击打开模型，可以查看模型的各个参数，包括模型概要、各变量的重要性、网络结构图等(图 13-8)。从模型概要中可以看到，通过人工神经网络建立的模型准确率为 85%，准确率较高；从各预测变量的重要性来看，“是否咨询”的重要性最低，而最近一周的“登录频次”的重要性最高，在 APP 的停留时间和用户等级次之；网络结构图展示了预测变量通过两个神经元影响因变量的过程(图 13-9)。

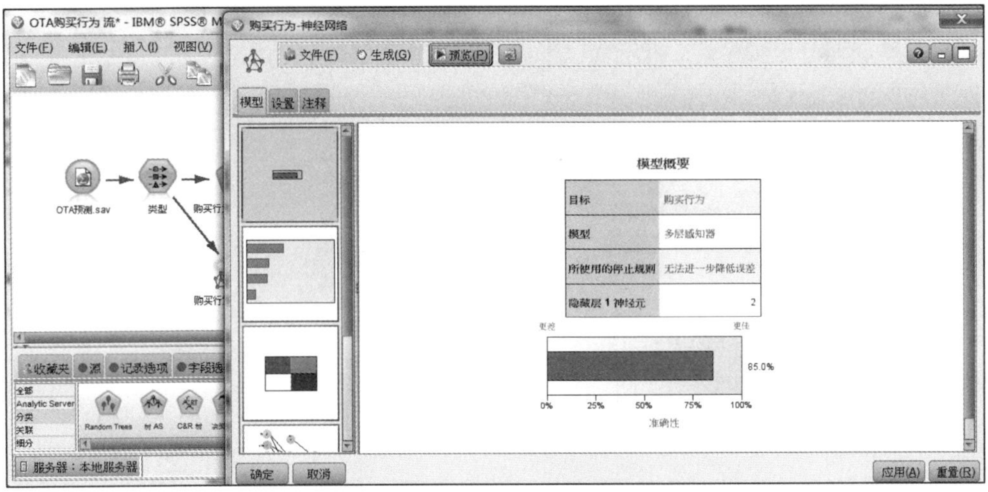

图 13-8　人工神经网络建模示意图 2

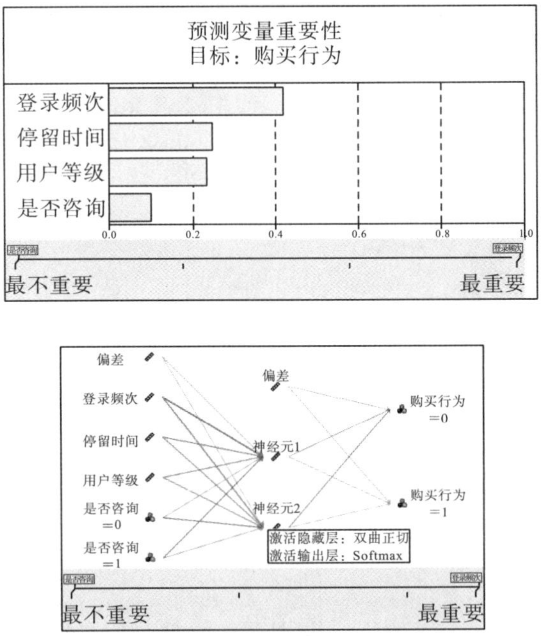

图 13-9　人工神经网络建模示意图 3

人工神经网络建模完成之后，就可以利用所建设的模型对未知的结果进行预测。

第五步，导入需要预测的数据，预测用户的购买行为。

①在流画布添加需要预测的用户数据(图 13-10)。

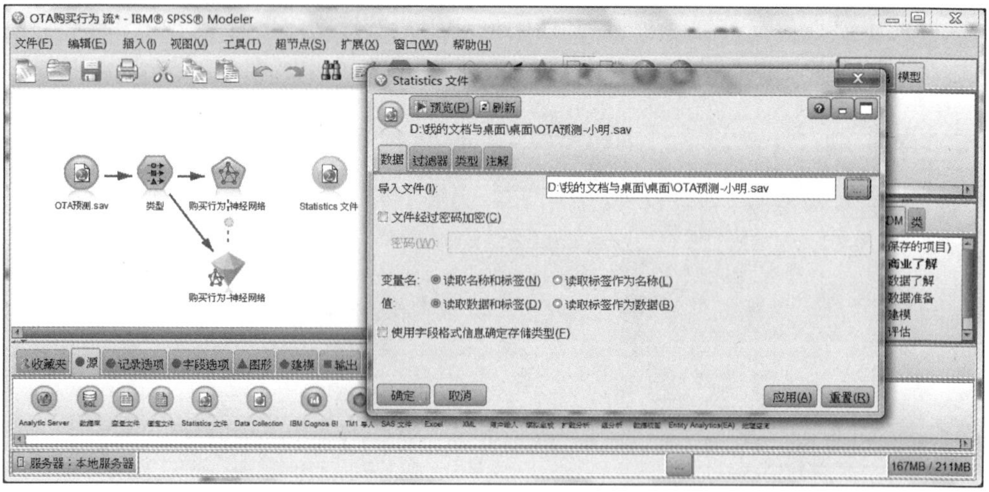

图 13-10 人工神经网络预测示意图 1

②从管理器将预测模型“购买行为-神经网络”拖入流画布，并建立从自变量数据到预测模型的连接[①](图 13-11)。

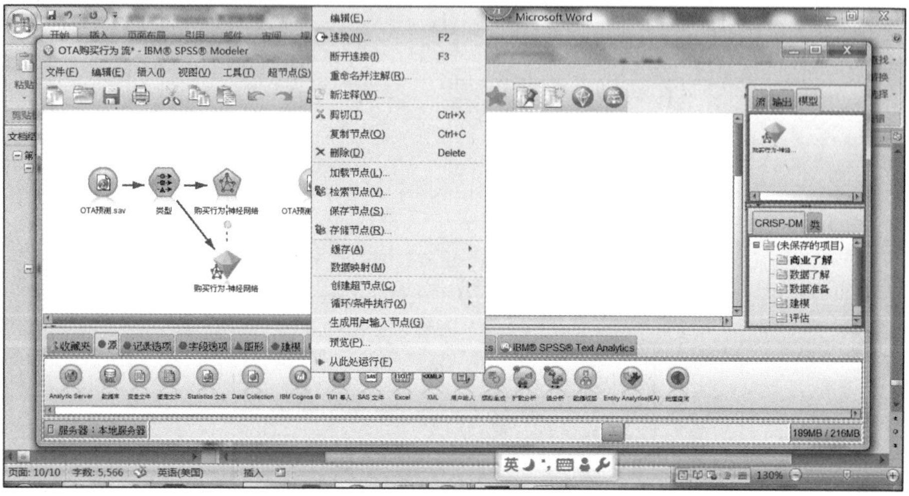

图 13-11 人工神经网络预测示意图 2

③在节点选用板中，点击“输出”选项卡，选择“Excel”，连接在预测模型之后，用于输出经过模型预测后的结果(图 13-12)。

①右键单击数据节点即可出现连接。

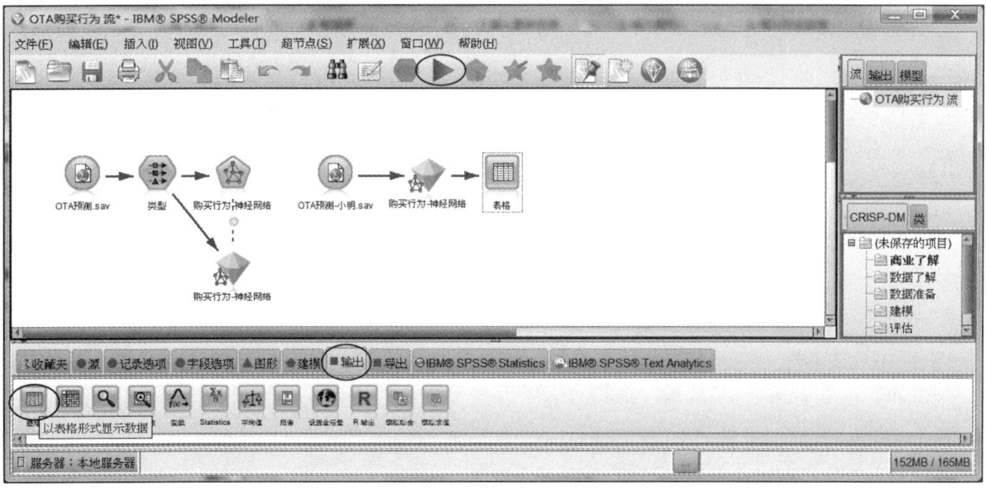

图 13-12　人工神经网络预测示意图 3

④点击运行数据流，系统将弹出预测结果。

从预测结果看，1 号、4 号、6 号用户将会产生购买行为，而 2 号、3 号、5 号用户基本不会产生购买行为(图 13-13)。

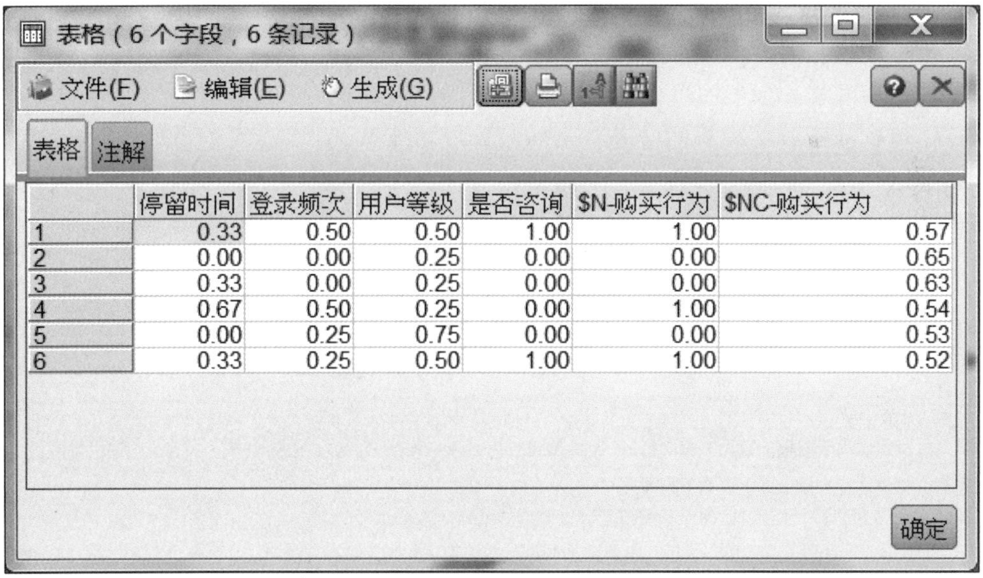
表格(6 个字段，6 条记录)

	停留时间	登录频次	用户等级	是否咨询	$N-购买行为	$NC-购买行为
1	0.33	0.50	0.50	1.00	1.00	0.57
2	0.00	0.00	0.25	0.00	0.00	0.65
3	0.33	0.00	0.25	0.00	0.00	0.63
4	0.67	0.50	0.25	0.00	1.00	0.54
5	0.00	0.25	0.75	0.00	0.00	0.53
6	0.33	0.25	0.50	1.00	1.00	0.52

图 13-13　人工神经网络预测示意图 4

当数据流执行出现问题时，系统会自动弹出报错信息，可以根据这些信息排除问题。本例中，在数据流添加输出节点时，误将“导出”选项卡中的节点添加，所以系统提示报错(图 13-14)。

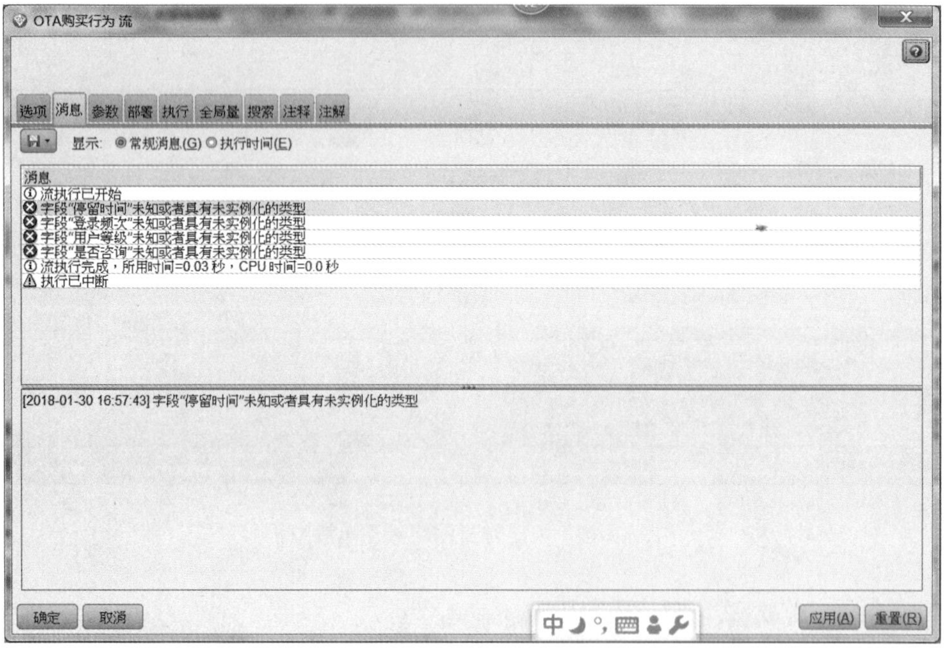

图 13-14　系统提示报错界面

经过 1 个小时的奋战，小明终于完成了测试，整理好资料并写了一份分析报告，又回到面试室。

人力主管看了一下小明提交的分析报告(图 13-15)，不动声色地把它递给身旁的主面试官。小明坐在凳子上，心却提到了嗓子眼。主面试官看了看分析报告，又看了看小明的建模过程，终于抬起头说："小明同学，我是市场部的同事，恭喜你通过面试，欢迎你加入我们公司！"

尊敬的人力主管：

您好！

很高兴您能给我这次机会，并让我展示我的所学，根据提供的数据资料，我使用人工神经网络预测法进行了分析和预测。在此过程中，用于建模的数据共有 20 条，需要预测的数据有 6 条。

根据上述数据和方法，有 3 点需要向您汇报。

第一，我建立了一个人工神经网络预测模型，该模型的精确度为 85%。

第二，在 4 个预测变量中，用户最近一周的登录频次对最终购买行为的预测效用最强，而是否与客服沟通的预测效用最弱。

第三，在用于预测的 6 条数据中，有 3 条数据显示用户极有可能在我们的 APP 上产生购买行为，分别对应于 1 号、4 号和 6 号用户，其他 3 名用户产生购买行为的概率非常小。

如果能够提供更多的数据作为训练样本，我能有更多、更有用的发现。

最后，我非常希望获得这份工作，谢谢！

小明敬上

××年××月××日

图 13-15　小明提交的分析报告

三、关于 SPSS Modeler 的延伸

Modeler 作为 SPSS 家族的一员，继承了 SPSS 家族的“优良基因”，亲和的界面和容易上手的操作，不得不承认，它为不善于数理统计和计算机编程的人提供了极大的方便。本章对人工神经网络预测法进行分析，对 Modeler 的功能进行了简单的介绍，事实上，Modeler 还有更多的功能有待发掘。

在 Modeler 18.0 中，系统内置了 4 类共 40 种常用的建模方法，包括常用的时间序列、决策树、主成分分析、逻辑斯谛回归、支持向量机、贝叶斯网络、K-mean 等。在每种建模方法之下，根据建模原理的不同，又可分为多个更加细化的建模方法。

此外，Modeler 软件还自带使用教程和案例，“帮助”选项卡基本能够涵盖软件所有能实现的功能(图 13-16)。当然，具体的操作还需用户在使用过程中不断摸索。

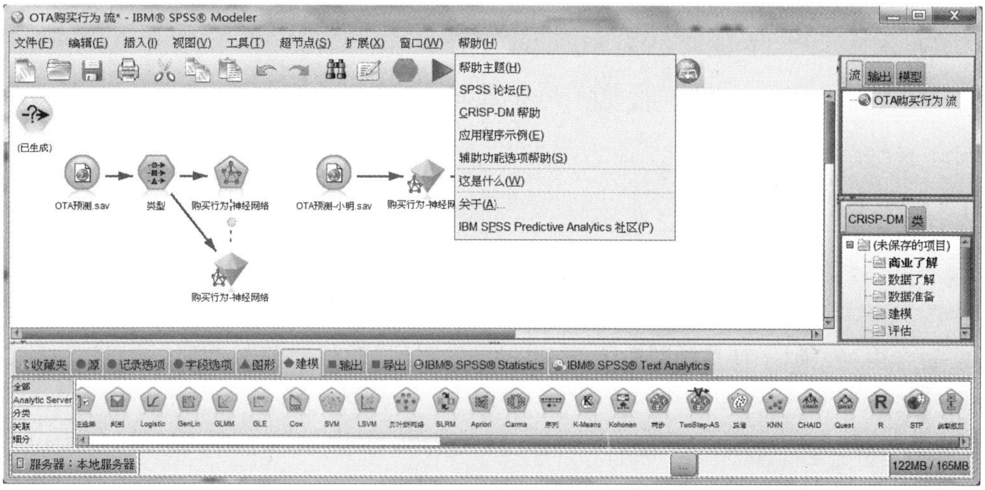

图 13-16 “帮助”选项卡

练 习 题

1. 简述人工神经网络预测法的基本原理。
2. 熟练掌握利用 Modeler 软件进行神经网络分析。
3. 了解 Modeler 软件的主要功能。

第十四章　展示结果：报告撰写

本 章 概 要

➢旅游市场调查报告的作用
➢旅游市场调查报告的结构
➢旅游市场调查报告的撰写前准备
➢旅游市场调查报告的撰写技巧

第一节　旅游市场调查报告的基本要求

1. 正确、简洁的表达

调查报告要将调查所得到的结论清晰明了地表达出来。在调查报告的撰写中，要有明确的主题，写作要求简明扼要、条理清晰，表现形式要简洁。报告应图文并茂，文字、图表等需配合得当，制作精美，图表应该有标题，对计量单位应清楚地加以说明，对所有数据资料应注明来源。

2. 灵活的图表运用

在调查报告的正文中穿插图表是一种行之有效的方法，相较于文字，图表在表达信息方面更加直观。但是应该注意，图表也需简单。调查报告中的常用图表有柱状图、条形图、饼状图及曲线图。而柱状图和饼状图是用得最多的类型。在用图表表达数据的同时，还要注意一些细节的处理，比如：使用柱状图时，柱体之间的距离应小于柱体本身；在说明文字较多时，用饼状图表示更清晰，且使用饼形图时应在标明数据的同时，突出数据的标志；对于一些较长、较宽的表格，可以附录形式表现。

以“西安临潼度假区 2015 年春节游客行为调查(部分)”为例。

(1)游客客源地域结构——以省内和周边区域为主。

①整体而言，游客构成以陕西省内游客为主，省内游客比例高达 56.66%。具体来说，省内游客以西安、渭南、宝鸡等临近地区为主，陕北地区次之，客流量最少的为陕南地区。

②省外游客高峰出现在大年初四和初五。省外客源主要集中在河南、山西、甘肃和四川等邻近省市。除北京、山东、广东等东部省市，中西部省市为西安临潼度假区主要客源市场(图 14-1)。

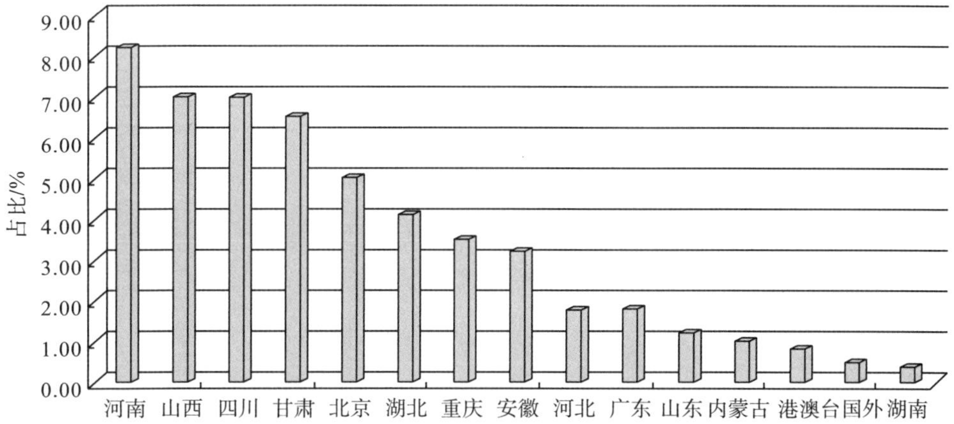

图 14-1　2015 年临潼度假区春节省外主要客源地域分布图

(2)游客出游同伴选择——以家庭游为主。春节期间，84%的游客选择与家人一同出游。“全家团圆，外出过年”已经成为春节旅游市场的重要趋势。值得一提的是，28%的游客选择了与伴侣一起出游，春节期间情侣出游成为一大亮点。

(3)游客吸引力要素选择偏好。前往临潼度假区的游客中有 80%以上的人认为，“品牌景区”“不拥挤”“安全”“好玩”“有特色”“原生态”已经成为度假区的核心吸引力要素。

3. 完整的主体内容

调查报告是对旅游市场调查的完整总结，包括调查活动的策划设计、资料和数据的收集、分析、整理，所得结论和提出对应的对策和建议等。调查报告是旅游市场调查的具体体现，在报告中应该陈述调查的动机、目标、结果、结论和建议，但是完整并不是面面俱到，主次不分，在兼顾完整的同时，要简略得当、重点突出。

4. 多样的表现方式

在报告发布时可以采用多种形式，但是从目前来看，最常用的形式仍是文字报告，文字是传统的报告形式，是必不可少的形式。除了文字报告之外，为了方便讲解或浏览，也可利用 PowerPoint、Flash 等软件制作报告，可以清楚、直观、动态地展示调查结果，PPT 报告在调查结果的汇报中常常用到。另外，口头报告常常用于对调查活动的汇报。

以“西安临潼度假区 2014 年春节游客行为调查(部分)”为例，针对“客流量分析”，分别以“文字报告”和“PPT 报告”两种表现形式进行说明。

(1)文字报告版。

客流量分析——变化剧烈：中间高、两头低。

度假区客流量初一最少，初二和初三略有增加，初四到初五急剧增加，初六和初七则快速下降(表 14-1)。

表 14-1　西安临潼度假区春节假日游客量统计　(单位：人次)

	大唐华清城	芷阳广场	鹦鹉寺	凤凰生态谷	合计
1 月 31 日(初一)	1600	1812	20	36	3468
2 月 1 日(初二)	8300	1653	112	29	10094
2 月 2 日(初三)	8500	1977	100	8	10585
2 月 3 日(初四)	45000	1894	150	11	47055
2 月 4 日(初五)	36500	1769	5	10	38284
2 月 5 日(初六)	15000	1631	2	0	16633
2 月 6 日(初七)	6500	1106	3	0	7609
合计	121400	11842	392	94	133728

度假区春节假日共接待游客 133728 人次，同比增长 26.27%，高于全市的平均水平(21.22%)。但和西安市区的其他免费景区相比，客流量仍处于中下水平，其中大唐西市游客量接近百万人次，如表 14-2 所示。

表 14-2　西安免费景区接待游客一览表　(单位：万人次)

名次	景区	接待量	名次	景区	接待量
1	大唐西市	98.21	6	曲江唐城墙遗址公园	15.39
2	大明宫国家遗址公园	47.42	7	西安临潼度假区	13.37
3	北院门风情街	45.83	8	西安世博园	11.30
4	大雁塔文化休闲景区	33.62	9	西安汉城湖景区	7.90
5	大唐不夜城	26.53	10	书院门街区	5.40

总结：

①春节假日游客量变化剧烈，和其他假日相比游客量变化差异大。

②春节假日游客总量和其他假日相比较总体偏少。

③今年春节假日客流量与上年相比大幅增加。

(2) PPT 报告版(图 14-2)。

■ 客流量分析

西安临潼度假区春节假日游客量分布——变化剧烈：中间高、两头低

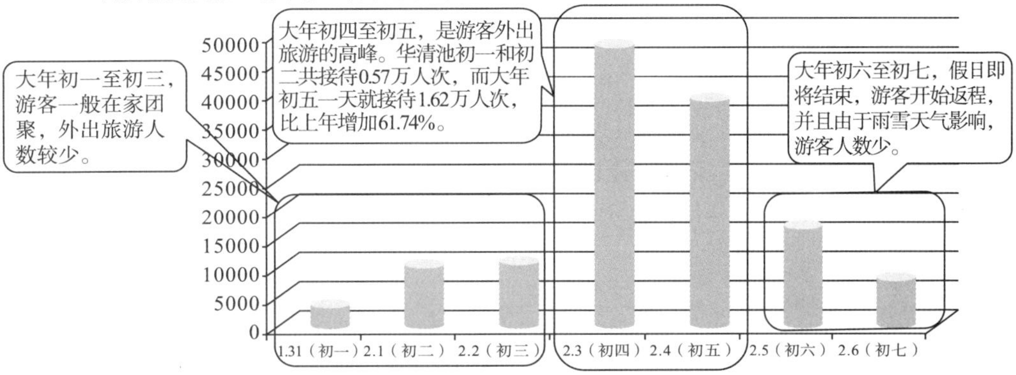

总结：(1)西安临潼度假区的假日游客量呈剧烈变化趋势，这和其他假日游客分布差异较大。
(2)西安临潼度假区春节假日游客总量和其他假日相比较总体偏少。
(3)2015 年春节黄金周客流量与上年相比大幅增加，天气对客流影响很大。

图 14-2　PPT 报告

第二节　旅游市场调查报告长什么样

旅游市场调查报告的格式会因项目、阅读者和撰写者的不同而有所差异，但调查报告要把旅游市场信息传递给决策者的功能或要求是确定的。在长期的实践过程中，旅游市场调查报告逐渐形成了一般格式，主要包括四大部分：前文(标题、目录、摘要)、正文、结论和建议以及必要的附录。

一、前文

1. 标题页和扉页

调查报告的标题必须能够准确表达主题思想，做到题文相符。标题要简单明了，能高度概括全文且应具有较强的吸引力。

标题页内容包括报告的标题或主题、副标题(即该份调查报告提供的具体材料)、提交对象、撰写者和发布(提供)日期。对于企业内部调查，报告的提交对象是企业某高层负责人或董事会，报告撰写者是内设调查机构。对于社会调查服务，报告的提交对象是调查项目的委托方，报告的撰写者是提供调查服务的调查咨询机构。特别正规的调查报告、在标题页之后还安排扉页。标题扉页一般包括旅游市场调查报告的标题、调查和报告日期、委托方(领导小组等)及调查方(调查组成员)等。

2. 前言

前言是对该调查项目的简要介绍。前言部分的内容包括：调查报告的由来、组织方式、人员配备、时间安排、市场调查范围、调查技术与技巧以及对支持本次调查活动的有关部

门和人员的致谢等。

3. 目录

目录包含报告所分的章节及其相应的起始页码。一般比较简单的调查报告目录编写到两个层次即可，比较复杂的调查报告可以到 3 个或 4 个层次，但是一般目录不要多于 4 个层次，多于 4 个层次则会显得报告内容繁多，不能突出报告的层次性。

4. 图表目录

如果报告含有图和表，一般需要在目录中包含一个图表目录(图表索引目录)，目的是为了帮助读者很快找到一些对应信息的形象解释。

5. 摘要/概述

摘要一定要提纲挈领、重点突出、逻辑性强。摘要一般放在正文的前面，需依据调查内容确定，最好不要超过两页。摘要一般包含 4 个方面的内容：首先要明确报告的目的和作用，包括调查的背景情况和具体目的；其次是此次调查的基本情况，包括调查范围、方法；再次是调查的结论，这是摘要最重要的部分，一般按照所得结论的重要程度顺序来写，也可按照结论的逻辑次序来写；最后依据结果给出相应对策和建议，如果对策和建议较多，则将最重要的列出即可。

二、正文

正文一般包括调查的技术路线、调查方法、分析和结果以及局限性分析。

1. 调查的技术路线

在撰写正文之前，要明确阐明此次调查活动的对象、目的、理论、方法和具体的流程等，可以通过文字结合框图的形式加以描述，以便更直观地向读者展示此次调查活动的内容。

2. 调查方法

(1)调查设计：说明此次调查是属于哪种类型，如是探索性调查或因果性调查，还需说明选择这一类型的原因。

(2)资料采集方法：调查活动收集的数据资料属于哪种类型(如是初级资料或次级资料)；调查结果的取得是通过调查法、观察法，还是实验法等；所用调查问卷或观察记录表应以附录的形式出现。

(3)抽样方法：调查目标的总体是什么？抽样框如何确定？是什么样的样本单位？它们是如何被选取出来的？对以上问题的回答依据及相应的运算需在附录中列明。

(4)实地调查工作：启用了多少名、什么类型的实地调查工作人员，对他们进行了怎样的培训和监督管理工作，调查工作如何检查？能否保证调查质量？调查地点的时间和人员安排等。

(5)分析方法：说明所使用的定量分析方法和理论分析方法。

3. 分析和结果

分析和结果在正文中占较大篇幅可以以叙述形式表述。这部分报告应按某种逻辑顺序分析得出结论和建议。在讨论中可以配合一些总结性的表格和图像，这样可以更加形象化，而详细和深入分析的图表宜放到附录中。

4. 局限性分析

完美的调查是不存在的，所以必须指出调查报告的局限性。讨论调查报告的局限性是为了给正确评价调查成果以现实的基础。

三、结论和建议

结论是基于调查结果的意见，一般包括市场存在的问题、基本特征、趋势等，而建议是在调查基础上对调查主题提出采取的相应行动。因此对策建议的阐述应比较详细，而且要对其进行较为细致的论证。

四、附录

对于调查报告而言，一些技术性强或非常详细的材料都不宜出现在正文部分，作为调查报告的辅助说明，这些都应该放到附录，以备阅读者在必要时查阅。这些材料可能只有某些读者才感兴趣，或者它们与调查没有直接的关系，只有间接的关系。

附录通常包括的内容有：调查提纲、调查问卷、观察记录表、对复杂的抽样调查技术的说明、一些关键数据的计算、较为复杂的统计表和参考文献等。

第三节　要撰写市场调查报告，需要做哪些准备

撰写调查报告是将调查报告分析的结果以文字、图表等不同形式表述出来。无论是哪一种调查报告，撰写的程序一般都包括确定主题、取舍资料、拟订提纲、撰写报告和修改报告 5 个步骤。撰写调查报告的准备工作主要包括主题的确定、取舍资料和拟订提纲。

一、确定调查报告的主题

确定调查报告的主题是非常关键的，主题要明确、有价值。

1. 主题的确定

确定主题由遴选主题和确定观点两个步骤组成。

(1)遴选主题。选题是发现、选择、确定、分析主题的循环过程，主题是对分析对象和目的的概括。所以选题一般表现为调查报告的标题，是认识过程中已知领域(研究基础)与未知领域(探索发现)的连接点。选题表现为已知的，是在以往对旅游市场认知和研究的基础上产生的，又表现为未知的，是以往对某些市场现象认识不深，需要继续探索发现。它既反映现有知识的广度和深度，又反映对未知领域的探索和追求。

(2)确定观点。观点是调查者对分析对象持有的看法与评价，它是调查材料的客观性与作者认识主观性基础上的综合体，是形成思路、组织材料、构成篇章的基本依据和出发点。观点是在充分分析调查资料的基础上形成的，它的形成过程是对调查资料的分析—综合—分析的循环过程，随着调查者认识的不断深入，一些新的观点会渐渐产生。因此，观点的确定一般要经历萌发、深化、形成3个阶段。在观点形成过程中要遵循如下原则：

①客观性。从实际调查的情况出发，分析不可以先入为主。

②深入性。从具体的现象、数字入手，在调查材料上做文章，抓住事物的特殊性，从中找出具有代表性的内容，并力求观点内涵丰富。

③简洁性。观点是认识的逻辑概括，作者要用简单语言把自己的新认识阐述出来。

2. 确定主题应注意的问题

(1)调查报告的主题必须与调查主题一致。一般说来，调查的主题就是调查报告的主题。因此选题也是调查主题确定的关键，调查主题需在调查之初就基本确定。

(2)依据调查分析的结果确定观点。调查报告中的所有结果与结论，均需基于对调查数据的分析和总结，避免加入个人的主观认知，观点来自数据，数据支撑发现观点。

(3)调查报告的主题不宜过大。为便于反映问题，主题要简明扼要，同时也要容易撰写。

二、取舍资料

资料是形成调查观点的基础，观点是资料的统领，调查报告的观点决定调查资料的取舍和使用。只有采集到的信息和资料能够支持观点，资料才能充分地说明调查报告的主题。

在撰写调查报告时，必须坚持论证材料要充分，言必有据。充分的材料不但应是客观、真实的，还必须是全面反映事物的。通常还应有侧面或反面材料，以说明和支持调查结论。

1. 材料充分完整

在撰写报告之前，要对调查材料进行全面的分析和梳理，以获取尽可能充分和完整的材料，因为调查报告应根据目的和要求，进行具体的分析、比较和论证，因此，材料必须以事实为基础，用事实说话，才能为客观、合理的结论奠定基础。

2. 筛选材料

资料要依据主题的需要、观点的要求进行筛选，与主题无关或关系不大的资料要舍弃。否则报告会成为材料的堆砌，繁杂的材料只会冲淡主题。

筛选材料要制定标准，一般采用比较鉴别的方法，对同类材料依据标题和报告的篇幅进行比较、鉴别，以决定取舍。另外，鉴于调查报告明确、简练的特点，无关紧要的材料要大胆舍弃。

3. 多次取舍

在调查材料量很大时，为减少不必要的劳动，在分析之前也可进行一次取舍。但不管在分析前，还是分析后对材料的取舍都要有科学依据，比如以概率统计理论为依据，这样既省力，又不降低材料的代表性。同时，材料的取舍工作还要和定量分析、定性分析等工作结合起来。只有经过筛选，调查报告的依据才能充实、扼要，而不至于偏颇。

三、拟订提纲

提纲是调查报告的骨架，可以理清思路，表明调查报告各部分之间的联系。调查报告写作提纲可分为条目提纲和观点提纲两类。条目提纲就是从层次上列出报告的章节，观点提纲是列出各章节要表述的观点。

一般先拟订粗略提纲，把调查报告分成几大部分，然后在各部分中充实，按次序或按轻重，横向或纵向罗列编织成较细的提纲。提纲拟订得越细，说明作者对材料、内容掌握越深入、越具体，反映作者的思路越清晰，在撰写报告时也越顺手。拟订调查报告写作提纲可使作者进一步深思熟虑、精益求精，也便于对调查报告进行“构造”的调整。因此，写作提纲的作用是不可低估的，即使是在写作方面有经验的人，也应在撰写调查报告之前先拟订写作提纲，特别是较细的提纲。

第四节 写作技巧

一、撰写技巧

1. 写作的表达方式

调查报告的主要作用是将研究对象及其存在的问题、问题产生的原因、程度以及解决问题的办法解释清楚，使阅读者能够充分了解、认识和信服报告内容。在调查报告中，不论是介绍基本情况、背景分析，还是总结规律、罗列问题、分析原因等都要进行说明，最后提出相应的建议和措施也应加以说明。

2. 调查报告的语言

调查报告的语言应该严谨、简明和易懂。

(1)严谨——科学性。在调查报告中，尽量不要使用含糊的词语，如“可能”“也许”“大概”等，还要注意在选择使用表示强度的副词或形容词时，要把握词语的程度差异，比如“有所反应”与“有反应”、“较大反响”与“反应强烈”、“显著变化”与“很大变化”之间的差别，为确保用词精确，最好用数字来反映。还要区分相近、易于混淆的概念，如“发展速度”与“增长速度”、“番数”与“倍数”、“速度”与“效益”等。

(2)简明——概括性。在叙述事实情况时，力争以较少的文字清楚地表达较多的内容。要使语言简明，重要的是训练作者的思维。只有思维清晰、深刻，才能抓住事物的本质和关键，用最简练的语言概括和表述报告内容。

(3)易懂——通俗性。调查报告的语言应力求朴实严肃、平易近人、通俗易懂，才能发挥其应有的作用。但通俗、严肃并非平淡无味，作者要加强各方面的修养和语言文字表达的训练，提高驾驭语言文字的能力，最终才能写出语言生动、通俗易懂的高水平调查报告。

3. 调查报告中数字的运用

较多地使用数字、图表是调查报告的主要特征。调查报告中的数字既要准确，又要讲求技巧，力求把数字用活，用得恰到好处。

(1)要防止数字文学化。数字文学化表现为在调查报告中到处都是数字。在大量使用数字时，要注意使用方式，一般应该使用图表来说明数字。

(2)运用比较法表达数字。这是基本的数字加工方法，分为纵向比较和横向比较。纵向比较可反映事物自身的发展变化，横向比较可以反映事物间的差距，对比可形成强烈的反差，增强数字的鲜明性。

(3)运用化小法表达数字。有时数字太大，不易理解和记忆，如果把大数字换算成小数字则便于记忆，如把125000000人次换算成1.25亿人次更容易记忆。

(4)运用推算法表达数字。有时个体数量较小，不易引起人们的重视，但由此推算出的整体数量却大得惊人。如对旅游消费支出的调查发现，每个游客的人均消费增加10元，当游客量达到每年100万人次时，增加的旅游消费达到1000万元。

(5)运用形象法表达数字。这种方法并不用事物本身的具体数字，而是用人们熟悉的数字表示代替，以增强生动感。例如，我市入境游客达到100万人次，旅游外汇收入达到9.8亿美元，换成形象法表达为：入境游客人数相当于我市人口的1/2，旅游外汇收入相当于我市最大企业产值的2倍。

(6)使用的汉字与阿拉伯数字应统一。总的原则是可用阿拉伯数字的地方，均应使用阿拉伯数字。公历的世纪、年代、年、月、日和时间应使用阿拉伯数字，星期几则一律用汉字，年份一般不用简写。

二、几个重要环节

1. 明确阅读对象

不同阅读者掌握的信息不同，需要做出的决策性质也不同，导致他们需要了解的信息随之有所差异。同时，不同的阅读者也存在兴趣上的差别。同样一份调查报告，提供给决策者、专家和一线员工时，侧重的信息应有所区别。提供给决策者作为决策的依据，可以重点写三个问题：是什么、为什么、怎么做，以便他们尽快了解情况、原因与建议；由于专家对于事实情况、引发的原因都十分清楚，因此提供给专家评审的调查报告应侧重于报告撰写的逻辑性和科学性，即报告中的结论是按照什么样的程序，通过什么方法分析后得出的；提供给一线员工的报告可尽量结合一线实际工作进行描述，提出可以实际操作的建议和意见。

2. 调查报告正文的撰写

正文是调查报告的主干和核心。这部分主要写明市场现象和事实，调查的收获、经验和教训，即介绍调查的主要内容是什么以及形成调查结论的原因。主体部分包括大量的材料——人物、事件、问题、具体做法、困难等，内容较多。所以要精心安排调查报告的层次及结构，有步骤、有次序地表现主题。一般来说，调查报告的主体结构大约有 3 种形式。

(1) 主题导向型：即把调查的内容通过综合分析，紧紧围绕主旨，按照不同的类别分别归纳成几个方面的问题来写，几个问题之间具有横向关系，同时几个问题又都围绕主题展开，而每个问题里往往还有着若干个小问题。典型经验性质调查报告的格式，一般采用这样的结构。这种调查报告形式观点鲜明，中心突出，使人一目了然。

(2) 问题导向型：有两种形式，一种是按调查事件的起因、发展和先后次序进行叙述和议论，一般情况调查报告和揭露问题的调查报告的写法多使用这种结构方式，有助于读者对事物发展有深入全面的了解。另一种是按原因、过程、结论，以层层递进的方式安排结构，一般综合性质的调查报告多采用这种形式。

(3) 综合模式型：兼有主题导向型和问题导向型两种模式的特点，互相穿插配合，组织安排材料。采用这种调查报告写法，一般是在叙述和议论发展过程时用主题导向型模式，而写收获、认识和经验教训时采用问题导向型模式。

调查报告的主体部分不论采取什么结构方式，都应该做到先后有序、主次分明、详略得当、联系紧密、层层深入。

3. 正文标题设计

调查报告也可以设计成章、节、段的形式，每一章、节、段都应有相应的特征鲜明的标题。目前两种常用的方式为：以结论或观点作为各章、节、段的标题，如“本地市场是主要客源”“价格对游客的影响极大”等；以原因或状况作为各章、节、段的标题，如“国内旅游市场的特点”“国外旅游地对我国入境旅游客源市场的影响”等。

4. 表格和图像的格式要求

在调查报告正文中恰当地运用统计图，发挥调查所得资料的论据和论证作用。

统计表必须具备表号、表头(总标题)、横行标题、纵列标题、指标数值、(必要的)注释、资料来源等。总标题需要醒目，提出本表要提供的信息内容。横、纵标题要简明，尽量使用规范、约定俗成的指标名称、分组标志和时间分量。凡表中所用数据是来源于本项目调查、观察或实验所获之外的次级资料时，均应在资料来源处注明来源。

统计图也要设置图号和图名，要求与表号和总标题相同。统计图在目录中的位置在统计表之后。统计图中所绘几何图形(线段、矩形、扇形等)要与所表现的数值成比例，数轴要注明所表示的变量及所用计量单位。在图中对图形需加以必要的注释，说明其含义，以便读者不参阅任何文字材料，就能读懂统计图要说明的问题。最后，资料来源对于统计图也是必不可少的。

5. 附件部分的利用

在调查报告中不能不用各种统计学的分析方法，也不能没有调查的原始资料，这些都是报告内容的有力支撑，可以附件形式加入调查报告中。

6. 对策和建议

对策和建议是在全文的基础上对调查的总结和对旅游市场发展趋势的预测，提出具有建设性的对策建议能够为决策者提供参考。

三、撰写调查报告应注意的问题

一份高质量的调查报告，除了符合调查报告的一般格式外，为了避免一些问题，还应符合以下要求。

1. 实事求是

市场调查研究是为了揭示事情的真相，在研究过程中要实事求是，按照严格的程序开展科学研究。因此，作为市场调查结果的调查报告也必须真实、准确，要以实事求是的态度，准确而全面地总结和反映调查结果。这就要求市场调查报告使用的信息资料必须符合客观实际，不能有任何虚假内容。同时，要注意信息资料的全面性，避免因结论和建议的片面性对决策者造成误导。

2. 重点突出

市场调查报告的内容编排应该紧密结合调查宗旨。一份高质量的调查报告既要具备全面性、系统性，又要具备针对性和适用性。因此，在编写调查报告时必须对信息资料进行严格分类和筛选，剔除一切无关资料，突出重点。

3. 篇幅适当

调查报告的价值体现在报告的质量(对领导决策的重要程度)方面，而非篇幅长短。因此，在撰写调查报告时，应根据调查目的和调查报告的内容需要确定篇幅。市场调查阶段积累的信息资料虽然弥足珍贵，但如果全部纳入调查报告，必然会使调查报告的内容冗长繁杂，导致读者难以领略重点。因此，调查报告的篇幅，内容的取舍、详略都应该根据需要确定。

4. 解释充分

调查研究的目的在于通过对市场的实际调查获取可靠的一手数据，利用丰富的信息资料说明市场特征、规律和趋势。但这些并非每个人都能领会，因此，需要调查人员运用专业知识、科学的理论和方法进行分析解释。

5. 阅读方便

为了提高调查报告的可阅读性，应做到版面设计合理、语言简洁、字迹清晰、书写工整。同时，任何调查报告的阅读和使用都有其特定对象，因此要结合不同对象的工作性质、文化程度等因素来安排调查报告的写作风格。

阅读材料：西安临潼度假区2015年春节旅游市场调查报告

目录

2.3 真爱骊山、雅致东方酒店经营概况
2.4 度假区商业开发建议
三、悦椿酒店专项调研报告
3.1 2014年酒店业发展宏观环境
3.2 温泉酒店竞争格局
表2 代表性的国内著名温泉度假酒店分析表
表3 陕西省主要品牌温泉酒店一览表
3.3 悦椿酒店开发建议

一、春节旅游市场概况

1.1 客流量分析——双峰结构

2月13日(腊月二十五)~2月24日(正月初七)，度假区客流量变化整体呈“双峰”结构。以2月18日(除夕)为分界点，年前、年后客流量均出现一次峰值，年前客流量明显少于年后。年前阶段，以2月17日客流量最多；年后阶段，正月初一客流量最少，初二和初三快速增加，初四客流量骤升至最大值，初五缓慢下降，初六和初七迅速下降(表1)。

表1 度假区春节假日游客量统计 (单位：人次)

	大唐华清城	芷阳广场	真爱骊山	雅致东方
2月13日(腊月二十五)	2200	1824	21	60
2月14日(情人节)	8934	9580	30	46
2月15日(腊月二十七)	7047	6450	18	36
2月16日(腊月二十八)	10904	13740	22	24
2月17日(腊月二十九)	13370	10110	26	18
2月18日(除夕)	4300	3450	36	28
2月19日(正月初一)	2349	2408	8	26
2月20日(正月初二)	8705	9843	12	20
2月21日(正月初三)	26674	23700	38	37
2月22日(正月初四)	38730	39000	46	65
2月22日(正月初五)	24560	20780	28	45
2月23日(正月初六)	12490	8980	16	36
2月24日(正月初七)	3678	2490	15	30
合计	163941	152355	316	471

度假区春节假日共接待游客317083人次，同比增长47%，游客接待量迅猛增加。

总结：

(1)春节假日游客总量和其他假日相比较总体偏少。

(2)年前出游成为游客出游选择偏好的新趋势。

(3)2015年春节假日客流量比2014年大幅增加。

1.2 游客行为特点分析

1.2.1 游客客源地域结构——以省内和周边区域为主

(1) 整体而言，游客客源以陕西省内为主，比例高达 56.66%。具体来说，省内游客以西安、渭南、宝鸡等临近地区为主，陕北地区次之，客流量最少的为陕南地区。

(2) 省外游客高峰出现在大年初四和初五。省外主要客源主要集中在河南、山西、甘肃和四川等邻近省市，如图 1 所示。

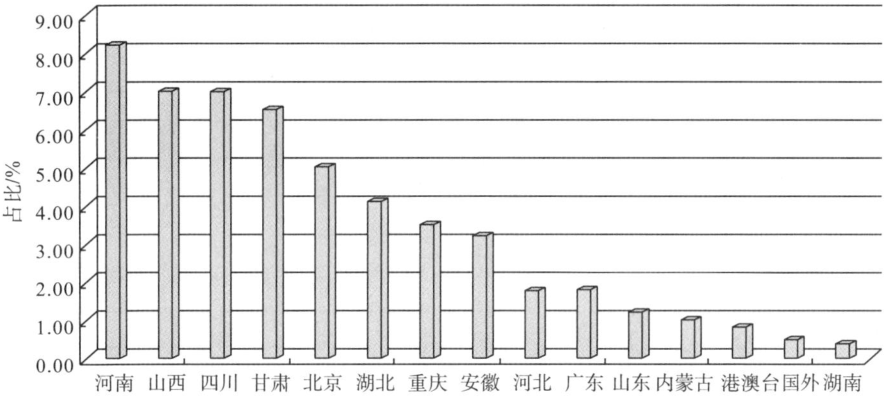

图 1 2015 年度假区春节省外主要客源地域分布图

1.2.2 游客出游天数及时间偏好

(1) 60%以上的游客春节期间会选择 3～6 天外出出游，这与春节假期放假时间有关。春节假期一般为除夕至正月初六，游客出游一般会从初二开始，初六左右踏上返程。

(2) 初三、初四游客出游意愿最强烈，其次是春节前，仅有 20%的游客会选择在初一和初二出游。春节前出游成为过年外出旅游的一种新风尚(图 2)。

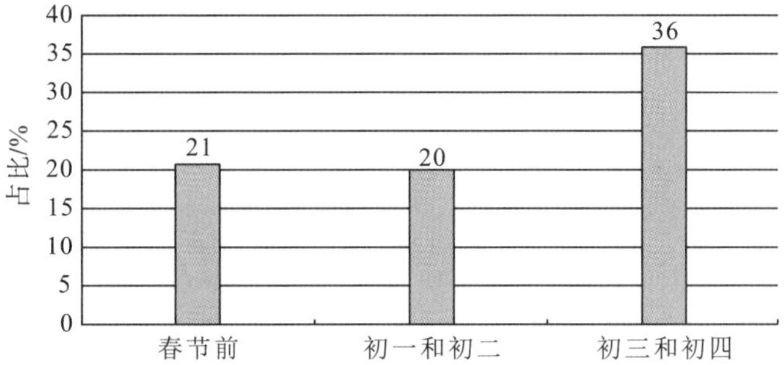

图 2 春节期间游客出游时间选择偏好

1.2.3 游客出游同伴选择——以家庭游为主

春节期间，84%的游客选择与家人一同出游。“全家团圆，外出过年”已经成为春节旅游市场的重要趋势。值得一提的是，28%的游客选择了春节期间与伴侣一起出游，情侣出游成为临潼度假区游客出游方式的一大亮点。

1.2.4 游客春节出游关注因素

(1)价格和旅行线路安排成为 80%以上的游客春节出游最关注的因素。与此同时，游客对于价格的关注度会随着年龄的增长而逐渐减少。

(2)春节期间的天气状况直接影响游客的出行安全。同时，交通通达度也是游客春节出游关注较多的问题。

1.2.5 游客出游方式及人均预算

(1)春节期间，由于家人团聚、出行便利，自驾游已经成为绝大多数游客的不二选择，尤其是周边省份游客更倾向于选择自驾游作为他们的出游方式。

(2)春节期间，10.2%的游客在临潼度假区的人均预算在 3000 元及以上，约 67%的游客人均预算在 1500 元以下，其中 32%的游客人均预算在 500 元以下。与 2014 年春节假期相比，游客在临潼度假区的人均预算提高了 20.02%，这表明临潼的旅游商品开发市场极具潜力。具体如图 3 所示。

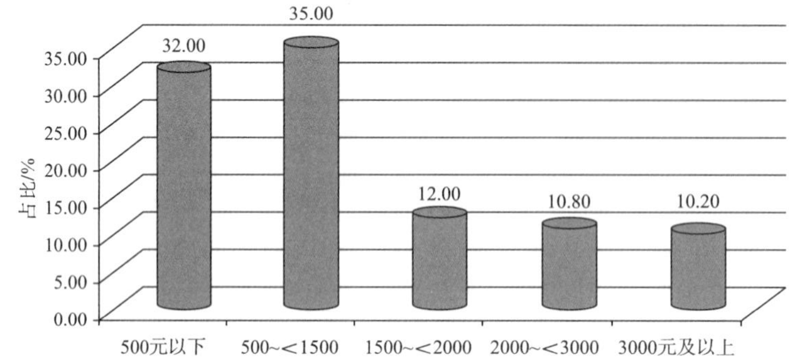

图 3 游客人均预算调查

1.2.6 游客产品预订渠道选择

旅游开始进入互联网时代，移动网络成为交易主平台。春节期间，来临潼度假区的游客中，64%以上的游客会选择旅游网站来比较、选择、订购旅游产品，其次是通过亲人和朋友的推荐来选择旅游产品。

1.2.7 游客吸引力要素选择偏好

前往临潼度假区的游客有 80%以上的人认为，“品牌景区”“不拥挤”“安全”“好玩”“有特色”“原生态”已经成为度假区的核心吸引力要素(图 4)。

环境优美	品牌景区	美食	方便	环保	不拥挤
自然安全	便宜	好玩	有特色	舒服	原生态

图 4 度假区游客吸引力要素选择偏好

1.3 度假区整体发展建议

1. 紧跟市场需求，构建特色度假品牌

临潼度假区要抓住观光旅游向休闲度假旅游转型的重要契机，大力发展休闲度假、娱乐体验、文化创意、康体养生等核心产业，鼓励发展餐饮、购物、娱乐等配套产业，引导关联产业集聚发展，形成一批旅游度假产业体系完备、地域特色鲜明的旅游度假胜地。

2. 加强区域合作，打造精品旅游线路

随着旅游产业的日益发展和旅游竞争的日趋激烈，仅局限于某一地区打造单一旅游目的地的路子已越走越窄，地区之间迫切要求联动合作，共同打造复合旅游品牌。临潼度假区应选择旅游产品结构、区域结构、产业结构互补性较强的地区或者景点进行合作，联手建设无障碍旅游区，如选择与西安市区的景区或景点进行合作，打破“东线一日游”僵局。

3. 加强设施建设，丰富度假活动形式

临潼度假区应根据统一的功能构成体系及度假区自身现状，进一步完善功能设置和度假设施，开展多种活动项目，丰富度假活动形式，提供高质量的度假服务，如更新各种体育运动设施、建设大型文化艺术设施、完善疗养院硬件服务体系等。

二、度假区春节商业专项调查报告

2.1　游客旅游消费偏好分析

2.1.1　游客景点选择偏好

秦始皇帝陵博物院和华清池仍然是游客来临潼旅游必选的旅游景点，尤其是秦始皇帝陵博物院，作为西安旅游的金牌名品，65%以上的游客会具有参观游览意愿。除此之外，骊山、秦陵地宫、贾平凹文学艺术馆也成为游客出游意愿较高的新去处(图5)。

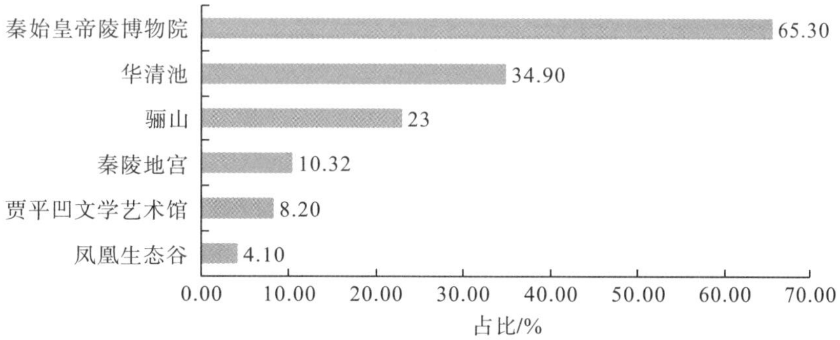

图5　游客景点选择(多选)偏好调查

2.1.2　游客商品购买意愿分析

土特产和手工艺品是游客最愿意购买的两大类旅游商品。除此之外，节庆用品和日常用品也成为游客购买意愿较为强烈的两项产品。值得一提的是，省内外游客对于旅游购物偏好表现出明显的结构差异，省外游客对名烟名酒、宝玉石、陶(瓷)器、字画等产品表现出较强的购买意愿(图6)。

2.1.3　游客旅游产品选择偏好

70%以上的游客来临潼会选择体验特色美食和温泉产品，其次是民间工艺和民间演艺(约占50%)，可以看出，游客对于具有地方特色且“接地气”的产品参与意愿较高。此外，鉴于骊山属于山岳型景观，爬山滑索也成为游客来临潼体验的新趋势(图 7)。

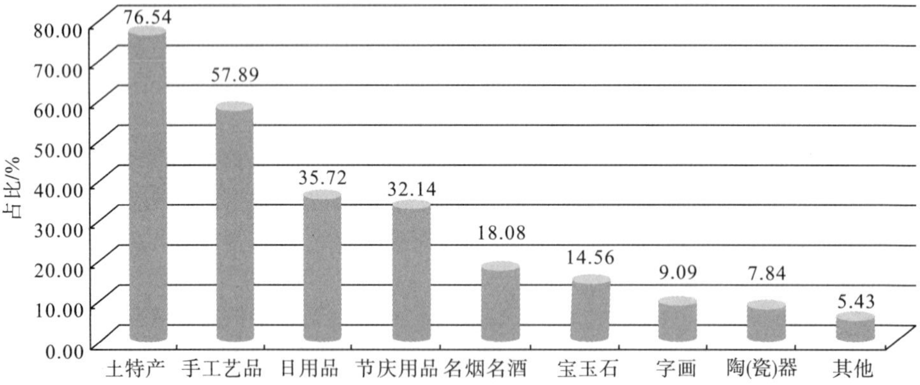

图 6 游客商品购买意愿(多选)调查

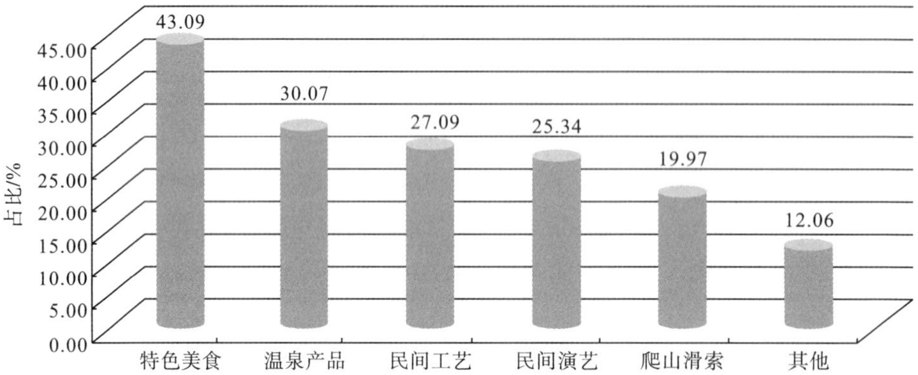

图 7 游客旅游产品选择(多选)偏好调查

2.1.4 游客参与旅游活动意愿分析

春节假期，游客参与旅游活动的意愿与其他节假日相比表现出明显的差异性。其中，60%以上的游客参与表演类、节庆类活动的意愿较为强烈。值得一提的是，鉴于春节假期家庭出游比例较高，亲子类活动也备受游客青睐(图 8)。

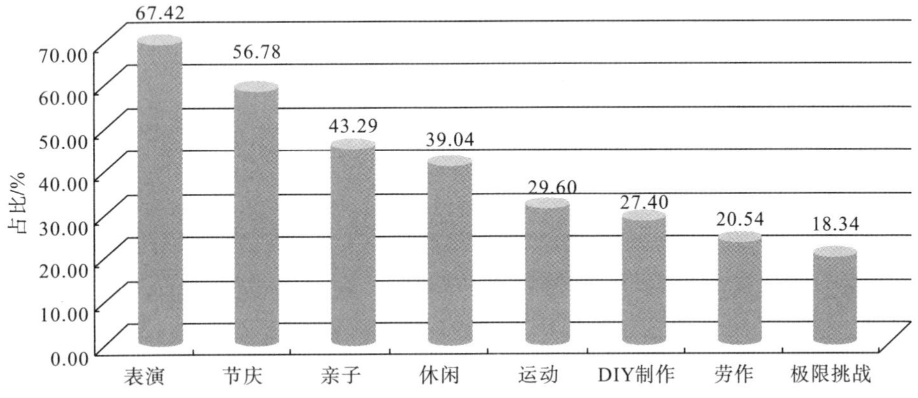

图 8　游客参与旅游活动意愿(多选)调查

2.2　度假区旅游产品开发建议

1. 重在体验，凸显参与

临潼度假区应紧跟市场需求，转变以静态观光游览为主的单一发展模式，重视游客参与体验。针对家庭市场、亲子市场、情侣市场等不同细分市场，开发不同的参与体验项目。

2. 巧借节事，聚集人气

我国发展较好的国家旅游度假区均已形成了一批知名的节庆和赛事活动品牌，如青岛国际啤酒节和苏州太湖梅花节等。临潼度假区也应结合地方特色，开展系列节事活动，如春节期间的庙会、七夕情人节的“浪漫宣言”等。

3. 体现特色，打造品牌

临潼度假区在旅游商品的开发上，要注重品牌效应，突出陕西地方特色，赋予度假区旅游商品以陕西历史文化内涵。同时，可以借秦始皇帝陵博物院的影响，打造秦文化特色系列旅游产品，与华清池、骊山景区展开合作，大力开发具有浓郁地方特色的主题旅游产品。

2.3　真爱骊山和雅致东方酒店经营概况

1. 真爱骊山经营概况

真爱骊山坐落于临潼度假区凤凰大道 15 号，是由真爱集团携手西安曲江临潼旅游商业发展有限公司联合打造的秦文化主题创意餐饮品牌，于 2014 年 4 月 25 日盛大开幕。

真爱骊山由真爱旗下餐饮、水疗、KTV 三大业态融合而成。其中，餐饮业态由创意秦文化餐厅“大秦小宴”构成。“大秦小宴”首创分餐制、体验式的就餐形式，将陕菜文化和秦文化充分贯穿其中，菜单由将、相、和、秦四篇组成，人均消费约为 100 元，主要面向商务游客和家庭游游客。餐厅还面向不同层次的细分市场，分别推出了中端、高端团餐。真爱骊山本着“健康生活，休闲度假”的理念，打造餐饮、KTV 和水疗三大度假产品，旨在为游客提供“一条龙”式服务。目前，真爱骊山的营销策略包括会员营销、联合营销、绿色营销、情感营销、新媒体营销、客户端营销、旅行社战略合作营销等。

就目前来看，真爱骊山游客满意度较高，但也存在以下几个问题。

①主题不够明确，游客对于“真爱”品牌知晓率较高，误以为真爱骊山服务项目仅仅

包含 KTV。

②“大秦小宴”菜品口味过于单一，未能适应不同地区游客的需求。

③KTV 服务项目现代化过于突出，与秦文化主题不相协调。

2. 雅致东方酒店经营概况

雅致东方酒店位于静谧秀美的骊山脚下，与临潼国家旅游休闲度假区管委会、芷阳广场、鹦鹉寺公园、凤凰池景区咫尺相邻，于 2014 年 5 月盛大开幕。雅致东方酒店以四星级酒店定位，不仅拥有面积达 700 平方米且可以容纳 360 人同时段用餐的多功能豪华宴会厅，还拥有 179 间客房。酒店免费提供无线宽带、泳池及健身等服务。酒店菜肴以粤菜为主，兼顾本地特色菜肴，拥有 9 个包间，主要面向商务和家庭市场。同时，酒店提供水疗及特色中医理疗服务项目，并拥有西北地区规模最大的健身设施设备。

目前，雅致东方酒店的营销策略包括情感营销、微博营销、联合营销、战略合作营销、会员营销、传统媒体营销等。据现场游客调查和网络数据反映，雅致东方酒店满意度较高，但也有以下问题有待改善。

①酒店手机信号欠佳，网络状况不够稳定。

②酒店主打粤菜，缺少地方特色小吃。

③酒店标识导引系统欠佳。

2.4　度假区商业开发建议

1. 弥补空缺，延长客源停留时间

面对临潼现有的市场空缺，度假区夜间娱乐和休闲产品的开发将会直接形成大量的停留客源，带来巨大的人气和效益，应考虑优先实施。如增加《长恨歌》等演艺类节目的演出频率，开展微展演、夜间祈福等活动来延长游客停留时间。同时，度假区可开通秦始皇皇帝陵博物院与度假区旅游班车线路，凭借度假区多元化的产品和优质的服务，创造游客在临潼停留的理由，在很大程度上引导/转移游客去度假区过夜消费。

2. 优化硬件，增强交通便捷性

度假区建设应区别于一般城镇建设的模式，突出舒适性、便捷性、休闲性，除打造产品外，通过建设绿道系统、公共自行车租赁系统、步行系统、旅游标识系统等项目，完善公共服务功能，实现休闲环境的打造。

3. 战略合作，打造一条龙式服务

度假区各项商业主体应该加强与旅游代理商的合作，推出集“参观游览、休闲体验、康体娱乐、保健养生、住宿餐饮”于一体的特色化旅游服务项目，各项商业主体之间应该加强战略合作，进行联合营销、会员共享、客源互惠。

4. 重视网络，加强网络推广营销

度假区应该充分重视网络旅游代理机构在产品和形象推广方面的作用。积极利用新媒体、客户端展开推广营销，增强与去哪儿、马蜂窝、驴妈妈、携程等专业旅游网站的合作，提高度假区知名度。

三、悦椿酒店专项调查报告

3.1　2014 年酒店业发展宏观环境

1. 会议主体，会展经济

根据中国旅游饭店业协会、中国旅行社协会、中国会议酒店联盟于 2014 年 11 月 12 日发布的《2013 年中国会议统计分析报告》显示，使用公款举办的政府会议和事业单位会议占比，从 2010 年的 36.3%降到 2013 年的 22.1%，4 年下降 14.2 个百分点；企业会议从 2010 年的 49.9%增加到 2013 年的 68.7%，增加了 18.8 个百分点；交由会议服务机构承办会议的比例，从 2010 年的 9.1%提高到 2013 年的 17.2%，增加了 8.1 个百分点，其中 32%的流动性会议都由会议服务机构承办。中国酒店的会议收入占比也达 23%，与国际市场基本一致。

2. 餐饮转型，个人消费引领新潮流

2013 年以来，国家厉行勤俭节约，严格遵守廉洁从政有关规定，对酒店业转变经营结构起到了极大的推动作用。2014 年以来，高端酒店各出奇招，通过扩大婚宴、生日宴、私人宴、茶点等刺激消费，并推出个性化服务和采取团购、新型营销措施促进酒店餐饮转型，以单价的下降换取总营业收入的提高。

3. 高端酒店供过于求，扩容受阻

2014 年，我国五星级酒店评定公示数量明显减少。由于投资周期的因素，我国 2013 年通过五星级酒店评定且进行网上公示的只有 88 家酒店，而到了 2014 年，五星级酒店评定公示的只有 25 家。高端酒店供过于求的局面得到了控制。

4. 智能服务，彰显信息化水平

2014 年以来，大批高端酒店通过技术平台对接，构建完全闭环的线上交易、线下体验及线上分享体系。智能化的服务，大大提高了酒店信息化服务与管理的水平。

3.2　温泉酒店竞争格局

3.2.1　国内温泉酒店竞争格局分析

在现代旅游发展的巨大推动作用下，度假旅游在世界范围内得到广泛发展，而顺应着度假旅游的发展趋势，世界著名温泉目的地在建设温泉旅游度假区的同时，依托本地温泉成功打造了温泉度假品牌，同时也吸引了国际知名连锁酒店品牌的入驻，形成了本地温泉品牌与国际知名连锁酒店联合打造温泉度假主题酒店的发展局面(表 2)。

表 2　代表性的国内著名温泉度假酒店分析表

酒店名称	价格区间(晚)	房间类型	温泉产品(服务)	周围环境	市场群体	核心竞争力	营销渠道
长白山蓝景温泉度假酒店	860～7580 元	欧式度假别墅 标间、越层客房 豪华套房	室内外温泉	紧邻长白山入区公路，四周松林环绕，鸟语花香	中高端市场(疗养度假)	温泉+环境	传统营销+网络营销+固定客源+客户端营销
北京花水湾磁化温泉度假村	580～12000 元	私密露天 VIP 房 豪华别墅 汤泉公寓 标间、套间	室外磁化温泉合晶能量特色理疗室外园林温泉	坐落于北京市顺义区高丽营镇，紧邻京承高速白马路出口	中高端市场(疗养度假、会议商务)	磁化温泉+特色景观	传统营销+会员营销+病毒营销+旅游网站营销+绿色营销

续表

酒店名称	价格区间(晚)	房间类型	温泉产品(服务)	周围环境	市场群体	核心竞争力	营销渠道
北京龙熙温泉度假酒店	560～15000 元	海景房 翠景房 别墅区 套房	温泉水世界 养颜+养生保健+香薰+茶疗+酒疗+地热+药王谷+黄帝盐床+地热广场	毗邻经开高速公路，背倚龙熙别墅区，怀抱加州阳光海岸风格的“水世界”景观，坐拥千亩高尔夫球场翠景，风光无限	高端市场(疗养度假、会议商务、家庭出游)	温泉水世界+高尔夫球场+会议接待	传统营销+网络营销+旅行社战略合作+固定客源
昆山东方云鼎温泉度假酒店	960～18000 元	湖景房 豪华套房	水疗俱乐部 云鼎温泉	位于昆山巴城镇阳澄湖畔，毗邻沪宁高速、苏昆泰高速，交通便利，风景优美	高端市场(商务会议、疗养度假)	德国水疗+云鼎温泉+地下红酒窖	固定客源+网络营销+战略合作
茗汤温泉度假村	598～1888 元	日式套房 中式套房	SPA 水疗 室内外汤池 鱼疗池 黑盐泥疗	位于河北省霸州市经济技术开发区 106 国道东侧，地处京、津、冀中心位置，交通便利，环境优美	中高端市场(度假理疗、家庭出游)	茗汤温泉+汤文化+汤养生	网络营销+客户端营销+事件营销+传统营销+旅行社合作
庐山天沐温泉度假村	288～2580 元	山景房 中日式套房 别墅区	室内外温泉	位于庐山山南景区温泉镇，临环庐山公路、昌九高速、京九铁路、昌北机场，105 国道，交通便捷	中高端市场(疗养度假、家庭出游)	温泉+水上乐园+园林景观	传统营销+联合营销+网络营销
武义清水湾温泉度假村	298～1550 元	SPA 客房 阿拉伯式客房 地中海式客房 乡村小木屋 别墅区	火山泥浴 花草汤浴 亲亲鱼疗 死海漂浮 海浪区	位于浙江中部，与金华毗邻。G330 国道、S44 省道、金丽温高速公路、金温铁路贯穿全县	中端市场(疗养度假、家庭出游)	温泉+水上乐园+特色养生项目	传统营销+网络营销+电邮营销+会员营销
泰州华侨城温泉奥思廷酒店	459～2180 元	湖景套房 复式套房 精品客房	八色汤色汤池 至尊 SPA 养生温泉	坐落在国际湿地公园美丽溱湖畔，环境优美	中高端市场(疗养度假、商务会议、家庭出游)	京剧文化主题+梅府家宴+三元温泉+湿地高尔夫	传统营销+网络营销+联合营销+客户端营销+战略合作
庐山西海国际温泉度假村	800～10000 元	套房 别墅区 山景房	太极八卦池 日式温泉区 沙疗池 亲亲鱼疗	位于九江永修县易家河长寿村，环境优美，京九铁路、昌九高速公路、105 国道和 316 国道穿境而过，交通便利	中高端市场(疗养度假、商务会议)	浓郁泰国风情的泰皇宫水疗馆	传统营销+网络营销+联合营销+旅行社合作
南京汤山颐尚温泉度假酒店	1080～2280 元	标间、豪华套房特色客房和残疾人客房	大理石浴区 养生汤区 花之恋区 伊斯兰风格浴区 瀑布池	位于南京市江宁区汤山镇，丛林环绕，环境优美，交通便捷	中高端市场(疗养度假、家庭出游)	特色温泉+设施+服务	大众媒体+携程等网站+战略合作+事件营销
珠海海泉湾温泉度假酒店	2200～36000 元	海景套房 温泉别墅	室内温泉 至尊 SPA	位于珠海西部，环境优美，交通便利	高端市场	海洋温泉+设施+环境	大众媒体+社会媒体+旅行社合作

总结：①国内著名温泉度假酒店设施服务过硬，但温泉功能有所弱化；②营销渠道依然以传统渠道(战略合作、大众媒体)为主，但已开始重视社会媒体的营销(专业旅游网站、客户端营销)。

3.2.2　陕西省内温泉酒店竞争格局分析(表 3)

表 3　陕西省主要品牌温泉酒店一览表

酒店名称	价格区间	房间类型	温泉产品(服务)	周围环境	市场群体	核心竞争力	营销渠道
陕西华山御温泉度假村	588～1588 元	标间、套房 VIP 别墅 商务别墅 豪华别墅	温泉泳池 六福汤	位于华山脚下，距华山10km	中端市场(家庭出游、疗养度假)	区位优越	传统营销+网络营销+体验营销+联合营销
咸阳海泉湾维景国际大酒店	448～998 元	标间 行政套房 总统套房 豪华套房	室外温泉“望雪谷” 各色温泉汤池 世界温泉文化区 室内温泉	位于咸阳世纪大道，交通便利	中端市场(家庭出游、疗养度假)	品牌依托	传统营销+网络营销+战略合作+客户端营销
太白山逸景温泉营地	706～3802 元	温泉五角小院别墅 庭荫小院 温泉四合院别墅 泳池四合院	户外公共温泉泡池 私密养生温泉泡池 私家温泉泳池	位于太白山脚下，高品质生态环境	中高端市场(家庭出游、疗养度假)	优越区位 私属别院 专属温泉	传统营销+联合营销+固定客源+关系营销+网络营销
华清爱琴海国际温泉酒店	580～28000 元	标间、套房 景观房 别苑木屋 别墅区	各色温泉汤池 养生汤池	位于临潼，背倚骊山，景观优美	中高端市场(商务会议、家庭出游、疗养度假)	品牌依托 区位优越	传统营销+事件营销+网络营销+客户端营销
蓝田皇室御汤院	500～900 元	VIP 日式套房 独立汤院	室外独立汤池	环境优雅，位于汤峪，紧靠秦岭	中端市场(疗养度假、家庭出游)	温泉聚集	传统营销+旅行社合作+网络营销
大秦温泉养生苑	346～1181 元	标间、行政套房 复式别墅	御汤宫(公共温泉、私人温泉)	位于秦始皇天台遗址公园内，秦文化主题突出	中端市场(疗养度假、家庭出游)	秦文化主题 规模优势	传统营销+网络营销+联合营销
南山温泉·西部机场集团温泉酒店	280～6860 元	标间、套房 独栋别墅	室内温泉泳池 室外温泉汤池	位于东大温泉区，高度聚集	中端市场(商务会议、疗养度假)	“泉”文化主题	固定客源+传统营销+网络营销+联合营销

启示如下。

①陕西省内温泉酒店以中高端目标市场为核心，围绕中档市场开展品牌营销，目前缺乏高端的主题温泉酒店。

②除蓝田汤峪和长安东大区域有初步的温泉酒店集聚外，陕西省内没有形成温泉度假酒店集群。

③在温泉的开发中，当地历史文化融入不足。

3.3　悦椿酒店开发建议

1. 引入专业医疗团队，推出温泉疗养服务

借鉴欧洲温泉医疗产业发展经验，把温泉与传统中医、现代医学相结合，打造温泉康疗产品；同时为迎合未来 10 年中国老龄化时代的需求，在融入康体疗养理念的同时，重

视中老年温泉市场，大力发展温泉养老服务。

2. 融入历史文化，打造特色品牌

悦椿酒店需要深度挖掘临潼温泉的文化价值，以“温泉”文化留住游客，同时注重将温泉养生、温泉美容等文化融入服务项目，形成品牌特色。

3. 围绕温泉资源，策划节事活动

以温泉为核心，提高温泉度假产品的动态性和参与性，并定期举办温泉节、文化艺术节等节事庆典。

4. 开发温泉衍生品，做精细分市场

深度开发温泉、拓展温泉功能，增加温泉附加值；细分度假区温泉旅游市场，并针对不同市场开发不同主题的温泉旅游产品，如温泉商务(会议)旅游产品、家庭度假温泉产品等。

5. 重视会员共享，积极联合营销

临潼悦椿酒店可与悦榕庄集团旗下的其他商业主体就品牌联盟营销战略进行合作签约，以信息化共享为基础、以营销体系为核心，实现双方系统数据对接，保证多重会员权益和优惠。在保持传统营销渠道的同时，更要与时俱进，加大网络营销的投入，如搜索引擎营销(百度、搜狗)、微营销(微博、微信)、网络广告推广(携程、同程、去哪儿)等。

6. 贯彻节能管理，升级温泉洗浴

循序渐进地引导温泉洗浴者自带毛巾等用品，减少消耗、降低污染。加大投入，建设温泉水质处理设施设备，提高温泉水处理的自动化和智能化，改善温泉洗浴环境，同时从泡浴功效、泡浴方式、泡浴风格、泡浴时间、泡浴内容等各方面全面升级温泉洗浴服务。

练　习　题

1. 旅游市场调查报告的基本要求是什么？
2. 简述旅游市场调查报告的结构。
3. 如何确定调查报告的主题？
4. 撰写调查报告应该注意哪些问题？

附录一

ICC（国际商会）/ESOMAR（欧洲民意和市场研究协会）市场研究与社会调查国际准则[①]（2007 汉译版）

绪论

第一部市场营销与社会调查实践细则由 ESOMAR 于 1948 年出版。随后，各国相关机构和 ICC 陆续发布了一些法规。1976 年，ICC 和 ESOMAR 一致认为，用一部国际法规取代现有的两种规定更为合适。于是，次年，也就是 1977 年，ICC 和 ESOMAR 的共同法规出版。该法规经过 1986 年和 1994 年两次修订，现为第四版，标题略有改动。

在现代社会里，商品和服务供应商与消费者之间的有效沟通非常重要。收集信息的方法可谓层出不穷，而随着互联网技术和其他互动多媒体的开发和使用，沟通的渠道也变得越来越多。信息收集的一个重要方法就是利用市场调查。在本法规中，市场调查包括社会调查和民意调查。市场调查的成功有赖于公众的信任，即公正、客观地执行市场调查，不使受访者受到侵扰或对其不利。出版本法旨在建立公众对社会调查的信心，同时也向公众阐述从业者在开展市场调查时所需具备的道德素养和职业操守。

多年来，在自我约束的框架下实施此法规在一些地区非常成功。这种在自我约束框架下使用和实施法规作为最佳行业惯例，在全球范围内被提及和接受，同时也被认为是保护消费者权益的又一道防线。

宗旨

本法最初被设计为一个自我约束的框架。基于此，ICC 和 ESOMAR 建议在全球范围内应用此项法规。法规的宗旨如下：

(1) 提出市场调查人员应该遵守的道德准则。

(2) 通过强调法规赋予公众的权利及对公众的保护措施来提高市场调查的公信力。

(3) 强调在征询儿童和青少年的意见时，应具备一种特殊的责任感。

(4) 保护市场调查人员寻找、获取和传递信息的自由（参阅联合国《公民权利和政治权利国际公约》第 19 条具体规定）。

(5) 尽可能减少政府和/或政府间的立法或管理。

---

① 2016 版《市场、观点、社会调查和数据分析国际准则》，https://www.esomar.org/uploads/public/knowledge-and-standards/codes-and-guidelines/ICCESOMAR_Code_English_.pdf

主要原则

本规范主要基于下列原则。

(1) 市场调查人员必须遵守所有相关国家和国际法律法规。

(2) 市场调查人员必须遵守职业道德，不做任何可能有损市场调查行业声誉的事情。

(3) 市场调查人员在对儿童和青少年开展调查活动时，必须对其采取特殊照顾。

(4) 受访者接受访问应出于自愿，且同意参与调查活动的前提必须是充分了解调查项目的目的和本质，且没有受到任何误导。受访者所有有关调查的言论都应该受到调查人员的尊重。

(5) 市场调查人员应尊重受访者的个人权利，受访者不应因参与市场调查项目受到伤害或不利影响。

(6) 市场调查人员不得将在市场调查项目中收集到的个人信息用于市场调查以外的其他目的。

(7) 市场调查人员应确保调查项目和活动的设计、实施、报告和记录的准确、透明和客观。

(8) 市场调查人员应遵守公认的公平竞争原则。

适用范围

本法规适用于所有市场调查活动，可结合 ICC 和 ESOMAR 的其他法规和方针、原则和框架的阐释理解，详见 www.iccwbo.org 或 www.esomar.org。

本法规中所规定的内容是所有市场调查从业人员和客户所需遵守的最低道德标准。使用时，应遵守适用的法律规定和某些特殊市场所制定的更为严格的标准或规定。有关规定的详请可从 ESOMAR 获取。

诠释

使用法规时，既要遵守法规的条文，又要尊重法规的精神。

成为 ESOMAR 和其他正式采用本法的组织机构的成员须以接受本国际法规为前提[①]。

定义

a) 市场调查包括社会调查和民意调查，是指运用统计和分析方法，以及应用社会科学的专业知识系统，收集和分析个人或机构的信息，掌握事物的核心或为决策提供帮助和参考。未经受访者明确许可，不得将受访者的身份信息透露给信息的使用方。不得根据受访

① 机构名单见www.esomar.org。

者提供的信息而对他们采取相应的销售策略。

b) 调查人员是指任何开展市场调查项目的个人或组织，或对项目起顾问作用的人，包括客户端组织工作的人员。

c) 客户是指任何要求、委托或同意开展所有或部分市场调查项目的个人或组织机构。

d) 受访者是指在开展市场调查过程中，在知情或不知情的情况下向调查人员提供信息或接受谈话的任何个人或组织。

e) 访问是指在市场调查过程中，为了收集信息而与受访者进行任何形式的接触。

条款

第一条 基本原则

a) 市场调查应该符合科学的原则，合法、诚信、真实和客观地展开。

b) 调查人员的行为不得损害市场调查的职业声誉或使其丧失公众的信任。

c) 市场调查应承担职业责任并按照商业惯例，遵守公平竞争的原则。

d) 市场调查应该与非调查性活动明确区分开。非调查性的活动包括任何面向个人受访者的商业活动，如广告、促销、直复营销和直销等。

第二条 诚信

a) 市场调查不得滥用受访者的信任，或利用他们缺乏某些经验或对某些知识缺乏了解而进行调查。

b) 调查人员不得对其本人或所在机构的技能、经验或所开展的活动提供虚假言论。

第三条 行业责任

a) 在市场调查项目的整个过程中，受访者的参与必须建立在完全自愿的基础上。受访者在被请求配合调查时不应受到误导。

b) 调查人员必须采取一切合理的预防措施确保受访者不会因参与社会调查项目受到伤害或不利影响。

c) 调查人员不得无理为难其他调查人员。

第四条 透明

a) 调查人员应尽快表明自己的身份，并说明开展调查的目的。

b) 受访者应该能够轻松验证调查人员的身份和言语的真实性。

c) 调查人员应根据请求，允许客户对信息的收集和准备情况安排检查。

d) 调查人员应向客户提供为其开展的所有调查项目的关键技术细节。

e) 调查人员应确保在准确、透明和客观的基础上设计、实施、报告和记录市场调查项目。

第五条 所有权

除非当事人另有约定，市场调查建议方案和费用报价归提出该建议和报价的组织或个人所有。

第六条 记录和观察技巧

在调查过程中使用观察技巧或记录设备前应告知受访者，在公共区域公开使用且不收集个人信息的情况除外。如果受访者要求，应损毁或删除该记录或相关部分。在没有受访者明确同意的情况下，应注意对其个人身份进行保护。

第七条 信息保护和隐私

a)隐私规定。提供信息的受访者应该能够随时了解并获得研究方提供的隐私规定。

b)信息收集。从受访者处收集个人信息时，调查人员应做到：

①受访者知晓信息收集的目的；

②受访者知晓再次与调查人员见面所涉及的所有质量控制活动。

c)信息使用。依照本法案收集和保存个人信息应该做到：

①收集信息仅用于指定的研究，不得用于研究以外的其他目的；

②在研究过程中收集和/或需要进一步整理的信息必须充分、符合研究的要求，且恰到好处；

③个人信息保留的时间不得超过信息收集或进一步处理所需要的时间。

调查人员应确保不向客户透露受访者的个人身份。除国家法规有更加严格的规定外，调查人员可以在以下情况下，向客户透露受访者的个人身份：

①受访者明确表示有此意愿；

②受访者明确表示同意透露其身份；

③以不会因为提供个人信息而对其开展任何有针对性的商业活动[具体定义见第一条的 d)项] 为前提。

d)信息处理安全。调查人员应确保采用适当的安全防护措施来防止个人信息在未经过授权的情况下被使用、篡改或泄露。

将个人信息转交给第三方前，应确保其采用同等安全防护举措。

e)受访者的权利。应采取适当举措使受访者理解并能够行使以下权利：

①不参与市场调查项目；

②随时结束市场调查访谈；

③要求其个人信息不得为他方所用；

④删除或修改已保存的错误个人信息。

f)跨国交易。当将从一个国家收集到的个人信息转交至另一国家时，应采取特别安全防护措施，维护受访者的个人信息权利；当在其他国家进行信息处理时，应采取一切合理措施确保信息处理过程已采取适当的安全防护措施并遵守本法规定的信息保护原则。

第八条 儿童和青少年

在访问儿童和青少年时，调查人员应特别注意。在访问未成年人前，必须征得其父母或监护人的同意。

第九条 访问共享

调查人员应告知客户如果为其开展的调查项目需要与其他客户的同类调查项目合并或联合，在没有客户同意的情况下，调查人员不得泄露该客户的个人信息。

第十条 分包

如调查方将项目的任何部分转包至除其以外的第三方(包括使用调查方以外的顾问)，应在开展调查前通知客户转包事宜。一经请求，调查方应向客户透露分包商的身份。

第十一条　公布调查结果

a) 报告市场调查结果时，调查人员应明确区分调查结果、调查人员对结果的阐述以及在上述基础上提出的建议。

b) 如果客户需要对研究项目的结果进行出版，客户应就出版的内容和形式与调查人员进行商议。客户和调查方有责任确保出版的调查结果不会起到误导作用。

c) 调查方必须时刻准备提供相关技术信息，以验证任何公开的调查结果的合法性。

d) 在市场调查项目的结果没有得到数据充分肯定的情况下，调查人员不得参与市场调查项目结果的散播。

第十二条　责任

调查方应全面负责，确保调查的开展符合本法规定，并确保客户和参与调查的第三方同意遵守本法规要求。

第十三条　对违法行为的纠正

对不符合本法的行为进行更改和/或修正值得肯定，但不能成为违反本法的理由。

第十四条　执行

本法及其所包含的原则由相关国家、地方及区域自治机构采用并执行。本法也适用于参与市场调查各阶段业务的组织机构、公司和个人。

市场营销人员、调查人员和客户应该熟知本法以及地方有关市场调查的约束性文件，并熟悉自治机构做出的任何决策。欲了解本法规的详细说明，可向国际商会法规解释小组或 ESOMAR 专业标准委员会提交申请。

最后修订日期：2007 年 12 月

附录二

知乎网友“问卷侠”整理的常用问卷调查网站

(1)问卷星；
(2)51 调查网(我要调查网)；
(3)91 问问调查网首页；
(4)爱调研；
(5)大家说网调地带；
(6)第一调查网；
(7)集思吧；
(8)库玛在线；
(9)乐调查；
(10)收奖网；
(11)态度 8 调查网；
(12)调查快车；
(13)调查派；
(14)调查通；
(15)调研吧；
(16)调研邦中国；
(17)万言网；
(18)问卷网；
(19)易调网；
(20)益派调查网在线调查；
(21)中国调查网；
(22)e 声网；
(23)腾讯问卷；
(24)麦客。